Stern/Shiely/Ross
**Wertorientierte Unternehmensführung mit
E(conomomic) V(alue) A(dded)**

Joel M. Stern, John S. Shiely, Irwin Ross

Wertorientierte Unternehmensführung mit

E (conomomic)
V(alue)
A(dded)

Strategie, Umsetzung, Praxisbeispiele

Aus dem Amerikanischen von
Nikolas Bertheau

Econ

Die amerikanische Originalausgabe erschien 2001 unter dem
Titel *The EVA Challenge* bei *John Wiley & Sons, Inc. New York*

EVA®, Fikanseer®, The EVA Company®, Stern Stewart® sowie das
dazugehörige Growth Value™, FGV™, Current Operation Value™
und COV™ sind eingetragene Marken von Stern Stewart & Co.

Der Econ Verlag ist ein Unternehmen
der Econ Ullstein List Verlag GmbH & Co. KG, München

1. Auflage 2002

ISBN 3-430-18743-5

Inhalt

Einführung zur deutschen Ausgabe

Als vor drei Jahren Al Ehrbars Buch »Economic Value Added – Der Schlüssel zur wertsteigernden Unternehmensführung« erschien, hatte die Shareholder-Value-Orientierung in Kontinentaleuropa gerade erst begonnen. Was in den USA bereits in den 80er Jahren als das vorrangige Ziel der Unternehmenssteuerung galt, wurde in Deutschland und in vielen anderen europäischen Ländern erst Mitte der 90er Jahre ganz allmählich zur Maxime erhoben: die konsequente Ausrichtung des Unternehmens auf nachhaltige Wertsteigerung und damit auch die Entlohnung von Managern danach, welchen Beitrag sie für die Wertentwicklung des Gesamtunternehmens leisten. Wertsteigerung zum vorrangigen Ziel zu erheben, war und ist kein leichtes Unterfangen. Bis heute noch gelten branchenspezifisch oftmals entweder Umsatzwachstum, Marktanteil, Technologieführerschaft oder schlicht Gesamtunternehmensgröße als die primären Zielgrößen, an denen sich Managemententscheidungen auszurichten haben. Doch so wichtig diese Ziele erscheinen mögen, sie alle sagen noch nichts darüber aus, ob das Unternehmen insgesamt für die Investoren Wert schafft oder nicht. Erst wenn das Unternehmen mehr erwirtschaftet, als dafür insgesamt an Kosten für den Ressourceneinsatz – insbesondere auch für das Kapital – entstehen, wird Wert gesteigert.

Wertorientierung in der deutschen Wirtschaft

Die mit dem Jahr 2002 beginnende Möglichkeit der steuerfreien Veräußerung von Firmenbeteiligungen wird die schon eingesetzte Entflechtung von Überkreuz-Industriebeteiligungen weiter beschleunigen. Dies führt zu direkteren Einflussmöglichkeiten seitens der Aktionäre und ist nicht zuletzt auch Ausdruck einer aktiver ausgeübten Kontrolle durch die Kapitalgeber. Dies gilt jedoch nicht nur für die institutionellen Investoren. Selbst bei privaten Anlegern hat die breite Streuung der T-Aktie und der Deutschen-Post-Aktie sowie die zunehmende Notwendigkeit einer privaten Altersvorsorge – unter anderem aufgrund der »Riester-Rente« – dazu geführt, dass das Augenmerk zunehmend auf die börsennotierten Aktiengesellschaften und deren Performance gerichtet ist. Der drastische Kursverfall seit dem Frühjahr 2000 wird diese Entwicklung zwar vorübergehend bremsen, insgesamt aber den grundlegenden Trend zur Aktie als Anlageform kaum aufhalten und insbesondere zu einem weiteren Zulauf bei Fondsgesellschaften führen.

Diese Entwicklung beeinflusst aber auch nachhaltig die Führung und Kontrolle von Unternehmen. Insbesondere institutionelle Investoren nehmen ihre Kontrollfunktion aktiv wahr und achten sehr aufmerksam darauf, ob und in welcher Weise sich das Management den Interessen der Aktionäre und somit der Wertsteigerung verpflichtet. Mit anderen Worten: Die moderne Form der »Corporate Governance« zielt stärker denn je darauf ab sicherzustellen, dass Wertsteigerung vom Management nicht nur gepredigt, sondern auch nachweisbar und erfolgreich umgesetzt wird.

Die Debatten, ob die so genannte Shareholder-Value-Orientierung nicht die Aktionärsinteressen einseitig bevorzuge und alle anderen »Stakeholder« – wie Mitarbeiter, Kunden, Lieferanten, Banken usw. – benachteilige, wurden in der Vergangenheit intensiv geführt. Mehr und mehr setzt sich jedoch auch hierzulande die Erkenntnis durch, dass sich Shareholder Value und die Interessen der anderen Stakeholder auf lange Sicht eher entsprechen, als zuwiderlaufen. Denn die Praxis zeigt, dass die Aktionäre eines Unternehmens längerfristig nur dann profitieren, wenn alle anderen Stakeholder ebenfalls angemessen berücksichtigt werden. Eigenkapitalgebern steht lediglich der Residualgewinn zu, also der Gewinn, der nach Abzug aller anderen Kosten übrig bleibt. Sich auf diesen Residualgewinn – und nichts anderes ist EVA® – bei der Unternehmenssteuerung zu konzentrieren, heißt daher nicht, alle anderen Interessengruppen im Umfeld eines Unternehmens zu vernachlässigen, sondern vielmehr, deren legitime Ansprüche explizit als Kostenfaktor zu berücksichtigen. Anders gesagt, Kunden- und Mitarbeiterorientierung stehen mit dem Shareholder-Value-Gedanken in keinem Zielkonflikt, sie bedingen einander sogar!

Für nicht börsennotierte Unternehmen gilt dies umso mehr, da sich die Kapitalbeschaffung für private Unternehmen generell schwieriger gestaltet. Zum einen ist die Risikobereitschaft von Venture-Capital-Firmen und Privatinvestoren durch die Kursstürze an den Weltbörsen in den vergangenen zwölf Monaten stark zurückgegangen. Zum anderen haben sich auch die Fremdfinanzierungskosten durch die verschärften Eigenkapitalunterlegungsvorschriften für die Kreditvergabe erhöht (Basel-I- und -II-Abkommen der internationalen Bankenaufsicht*). Im Kampf um Kapital werden daher diejenigen Unternehmen überlegen sein, die ihren Kapitalgebern am überzeugendsten belegen können, dass das gesamte Führungs- und Steuerungssystem konsequent auf Wertsteigerung und effiziente Kapitalnutzung ausgerichtet ist.

EVA als die erfolgreichste wertorientierte Kennzahl

Vor diesem Hintergrund erklärt sich der Erfolg der EVA-Kennzahl. Einer KPMG-Studie aus dem Jahr 2000 zufolge ermitteln bereits 86 Prozent aller DAX-100-Unternernehmen eine »Shareholder Value Spitzenkennzahl«, wobei der »Economic Value Added (EVA®)« mit 39 Prozent den Spitzenplatz einnimmt. Für den Erfolg gibt es mehrere Gründe: Allem voran werden bei EVA die Kosten des eingesetzten Kapitals explizit berücksichtigt, während sie bei vielen traditionellen Steuerungsgrößen teilweise oder vollkommen ignoriert wer-

---

* Basle Basel Committee on Banking Supervision

den. Außerdem werden Verzerrungen im unternehmerischen Rechnungswesen beseitigt, in dem zum Beispiel Aufwand mit Investitionscharakter kapitalisiert, über die Nutzungsdauer abgeschrieben und somit ökonomisch richtig dargestellt wird. Beispiele hierfür sind Aufwendungen für »Brand Building« im Rahmen des Marketings sowie für Forschung und Entwicklung.

Aber heißt die große Verbreitung der EVA-Kennzahl nun, dass Wertorientierung in der europäischen Unternehmenskultur bereits fest verankert ist? Sind alle Unternehmen dank EVA so ausgerichtet, dass es höchstens graduelle Unterschiede gibt, wie erfolgreich das Ziel Wertsteigerung in der Praxis erreicht beziehungsweise umgesetzt wird? Ganz im Gegenteil. Denn viele Unternehmen beschränken sich bislang darauf, EVA lediglich als eine zusätzliche Kennzahl entweder nur für den Gesamtkonzern oder auch für einzelne Unternehmensbereiche zu berechnen. Dies greift jedoch viel zu kurz. EVA wurde als ganzheitliches, auf einander abgestimmtes Unternehmenssteuerungssystem konzipiert. Dadurch bietet es entscheidende Wettbewerbsvorteile, die von vielen Firmen noch gar nicht genutzt werden.

EVA als ganzheitliches Unternehmenssteuerungssystem

Das EVA-Konzept eignet sich nicht nur zur Darstellung der Wertschaffung, sondern auch zur einheitlichen und konsistenten Steuerung auf allen Unternehmensebenen, vom Gesamtkonzern bis hinunter zur kleinsten operativen Einheit sowie zur Produkt- und Kundenergebnisrechnung. Schließlich lässt sich der gesamte Führungsprozess, von der strategischen Planung bis hin zur Performancemessung und der Incentivierung, an der Wertsteigerung ausrichten. Das heißt, EVA stellt ein integriertes System zur Unternehmenssteuerung dar, bei dessen vollständiger Umsetzung alle Beteiligten und alle wesentlichen Prozesse durchgängig nach nur einer Wertkennzahl gesteuert werden.

Die umfassende und durchgängige Ausrichtung des Unternehmens auf Wertsteigerung ist kein einfacher Weg. Dabei spielen organisatorische Aspekte und die zielgerichtete Ausgestaltung der Unternehmensprozesse ebenso eine Rolle wie Fragen der Unternehmenskultur und ein geeignetes variables Anreiz- und Vergütungssystem. Schließlich sind die interne und externe Kommunikation sowie umfassende Schulungen der Mitarbeiter bei der Ausrichtung auf Wertsteigerung für den Erfolg entscheidend.

Gerade in weltweiten, komplexen Unternehmen führt eine mehrdimensionale Führungsstruktur (zum Beispiel nach Funktionen, Geschäftsbereichen und Regionen) zwangsläufig zu komplizierten Abstimmungsprozessen und unklaren Verantwortlichkeiten, die eine eindeutige Ausrichtung auf Wertsteigerung erschweren. Eine Grundvoraussetzung für wertorientiertes Führen ist es aber, dass sich Wertbeiträge eindeutig messen lassen und den jeweils Verantwortlichen zugeordnet werden können. Eine weitere wichtige Anforderung stellt die leistungs- und wertgerechte Bestimmung der Transferpreise zwischen Herstellung und Vertrieb einerseits und zwischen zentralen und operativen Einheiten andererseits dar. So sollten zum Beispiel Kosten für zentrale Leistungen nicht in Form undurchsichtiger und pauschaler »Umlagen« geschlüsselt, sondern über marktkonforme und leistungsbezogene Preise weitestgehend verursachungsgerecht verrechnet werden. Dies zieht häufig eine organisatorische Neugliederung der Zentralbereiche nach sich.

Insbesondere auch für die operativen Bereiche bedeutet Wertorientierung den Anstoß zu einem evolutionären Optimierungsprozess. Bei adäquater Verrechnung von Kosten und Leistungen lässt sich das Ergebnis jedes Unternehmensbereichs wertgerecht darstellen. Das wiederum ermöglicht Portfolioanalysen, bei denen die Ergebnisse der Geschäftsbereiche untereinander und mit denen der Wettbewerber (Benchmarking) verglichen werden können. Nicht zuletzt lassen sich dadurch auch Erkenntnisse über den geeigneten Produktmix erzielen, und im Rahmen der strategischen Unternehmensentwicklung können entsprechend fundierte Investitions- und Desinvestitionsentscheidungen vorbereitet werden.

Darüber hinaus müssen die Strukturen derart gestaltet sein, dass auch die Planungs- und Entscheidungsprozesse auf Wertsteigerung ausgerichtet sind. Ist diese Anforderung nicht erfüllt, wird der EVA-Beitrag einzelner Geschäftsbereiche als eine zusätzliche Information im Dschungel der Managementkennzahlen untergehen, ohne die Führung und Steuerung des Unternehmens nachhaltig zu verändern. Kritisch stellt sich dabei vor allem der jährliche Planungsprozess und dessen Stellenwert in der Unternehmenssteuerung dar: Planung nimmt in den meisten Unternehmen immer noch eine solch zentrale Rolle ein, dass hierfür über mehrere Wochen (meist Monate) im Jahr fast alle sonstigen Tätigkeiten zurückgestellt werden. Die Planungsprozesse sind aber in ihrer jetzigen Form nicht nur unnötig kompliziert, sondern größtenteils auch nicht wertorientiert. Kaum hat man die detaillierten Planzahlen in den Geschäftsbereichen erstellt, werden diese in einem weiteren zähen und zeitraubenden Prozess mit der Geschäftsleitung verhandelt und – typischerweise – nochmals deutlich korrigiert. Dabei werden so lange Adjustierungen an allen Umsatz- und Kostengrößen vorgenommen, bis das konsolidierte Gesamtergebnis den Vorstellungen der Geschäftsleitung entspricht. Da die operativen Manager wissen, dass ihr Erfolg (und ihr Bonus) am Ende des Jahres an der Erreichung der Planzahlen ermittelt wird, haben sie ein ganz natürliches Interesse, sich niedrige, leicht zu erreichende Planzahlen zu geben. Mit dem gleichen Wissen werden die von den Geschäftsbereichen erstellten Planzahlen von der Geschäftsleitung notorisch nach oben korrigiert. Und nicht selten sind aufgrund der turbulenten Entwicklungen an den Märkten die verabschiedeten Planzahlen bereits veraltet, wenn das neue Geschäftsjahr beginnt.

Einige wenige Unternehmen in Deutschland beginnen daher damit, über den Planungsprozess vollkommen neu nachzudenken. Zum einen lösen sie Budgets von der Performance-messung und den Bonuszahlungen. Dadurch wird der ansonsten immanente Anreiz zum Verhandeln leichter Ziele genommen und erstmalig auch ambitionierte Zielsetzungen nicht von vornherein bestraft. Stattdessen zählt für die Vergütung schlicht der Ist-Vergleich gegenüber dem Vorjahr. Zum anderen nähern »rolling forecasts« die Planung der ökonomischen Realität kontinuierlich an. Schließlich erlaubt es dem Management, sich wieder auf das Wesentliche zu konzentrieren: Möglichkeiten zu identifizieren und Maßnahmen umzusetzen, die den langfristigen Wertbeitrag des Geschäftsbereichs erhöhen. Der »rolling forecast« liefert dazu zeitnahe und deutlich objektivere Informationen als zuvor das Jahresbudget. Jeder, der einmal an einem Konzernplanungsprozess beteiligt war, weiß, wie viele Ressourcen hierdurch gebunden werden, die andernorts viel effizienter eingesetzt werden könnten.

Erfolg durch die unternehmensweite und nachhaltige Umsetzung der Wertsteigerung

Von zentraler Bedeutung ist schließlich eine umfassende Einbindung der Mitarbeiter in die Neuausrichtung des Unternehmens. Vielfach wird argumentiert, die Unternehmenskultur sei nicht reif dafür, wertorientiertes, unternehmerisches Handeln von den Mitarbeitern zu erwarten. Das erkläre auch – so die Argumentation – warum Wertsteigerung zwar häufig vom Top-Management zum erklärten Unternehmensziel erhoben wird, aber auf operativer Ebene nichts geschieht, um dieses Ziel umzusetzen. Natürlich muss die generelle Richtung, in die sich das Unternehmen entwickeln soll, »von oben« vorgegeben werden. Aber nachhaltiger Erfolg stellt sich nur ein, wenn alle Mitarbeiter – nicht nur eine kleine Führungsmannschaft – in das wertorientierte Führungs- und Steuerungssystem eingebunden sind und die nachhaltige Unternehmenswertsteigerung in aller Interesse liegt. Auch eine

INSEAD-Studie* kommt zu dem Ergebnis, dass nicht die Größe des Vergütungspakets, sondern die möglichst flächendeckende Einführung für den Erfolg wertorientierter Steuerungskonzepte verantwortlich ist: Von rund 1900 untersuchten Großunternehmen hatten 53 Prozent aller erfolgreichen Unternehmen mehr als die Hälfte aller Mitarbeiter am wertorientierten Vergütungssystem beteiligt. Von den erfolglosen Firmen taten dies nur 24 Prozent.

Eine Voraussetzung für dieses Engagement zur Wertsteigerung ist es, Entscheidungskompetenzen nach unten zu delegieren, da das operative Management am besten in der Lage ist, Möglichkeiten zur Wertsteigerung zu identifizieren und umzusetzen. Viele Unternehmen haben die Erfahrung gemacht, dass sich das »kulturelle Problem« damit schon fast von alleine löst. Denn nur von dem, der Verantwortung trägt und Entscheidungsbefugnisse hat, kann man auch unternehmerisches Verhalten erwarten. Zentraler Bestandteil jedes Projekts ist daher die Überzeugung der gesamten Belegschaft, den kulturellen Wandel aktiv mitzugestalten. Grundvoraussetzung hierfür ist – nachdem ein glaubhaftes, klares Bekenntnis des Top-Managements zur Wertorientierung bekannt gemacht worden ist – dass alle Mitarbeiter das neue Ziel und die Wirkungszusammenhänge verstanden haben. Hierfür ist ein firmenspezifisch ausgerichtetes Trainingskonzept erforderlich, dessen mögliche Bestandteile von einfachen Brettspielen über breit anwendbare computergestützte Lernsoftware bis hin zu maßgeschneiderten Einzeltrainings reichen.

Und genau hier setzt dieses Buch an: Nachdem es in der Vergangenheit vor allem darum ging, den Shareholder-Value-Gedanken als solchen zu erklären, geht es in »Wertorientierte Unternehmensführung mit E(conomomic) V(alue) A(dded) – Strategie, Umsetzung, Praxisbeispiele« von Joel M. Stern und

---

* Fares, Boulos und Noda, Tomo, »Getting the Value out of Value-Based Management – Findings from a Global Survey of Best Practices«, HBR RESEARCH REPORT, July 2001.

John S. Shiely sowie Irwin Ross um die Frage, wie die Umsetzung dieser Wertorientierung konkret angegangen werden kann. An zahlreichen Praxisbeispielen werden Fragestellungen rund um die Einführung wertorientierter Steuerungskonzepte erläutert und neben den Erfolgsfaktoren auch mögliche Stolpersteine aufgezeigt. Dabei geht es auch darum zu klären, wie sich verschiedene Unternehmensstrategien aus wertorientierter Sicht analysieren lassen und somit nicht zuletzt die Frage, welche Voraussetzungen im Unternehmen geschaffen sein müssen, um *langfristig* erfolgreich zu sein.

München, Dezember 2001

Markus Pertl
Managing Partner Europe
Stern Stewart & Co.
Management Consultants

Dr. Maximilian Koch
Vice President
Stern Stewart & Co.
Management Consultants

1 Das Problem

Einer der Autoren dieses Buches wurde in den 60er Jahren einmal von einem alten Familienfreund gefragt, was er denn da an der University of Chicago studiere. »Ich versuche herauszufinden, was den Wert eines Unternehmens ausmacht«, sagte der junge Joel Stern. »Auch den meines Ladens?«, fragte der alte Freund, der einen Tante-Emma-Laden hatte. »Na klar.« Der Ladenbesitzer schaute verwundert: »Und dafür besuchst du eine Universität? Komm morgen in mein Geschäft, und ich zeige dir, woran man den Wert eines Unternehmens erkennt.« Am nächsten Morgen führte er den skeptischen Joel hinter den Tresen und deutete auf eine Zigarrenkiste. »Dahinein tun wir das Geld. Wenn sich der Deckel im Lauf des Tages hebt, bedeutet das, dass das Geschäft gut läuft.«

Von dieser elementaren Bedeutung des Bargelds für die Bewertung eines Unternehmens weiß der Entrepreneur seit eh und je. Häufig reicht ihm die Rückseite eines Briefumschlags, um den erwarteten Gesamterlös mit dem zu vergleichen, was er mit demselben Geldeinsatz und mit demselben Risikograd anderswo verdienen könnte: den Opportunitätskosten des Kapitals. Zwei wichtige Entwicklungen im amerikanischen Kapitalismus haben diesen Zusammenhang jedoch verschleiert, was viele Investoren davon abhält, diese Rechnung aufzustellen: (1) die Rollentrennung bei Publikumsgesellschaften zwischen Eigentum und Kontrolle und (2) die weit verbreitete Praxis, den Unternehmenswert aus Bilanzkennzahlen zu ermitteln, die dafür kaum geeignet sind.

Um mit dem ersten Punkt anzufangen: Der Kern des Problems liegt darin, dass eine Publikumsgesellschaft zwar zahlreiche Besitzer – Aktionäre – hat, dass die Kontrolle über den täglichen Unternehmensbetrieb jedoch in den Händen professioneller Manager liegt, die in der Regel vergleichsweise wenige Anteile besitzen, und deren Interessen typischerweise von denen der schweigenden Mehrheit der Aktionäre abweichen. Außerdem verfügen die Manager über detaillierte Informationen bezüglich der Zukunftsaussichten des Unternehmens, die den externen Aktionären fehlen, so sehr sich die Wertpapieranalysten auch Mühe geben, ihnen diese Informationen zu verschaffen.

Die Trennung zwischen Eigentum und Kontrolle ist kein neues Phänomen und war auch schon 1932 bekannt, als die beiden Professoren Adolf A. Berle Jr. und Gardiner C. Means von der Columbia University das Thema in einem Bestseller mit dem Titel »The Modern Corporation and Private Property« gründlich untersuchten. Die Autoren zeichneten die Geschichte des modernen Unternehmens in den Vereinigten Staaten seit ihrem Beginn im späten 18. Jahrhundert nach, als die Unternehmen Brücken, Kanäle und Straßen bauten. Anfang des folgenden Jahrhunderts breitete sich das Phänomen Kapitalgesellschaft auf die Textilbranche, dann auf die Eisenbahn und schließlich auf zahlreiche andere Branchen wie Öl, Bergbau, Telefon und Stahl aus.

Berle und Means konstatierten 1932, dass die großen Unternehmen mittlerweile so mächtig geworden waren, dass »private Initiative« nicht mehr existierte, und dass ein exklusiver Kreis von Managern die Wirtschaft dominierte und dabei häufig Ziele verfolgte, die den Interessen der Eigentümer und vermutlich auch des ganzen Landes widersprachen. Die Rhetorik der Autoren erscheint bisweilen übertrieben, was sich möglicherweise aus dem Zeitpunkt der Veröffentlichung des Buches inmitten der Großen Depression erklärt. Dieser Umstand mag die Wirkung des Buches noch verstärkt haben, aber seine Bedeutung hat mit den Jahrzehnten nicht abgenommen, und es wird noch immer verlegt.

Es lohnt, an das Buch zu erinnern, weil es das moderne Thema der »Corporate Governance« vorwegnimmt – ein hochtrabender Begriff für die Suche nach Systemen, mit denen die Manager veranlasst werden können, im Interesse der Aktionäre zu handeln. Die Aktionäre sind natürlich stets daran interessiert, bei möglichst geringem Risiko eine möglichst hohe Gesamtrendite – summierte Dividendenzahlungen plus Aktienkurszuwachs – zu bekommen. Die Manager hingegen verfolgen häufig eher ihre eigenen finanziellen Interessen. Die Beispiele, die das Buch für den Interessenkonflikt zwischen Managern und Aktionären anführt, sind ebenso haarsträubend wie anachronistisch – und in mancherlei Hinsicht hat sich die Situation seit 1932 sicherlich gebessert. So handeln viele Beispiele von Insichgeschäften, bei denen die Manager Aufträge an Lieferanten vergeben, die ihnen insgeheim gehören, und von verschiedenen Betrugsvarianten, die erst weniger wurden, nachdem im Jahr 1934 die Securities and Exchange Commission (SEC) als mächtige Börsenaufsichtsbehörde eingerichtet wurde. Ferner erwähnt das Buch eine Form unbedachten Managerverhaltens, das auch heute noch existiert: das Streben nach Wachstum um seiner selbst, beziehungsweise um des Prestiges und des Selbstwerts der Spitzenmanager willen, selbst wenn ein solches Wachstum unökonomisch und dem Shareholder Value abträglich ist.

In Ermangelung des Insiderwissens der Manager versuchen die Aktionäre heute wie vor 70 Jahren, die Performance ihrer Unternehmen mittels vermeintlich objektiver Kriterien zu messen – denselben Kriterien, die auch in der Buchhaltung verwendet werden. Die Schwierigkeit liegt darin, dass diese Kriterien, so traditionsreich sie auch sind, entweder unzureichend oder geradezu irreführend sind. Was sie nämlich nicht unbedingt anzeigen, ist das Auf und Ab des Deckels der Zigarrenkiste. Deshalb wird der Nettogewinn – das so genannte Bilanzergebnis, aus dem sich wiederum die Erträge pro Aktie errechnen – seit langem von den meisten Wertpapieranalysten und der Finanzpresse zu höchster Bedeutung hochstilisiert, wenn nicht geradezu vergöttert. Wenn bei einem Unternehmen die Erträge pro Aktie steigen, wird angenommen, dass auch der Aktienkurs zulegt, da davon ausgegangen wird, dass das Verhältnis zwischen Kurs und Erträgen vergleichsweise konstant bleibt. Diese stenografische Formel mag zwar durch ihre Einfachheit bestechen, sie ist jedoch ebenso weit verbreitet wie trügerisch.

Zwecks Berechnung des Bilanzergebnisses stellen die Buchhalter im Rahmen der Gewinn- und Verlustrechnung verschiedene Kalkulationen an, die die ökonomische Realität des Unternehmens verzerren. Diese Verzerrungen schlagen zur konservativen Seite aus, indem sie den Wert des Unternehmens geringer erscheinen lassen, als er in Wahrheit ist. So ist es beispielsweise seit 1975 gängige Buchführungspraxis, die Ausgaben für Forschung und Entwicklung als Aufwendungen zu verbuchen – sie also in demselben Jahr, in welchem sie getätigt werden, von den Erträgen abzuziehen, wenngleich sich solche F&E-Tätigkeit in der Regel während vieler zukünftiger Jahre »auszahlt«. Als Alternative bietet sich an, F&E als Investitionen zu betrachten und zu »kapitalisieren« – sie also in der Bilanz als Vermögenswert zu führen und über den erwarteten Nutzungszeitraum allmählich abzuschreiben. Die Verbuchung von F&E als Betriebsaufwendungen hat zur Folge, dass der Gewinn für das betreffende Jahr zu niedrig angesetzt wird (wodurch sich natürlich auch die Steuerlast reduziert). In dieser Frage lassen sowohl die amerikanischen Grundsätze ordnungsgemäßer Rechnungslegung (GAAP) als auch das Gesetz dem Buchhalter keine Wahl. Der Grad der Verzerrung schwankt je nach Unternehmen. Manche von ihnen haben wenige oder keine F&E-Ausgaben, bei anderen wiederum, wie beispielsweise bei Hightech- oder Pharmaunternehmen, welche Milliarden für die Entwicklung neuer Arzneimittel ausgeben, stellen sie einen beträchtlichen Kostenfaktor dar. Diese Unternehmen sind in der Regel nach ökonomischen Begriffen sehr viel mehr wert, als ihre ausgewiesenen Erträge pro Aktie glauben machen.

Werbe- und Marketingaufwendungen werden ebenfalls von den Erträgen in dem Jahr abgezogen, in welchem sie anfielen. Auf den ersten Blick scheint diese Praxis begründet zu sein, ist Werbung doch offensichtlich von kurzfristiger Wirkung. In einigen Fällen mag das zutreffen, häufig jedoch haben die Werbe- und Marketingausgaben eine langfristige Wirkung beim Aufbau von Markenwert. Bei vielen Verbrauchsgütern, von Getränken bis zu Frühstücksnahrung, hat allein die Werbung im Lauf des vergangenen halben Jahrhunderts unzählige Markennamen hervorgebracht. Logischerweise sollten diese Aufwendungen kapitalisiert und über ihren erwarteten Nutzungszeitraum verteilt abgeschrieben werden. Dieselbe Argumentation betrifft auch die Kosten für die Mitarbeiterschulung – ein Posten, der insbesondere im Banken- und Versicherungsgewerbe stark »zu Buche« schlägt.

Andere Buchführungsgepflogenheiten bewirken ebenfalls Verzerrungen in den Unternehmensbilanzen. Vermögenswerte werden entweder mit dem Anschaffungspreis minus Nutzungsabschreibung oder mit dem Marktwert angegeben – je nachdem, was niedriger ist. In einem Markt mit steigenden Preisen werden damit Werte offensichtlich unterschätzt. Wenn Sie einst zehn Millionen US-Dollar für ein Gebäude bezahlt haben, das mittlerweile 20 Millionen US-Dollar wert ist, es aber auf der Bilanz dennoch mit neun Millionen angeben, dann macht das aus ökonomischer Sicht wenig Sinn.

Wenn ein Unternehmen ein anderes kauft, stehen seit Jahrzehnten zwei Vorgehensweisen zur Verfügung. Bei der so genannten »Pooling of interest«-Methode, die voraussetzt, dass das kaufende Unternehmen für die Aktien des zu kaufenden Unternehmens mit eigenen Aktien bezahlt, werden die Vermögenswerte der beiden Einheiten auf der Bilanz einfach verschmolzen; die Kaufprämie, die das kaufende Unternehmen im Hinblick auf zukünftige Effizienzgewinne über den Marktwert des zu kaufenden Unternehmens hinaus zahlt, taucht dabei in der Bilanz des fusionierten Unternehmens nicht auf. Wird der Kauf jedoch in Cash (oder einer Kombination aus Cash und Wertpapieren) vollzogen, gelten andere Regeln. Wenn der Kaufpreis über dem »fairen« Vermögenswert des zu kaufenden Unternehmens liegt, muss der darüber liegende Betrag als »Goodwill« auf der Bilanz des fusionierten Unternehmens erscheinen. Er wird dann über einen Zeitraum von maximal 40 Jahren abgeschrieben, was zur Folge hat, dass der Nettogewinn in all diesen Jahren niedriger ausfällt als ohne diese Abschreibungen. Dabei sieht die ökonomische Realität nicht anders aus als nach dem ersten Modell. Erst gab es zwei Unternehmen, und jetzt nur noch eins. Bei der »Kauf«-Methode werden die Gewinne gedrückt; beim »Pooling« ist kein Effekt zu spüren. Nach Jahren der Kritik wurde »Pooling« in den USA zum 30. Juni 01 abgeschafft.

Die Buchhalter sind jedoch nicht von böser Absicht geleitet. Sie legen nur den Schwerpunkt nicht auf diejenigen Kriterien, die den Aktionären wichtig sind – Kennzahlen, die die zugrunde liegende ökonomische Realität des Unternehmens wiedergeben. Geschichtlich war es vielmehr die Aufgabe der Buchhalter, das Vermögen und die Betriebssituation des Unternehmens konservativ zu bewerten, um den Restwert unter den ungünstigsten Bedingungen zu ermitteln. Im Prinzip waren sie darauf angesetzt, die Anleihegläubiger und andere Geldgeber zu schützen und ihnen einen Überblick zu verschaffen, was sie aus dem Unternehmen herausholen könnten, falls es Konkurs machte. Jerold Zimmerman, Professor für Rechnungswesen von der Simon School of Business an der University of Rochester begründete im Jahr 1993 anlässlich eines von Stern Stewart veranstalteten Runden Tisches, dessen Beiträge anschließend in der Ausgabe des *Journal of Applied Corporate Finance* (Sommer 1993) erschienen, die Grundprinzipien der Unternehmensbuchführung folgendermaßen:

»Das Problem, zu deren Lösung die Buchführungs- und Revisionssysteme ursprünglich entwickelt wurden, war das elementare Problem der Kontrolle« – ob nämlich die Beschäftigten des Unternehmens Geld und andere Vermögenswerte zum Nutzen des Unternehmens oder zu ihrem eigenen Vorteil einsetzten. »Eine andere wichtige Funktion war die Lösung von Interessenkonflikten zwischen den Gläubigern und den Aktionären des Unternehmens.

Das Problem lautete folgendermaßen: Wie können Manager als die Repräsentanten der Aktionäre den Gläubigern glaubhaft versprechen, dass sie keine übertrieben hohen Dividenden zahlen oder in allzu riskante Projekte investieren werden? Um diese Konflikte zu reduzieren, vereinbarten die Unternehmen mit ihren Kreditgebern, zuverlässige und neutrale Buchführungsfirmen damit zu beauftragen, bestimmte Informationen zu sammeln und weiterzugeben, die dazu dienen konnten, die Einhaltung der Kreditverträge durch das Management zu überwachen.«

Das war viele Jahre der Fall. Bald nach ihrer Gründung erließ die SEC die Vorschrift, diese Buchführungskennzahlen im Interesse einer umfassenden Information der Marktteilnehmer periodisch zu veröffentlichen. Die Kalkulationen wurden auf diese Weise zum Berichtsstandard für Jahres- und Vierteljahresberichte und für Presseveröffentlichungen. Sie sind besonders für Kreditgeber interessant. Wie Zimmerman ausführte, »interessieren sich Kreditgeber in erster Linie für die Negativrisiken. Sie sind viel weniger am Wert des arbeitenden Unternehmens und viel mehr an seinem Liquidationswert interessiert. Sie wollen wissen, was das Vermögen wert ist, wenn das Unternehmen die Kreditzinsen nicht zahlen kann.« Die Buchhalter liefern diese Informationen, aber sie verraten wenig über den Shareholder Value. Ein Aktionär möchte, kurz gesagt, das Geld, das er aus dem Unternehmen schöpfen kann, mit dem vergleichen, was er investiert hat. Das Geld, das er bekommen kann, entspricht dem Marktwert und nicht dem Buchwert des Unternehmens.

Lange Gewöhnung hat dazu geführt, dass immer dann, wenn die Unternehmen ihre Vierteljahres- und Jahresberichte veröffentlichen, die Erträge pro Aktie die Schlagzeilen beherrschen. Tradition und Gewohnheit sind schwer zu erschüttern. Nicht nur verzerren die Erträge pro Aktie die Realität, ihre Kalkulation lässt sich auch allzu leicht von Managern manipulieren, deren Boni möglicherweise an Ertragsverbesserungen geknüpft sind. So könnten sie beispielsweise kurzerhand die Ausgaben für F&E oder Werbung reduzieren, um auf diese Weise über eine Verminderung der Kosten die ausgewiesenen Gewinne zu erhöhen.

Ein anderer, besonders von Verbrauchsgüterherstellern häufig angewandter Trick besteht darin, gefügigen Kunden Ware aufzudrücken. Dieses Vorgehen ist unter dem Namen »Trade Loading« bekannt. Vor dem Ende der Geschäftsperiode werden die Kunden überredet, mehr Ware anzunehmen, als sie eigentlich benötigen; im Gegenzug erhalten sie verlängerte Kredite, sodass sie die Rechnung erst viele Monate später begleichen müssen. Der Umsatz wird zum Lieferzeitpunkt ausgewiesen – in der Regel kurz vor Ablauf einer Rechnungsperiode, entweder eines Quartals oder eines Geschäftsjahres. Beide Seiten haben davon einen deutlichen Nutzen: der Hersteller durch aufgebauschte Erträge pro Aktie, und der Kunde durch die günstigen Kreditkonditionen. Aber natürlich handelt es sich um einen faulen Trick, der dem Unternehmen keinen ökonomischen Wert bringt und nur den Führungskräften hilft, deren Incentivevergütungen an die Erträge pro Aktie gekoppelt sind, oder deren Aktienoptionen an Wert gewinnen, sobald mit den Erträgen pro Aktie auch der Aktienkurs des Unternehmens steigt (was deshalb passieren kann, weil der Markt die Ursachen für den Anstieg der Erträge pro Aktie nicht kennt). Im nächsten Jahr muss das Trade Loading natürlich größer ausfallen, damit die Umsätze nicht zurückgehen – es sei denn, es kommt zu einem echten Umsatzplus.

Quaker Oats trieb dieses Spiel über viele Jahre hinweg und stellte es erst in den frühen 90ern ab. Wie der frühere CEO des Unternehmens, William Smithberg, anlässlich eines anderen Runden Tisches von Stern Stewart erzählte, »ist Trade Loading eine in der ganzen Branche verbreitete Praxis, die große künstliche Nachfragespitzen und -täler für unsere Produkte erzeugt, die wiederum erhebliche zusätzliche Infrastruktur- und Lagerhaltungskosten verursachen – alles Dinge, von denen man sich gerne befreien möchte.« Quaker Oats

24

rang sich schließlich dazu durch. »Obwohl dieser Schritt vorübergehend unsere Vierteljahreserträge drückte, erhöhte er den ökonomischen Wert unseres Unternehmens spürbar«, fügte Smithburg hinzu.

Im September 1998 zählte Arthur Levitt Jr., der Chairman der SEC, in einer viel beachteten Rede ein paar weitere Taschenspielertricks in Sachen »Ertragsmanagement« auf. Einer davon war der »Aderlass« der Restrukturierungskosten – wenn die Kosten für die Restrukturierung, zu denen beispielsweise Abfindungszahlungen für entlassene Mitarbeiter oder die Kosten für Fabrikschließungen gehören, übertrieben werden. »Warum sind die Unternehmen versucht, solche Kosten zu hoch anzusetzen?«, fragte er. »Wenn die Erträge einen Rückschlag erleiden, besagt die Theorie, dass die Wall Street über den einmaligen Verlust hinwegsieht und sich nur auf zukünftige Gewinne konzentriert, und wenn diese Kosten nicht zu knapp geschätzt werden, dann feiert diese »konservative« Schätzung fröhliche Urständ als Einkommen, sobald sich die Schätzungen ändern oder die zukünftigen Erträge knapper ausfallen als erhofft.«

Ein zweites Jonglierstückchen ist der von Levitt so bezeichnete »Fusionszauber«, wenn ein Unternehmen mit einem anderen fusioniert oder es aufkauft. Ein möglicher Trick besteht beispielsweise darin, den Akquisitionspreis größtenteils als »ergänzende Forschung und Entwicklung« zu deklarieren. Auf diese Weise lässt er sich sofort abschreiben und taucht gar nicht erst als Goodwill in den Bilanzen auf, wo er die zukünftigen Erträge drücken würde. »Ähnlich problematisch ist die Schaffung umfangreicher Rückstellungen für zukünftige Betriebsaufwendungen zur Absicherung zukünftiger Gewinne – alles unter der Maske der Akquisition.« Wenn sich dann die Rückstellungen als übertrieben herausstellen, werden sie neu bewertet und – Simsalabim – in Gewinne verwandelt.

Unternehmen, die keine Akquisition getätigt haben, verwenden eine ähnliche Methode, die Levitt als »Sparschweintaktik« bezeichnet. Auch dabei geht es um Buchführungskniffe, wenn »unrealistische Annahmen zugrunde gelegt werden, um den Rückstellungsbedarf für Dinge wie Rückwaren, Kreditverluste oder Bürgschaftskosten abzuschätzen. Auf diese Weise wird in guten Zeiten ein Sparschwein gefüllt, auf das in schlechten Zeiten zurückgegriffen werden kann.« Levitt nannte das Beispiel »eines US-Unternehmens, das einmalig einen großen Ertragsverlust einkalkulierte, um seinen Franchisenehmern Einrichtungskosten zu erstatten. Diese Einrichtungsgegenstände, zu denen bis hin zur Küchenspüle alles gehörte, was sich nur denken ließ, waren noch gar nicht gekauft. Gleichzeitig kündigte das Unternehmen für die Zukunft Ertragszuwächse von eindrucksvollen 15 Prozent jährlich an.«

Levitt ist nicht der einzige, der die Aufmerksamkeit auf derlei Praktiken lenkte. Im März 1999 machte Warren Buffett Schlagzeilen mit einem Überraschungsangriff auf hochrangige Führungskräfte, die ihre Investoren hinters Licht führten. Im Jahresbericht von Berkshire Hathaway, seiner märchenhaft erfolgreichen Investitionsplattform, erklärte Buffett: »Viele unter den bedeutenderen Unternehmen verhalten sich korrekt, aber eine immer größere Zahl von eigentlich talentierten Managern – CEOs, die Sie sich als Schwiegersohn oder als Erbverwalter wünschen würden – kommt zu dem Schluss, es sei erlaubt, die Erträge zu manipulieren, um den vermeintlichen Wünschen der Wall Street entgegenzukommen. Viele CEOs denken sogar, dass diese Art der Manipulation nicht nur erlaubt, sondern sogar ihre Pflicht sei.« Er pries Levitts Kampagne zur Eindämmung dieses Missbrauchs.

Es wird jedoch schwierig sein, dieser Trickserei ein Ende zu bereiten, solange so viele Unternehmen ihre Führungskräfteboni ganz oder teilweise an Verbesserungen bei den Erträgen pro Aktie knüpfen. Dass diese Kopplung problematisch ist, ist allerdings schon lange bekannt. Die Gehaltsausschüsse etlicher Unternehmen versuchen, der Falle der Erträge pro Aktie zu entgehen, indem sie die Boni zumindest teilweise an verschiedene gesamtgewinnorientierte Kennzahlen wie Eigenkapitalrendite (ROE), Kapitalrendite (ROI) oder Gesamtkapitalrendite (RONA) knüpfen. Dies sind deshalb geeignetere Indikatoren für die Performance des Unternehmens, weil sie die Bilanzwerte berücksichtigen, aber sie haben eine grundsätzliche Schwachstelle: Auch sie lassen sich allzu leicht manipulieren. Zur Steigerung der Eigenkapitalrendite stehen zwei Möglichkeiten zur Verfügung. Die eine ist, im Lauf der Zeit die Unternehmensperformance zu verbessern. Wenn das jedoch nicht gelingt, gibt es eine andere Strategie: Man reduziere das Eigenkapital des Unternehmens durch einen Aktienrückkauf, entweder mit vorhandenem Cash oder mit neu aufgenommenem Fremdkapital. Mit einer Reduzierung der ausgegebenen Aktien steigt beim selben Gewinnniveau natürlich die Eigenkapitalrendite. Das nützt zwar der Führungskräfteriege, aber nicht notwendigerweise den Aktionären.

Ist der Bonus an die Gesamtkapitalrendite gekoppelt, so ist dieselbe Art von Manipulation möglich. Teile des Vermögensbestands können verkauft werden, auch wenn es unter Umständen sinnvoll wäre, sie zu behalten, sofern ihre Verluste nicht proportional die Ertragskraft des Unternehmens reduzieren. Das Resultat ist eine höhere Rendite auf die verbleibenden Vermögensbestände. Selbst wenn dieser Weg nicht eingeschlagen wird, kann ein an die Gesamtkapitalrendite gekoppelter Bonus immer noch die Bereitschaft dämpfen, Initiativen für ein profitables zukünftiges Wachstum zu verfolgen. Eine viel versprechende Akquisition beispielsweise wird möglicherweise unterlassen, weil sie sich über eine Vergrößerung der Vermögensbasis negativ auf die Gesamtkapitalrendite auswirken würde, selbst wenn die Gesamtprofitabilität des Unternehmens dadurch steigen würde.

Abgesehen von den Boni gibt es im Zusammenhang mit den gegenwärtigen Vergütungsplänen noch ein weiteres Problem: Die Vergütung der Führungsmannschaft wächst mit der Größe des Unternehmens. Das ist fast ein Naturgesetz und scheint auch einleuchtend zu sein. Ein größeres Unternehmen bedeutet für die Top-Manager mehr Verantwortung, was vermutlich mehr Talent und größere Führungsqualitäten verlangt und deshalb höhere Belohnungen rechtfertigt. Wachstum und höherer Shareholder Value sind jedoch zwei Paar Schuhe; das System gibt die falschen Anreize: Unternehmenswachstum um der damit verbundenen individuellen Belohnungen willen. Wie zuvor erwähnt, machten Berle und Means bereits 1932 auf dieses Phänomen aufmerksam und führten es auf den Prestigegewinn für die Top-Manager zurück. Eine kräftige Expansion bringt sicherlich Prestige, spürbarer ist jedoch das größere Gehaltspaket für CEO, CFO und COO. Und die einfachste Expansionsmöglichkeit besteht in Fusionen und Akquisitionen – oder wie es in Mel Brooks' humorvollem Stummfilm *Silent Movie* von 1976 heißt: »Engulf and Devour«.

In den 60ern und 70ern nahm der Expansionsdrang neue Formen an. In der Vergangenheit hatten die Unternehmen, die auf Akquisitionsstreifzug gingen, in der Regel versucht, ihre Rivalen aufzukaufen, auch wenn es immer schon einige gegeben hatte, die sich in fremdes Terrain vorwagten. Mitte der 60er wurde jedoch aus dem Drang zur Diversifizierung ein Massenphänomen. Ein neuer Name – Mischkonzern/Konglomerat – und eine neue Rechtfertigung wurden erfunden. Zuvor hatte man geglaubt, ein Unternehmen solle nach Möglichkeit bei seinem Leisten, oder wie wir heute sagen würden, seinen Kernkompetenzen bleiben. Plötzlich begannen Analysten und Kommentatoren die Vorteile einer Diversifizierung zu predigen. Durch den Aufkauf von Unternehmen aus ganz anderen Bereichen konnten die Manager der Konglomerate einen gleichmäßigen Ertragsstrom erzeugen, indem sie die zyklisch versetzten Auf- und Abschwungsperioden der einzelnen Branchen miteinander kombinierten. Eine vom Zentrum ausgeübte strenge Finanzkontrolle garantierte die nötige Disziplin und erzeugte in den Untereinheiten Effizienzen, auch ohne dass man sich im Einzelnen um das Alltagsgeschäft kümmerte. So lautete zumindest die Theorie, die sich in der Praxis allerdings nicht immer bewährte.

Die Chefs dieser neuen Mischkonzerne – Harold Geneen von ITT, Charles Bludhorn von Gulf + Western, James J. Ling von Ling-Temko-Vought – machten sich bald einen Namen. Geneen, der in der Finanzpresse in unzähligen Artikeln bewundert wurde, schluckte weltweit rund 350 Unternehmen – von Hotelketten über Telekommunikationsgesellschaften bis hin zu einem einzelnen New Yorker Verlagshaus. Solange die Mode ungebrochen war, erlebten die derart gepriesenen Konglomerate einen Run auf ihre Aktien, von denen sich allerdings nur die wenigsten auf Dauer halten konnten.

Viele dieser Akquisitionen entpuppten sich als Desaster, wie beispielsweise der Erwerb von Montgomery Ward durch Mobil oder der von Jones & Laughlin durch Ling-Temko-Vought. Wenngleich einige gut geführte Mischkonzerne erfolgreich waren – General Electric wird hier stets genannt –, so scheiterten doch die meisten von ihnen, weil ihre Organisationsstruktur den getrennten Einheiten unter dem gemeinsamen Dach des Konzerns keinen zusätzlichen Wert verschaffte. Es ließen sich weder nennenswerte Größeneffekte noch Produktionseffizienzen erzielen. Jeder Mischkonzern bot seinen Investoren ein diversifiziertes Portfolio, dies jedoch zu einem nicht unbeträchtlichen, aber umso unnötigeren Mehrpreis. Wenn ein Investor an einer Diversifizierung interessiert war, konnte er billiger sein eigenes Portfolio zusammenstellen oder sich in offene Investitionsfonds einkaufen.

Ende der 70er führte die weit verbreitete Enttäuschung über die Mischkonzerne zu einer Neudefinition des Wertbegriffs und zur großen Zeit sowohl der Architekten der feindlichen Übernahme – Carl Icahn, Irwin Jacobs, Sir James Goldsmith, T. Boone Pickens – als auch der Leveraged-Buyout-Bewegung. Die so genannten Ausschlachter suchten sich Unternehmen heraus, die unterbewertet erschienen. Sie kauften insgeheim Aktien, bis ihr Anteil die Grenze erreichte, wo sie gesetzlich verpflichtet waren, eine öffentliche Absichtserklärung abzugeben. Daraufhin machten sie dem entsprechenden Unternehmen ein Kaufangebot, erhielten erwartungsgemäß eine Abfuhr, und gingen dann dazu über, den Aktionären ein verlockendes Angebot zu einem Kurs zu machen, der deutlich über dem derzeitigen Handelskurs lag. Die Ausschlachter sprachen viel von Shareholder Value und wie er vom gegenwärtigen Management vernachlässigt worden war. Damit hatten sie häufig Recht, wenngleich ihre Glaubwürdigkeit als eifrige Anwälte der Aktionäre unter ihrer Bereitschaft litt, ihre eigenen Anteile zu einem deutlichen Aufpreis an das betreffende Unternehmen zu verkaufen – ein Vorgehen, das den Namen »Greenmail« erhielt. Zyniker vermuteten, dass dieser erpresserische Aktienpaket-Verkauf häufig das einzige Motiv war, auch wenn die feindliche Übernahme in vielen Fällen gelang und die Außenseiter zu Managern wurden. (Icahn beispielsweise führte einige Jahre lang die Fluggesellschaft TWA.) Ihr größtes Verdienst bleibt jedoch ohne Frage, dass sie auf die Verschwendung von Shareholder Value aufmerksam gemacht haben.

Das Phänomen des Leveraged Buyout (LBO) war noch weit bedeutender. Es rührte ebenfalls daher, dass es Unternehmen gab, deren Performance das eigentliche Potenzial nicht ausschöpften, und deren Aktienkurs diese schlechte Leistung widerspiegelte. Seit langem schon bildeten derartige Unternehmen das Ziel von Unternehmern, die nach sanierungsfähigen Objekten suchten, das Einzigartige an den LBOs war jedoch ihre Finanzierungsweise. In einem geschickten finanziellen Schachzug trieben sie das benötigte Geld auf, indem sie die Vermögenswerte und den Cashflow des Unternehmens selbst verpfändeten und vergleichsweise wenig Eigenkapital einsetzten. Der Vorgang ähnelte einem Hauskauf, bei dem der Käufer eine Baranzahlung tätigt und im Übrigen auf das Haus eine Hypothek aufnimmt. Der Unterschied ist, dass der Kredit im Falle eines LBO nicht aus dem persönlichen Einkommen, sondern aus dem zukünftigen Cashflow des Unternehmens und aus dem Verkauf unrentabler Unternehmensteile bezahlt wird.

Die Ursprünge der LBOs lassen sich bis in die 60er Jahre zurückverfolgen, auch wenn sie damals eher klein waren und noch nicht diesen Namen trugen (man verwendete zumeist den Begriff »Bootstrap«-Finanzierung). Jerome Kohlberg Jr., der damals für Bear Stearns arbeitete, führte seinen ersten Leveraged Buyout eines kleinen Unternehmens 1965 durch. Ein Versicherungsunternehmen stellte den erforderlichen Kredit bereit. Im Jahr darauf ging das Unternehmen an die Börse, und Kohlberg hatte bald einen persönlichen Gewinn von 175 000 US-Dollar. Jeder, der an dem Deal beteiligt war, profitierte davon.

Andere Bootstrap-Unternehmungen folgten, und Kohlberg wurde jetzt von seinen zwei Vettern Henry Kravis und George Roberts assistiert. Im Jahr 1976 zog sich das Trio von Bear Stearns zurück und gründete Kohlberg, Kravis and Roberts (KKR). Anfangs traten sie nicht allzu spektakulär in Aktion, aber schon 1983 dominierten sie das gedeihliche LBO-Geschäft. Ihre Deals reichten von 420 Millionen bis über 800 Millionen US-Dollar. Das sah damals nach großen Zahlen aus, binnen weniger Jahre folgten jedoch bereits Deals in Milliardenumfang. KKRs größter Konkurrent war Forstmann Little, aber daneben gab es noch mehrere andere.

Bevor die Junk Bonds aufkamen, wurden die Deals über Revolving-Kredite, konventionelle und ungesicherte Anleihen, von Versicherungsunternehmen und anderen Institutionen gekaufte Vorzugsaktien und von staatlichen Pensionsfonds und privaten Anlegern gekaufte Eigenkapitalpools finanziert. Als Mitte der 80er Jahre die Junk Bonds aufkamen, wurden viel größere Deals möglich. KKR gründete seinen ersten milliardenschweren Aktienfonds im Jahr 1984. Es handelte sich in Wirklichkeit nicht eigentlich um einen Fonds, der untätig auf Deals wartete, sondern um Zusagen, die im Bedarfsfall jederzeit eingelöst werden konnten. In einem Buyout bewegte sich das Verhältnis von Fremd- zu Eigenkapital im Regelfall zwischen 4:1 und 8:1. KKR war in allen Deals der vollhaftende Partner, während seine Kapitalinvestoren den Rechtstatus teilhaftender Partner hatten. KKR profitierte reichlich von dem Geschäft. Das Unternehmen erhielt, zumeist in Form von Aktien an dem neuen Unternehmen, eine einprozentige Provision für die Vermittlung des Deals, jährliche Beratungsgebühren von den Unternehmen in seinem Portfolio, eine Jahresgebühr von 1,5 Prozent auf das Geld in seinem Eigenkapitalpool und – als Hauptbrocken – 20 Prozent des Gewinns, den seine Investitionspartner aus den Deals zogen. Vertreter von KKR saßen in den Boards aller von ihnen kontrollierten Unternehmen.

In der Regel beließ KKR nach der Übernahme des Unternehmens die bisherigen Manager auf ihren Posten und beteiligte sie am Eigenkapital. Die andere Basis für eine Verbesserung der Performance bildeten die hohen Kreditschulden des Unternehmens. Wie ein drohender Tod erhöht auch eine erdrückende Schuldenlast die Aufmerksamkeit. Die ganze Kapitalstruktur war darauf ausgerichtet, die Produktion und die Effizienz des Managements zu verstärken, um auf diese Weise den Cashflow zu erzeugen, der für die Kredittilgung benötigt wurde. Und weil die Eigenkapitaldecke dünn war, wies das Unternehmen mit abnehmender Schuldenlast eine rasche Wertsteigerung auf. Viele LBOs verfolgten – häufig erfolgreich – das Ziel, wieder an die Börse zu gehen und den großen Reibach zu machen. Viele erfolgreiche LBOs blieben jedoch Privatgesellschaften. Natürlich gab es auch LBOs, die am Ende scheiterten.

Im Jahr 1983 erzählte Henry Kravis einem der Autoren dieses Buches, dass er eine Zeit kommen sehe, in der die US-amerikanische Unternehmenslandschaft überwiegend von LBOs bestimmt sein werde. Dazu kam es bislang nicht, wenngleich KKR und die teilhaftenden Partner des Unternehmens nur sechs Jahre später bereits 35 Unternehmen mit einem Gesamtvermögen von 59 Milliarden US-Dollar besaßen. (»Damals«, erklärte *The Economist* wiederum zehn Jahre später, »waren nur GM, Ford, Exxon und IBM größer.«) KKRs größter Triumph war 1989, als dem Unternehmen die feindliche Übernahme von RJR Nabisco für 31 Milliarden US-Dollar gelang. Dieser Coup resultierte in einer enormen Publicity, einem höchst kritischen Bestsellerbuch und dessen anschließender

TV-Verfilmung. Am Ende gehörte er allerdings nicht zu den Glanz-Storys von KKR.

Die akademischen Experten hatten eine sehr viel positivere Einstellung zum Phänomen der Leveraged Buyouts als die Finanzjournalisten. In einem 1989 veranstalteten Hearing vor einem Kongressausschuss nannte Professor Michael Jensen die auf LBOs spezialisierten Unternehmen wie KKR und Forstmann Little »ein neues Modell für ein allgemeines Management«, das nicht nur den alten Aktionären bei ihrer Auszahlung, sondern auch den neuen Aktionären nach einem neuerlichen Börsengang zu hohen Prämien verhelfe. Dieser Mehrgewinn resultiere aus dem verborgenen Wert, der bislang ungenutzt geblieben war. In einem viel zitierten Artikel in der *Harvard Business Review* sagte Jensen das »Ende« der Publikumsgesellschaft alten Stils voraus.

Jensens Enthusiasmus erwies sich ebenso wie der von Kravis als voreilig. Nur ein kleiner Teil der US-amerikanischen Unternehmen befindet sich heute unter den Fittichen von LBO-Holdings. Die Leveraged-Buyout-Bewegung hat jedoch gezeigt, was es bringen kann, wenn man die Manager zu Eigentümern macht und ihnen eine Kreditschuld auflädt, die sie vor die Alternative Effizienz oder Bankrott stellt. Man beachte: Die Betonung lag stets auf Cashflow und nicht auf Erträgen pro Aktie.

Aber während Leveraged Buyouts eine effektive Katalysatorrolle spielen, sind sie doch für sich genommen umständliche und teure Methoden, um das Vermögen der Aktionäre zu mehren. Umständlich wegen der großen Anstrengung, die erforderlich ist, um den Deal auf die Beine zu stellen, und teuer wegen der teuren Provisionen, die die LBO-Unternehmen einstreichen. Hohe Schulden dämpfen zudem die Risikobereitschaft. Eine einfachere und sehr viel flexiblere Methode ist die in diesem Buch vorgestellte – Economic Value Added oder ökonomische Wertschöpfung –, der wir uns jetzt zuwenden wollen.

2 Die Lösung

Was ist Economic Value Added? Die kurze Definition, die sich für Cocktailparties eignet, auf der Freunde nach dem Thema des gerade in Arbeit befindlichen Buches fragen, lautet, dass EVA der Gewinn ist, der übrig bleibt, nachdem die Kosten für das Kapital abgezogen wurden, welches investiert wurde, um diesen Gewinn zu erzeugen. Roberto Goizueta, einstiger CEO von Coca-Cola, der zu den frühen EVA-Anhängern gehörte, formulierte es einmal so: »Sie werden nur dann reicher, wenn Sie Geld so investieren, dass Sie dafür mehr bekommen als Sie selbst dafür bezahlen müssen.« Und die Kapitalkosten betreffen laut EVA-Gleichung sowohl das Fremdkapital als auch das Eigenkapital. Die Berechnung der Fremdkapitalkosten ist einfach – sie entsprechen im Wesentlichen dem Zinssatz, den das Unternehmen für neue Schulden zahlen muss. Beim Eigenkapital ist die Rechnung, wie wir sehen werden, komplizierter, und sie variiert mit dem Risiko, das die Aktionäre eingehen.

Das Grundkonzept von EVA ist jedoch einfach, und es gehört zu seinen Vorteilen, dass es sich auch von Finanzlaien verstehen und anwenden lässt. Das EVA-Konzept ist noch nicht einmal neu: die Wirtschaftswissenschaftler kennen es seit langem unter dem Namen ökonomischer Gewinn. Es fehlte jedoch bis vor wenigen Jahren eine geeignete Methode, um EVA zu messen, sowie ein fein austariertes, auf EVA-Verbesserungen basierendes Vergütungssystem (Incentivesystem) zur Motivation von Managern und anderen Beschäftigten. Nach einer längeren Entwicklungsphase wurde EVA im Jahr 1989 von Stern Stewart & Co. vorgestellt. Seither wurde das Konzept von mehr als 300 Unternehmen in aller Welt übernommen – darunter Coca-Cola, Quaker Oats, Boise Cascade, Briggs & Stratton, Lafarge, Siemens, Tate & Lyle, Telecom

New Zealand, Telstra, Monsanto, SPX, Herman Miller, JC-Penney und der U. S. Postal Service.

Bei konsequenter Umsetzung bewirkt EVA die Harmonisierung der Interessen von Managern und Aktionären und somit die Beseitigung eines Interessenkonflikts, der die Unternehmen seit langem heimsucht und vor fast 70 Jahren von Berle und Means diagnostiziert wurde. Diese Koinzidenz der Interessen wird in erster Linie dadurch erreicht, dass die Messung der Performance der Unternehmen nicht länger der Willkür buchhalterischer Gepflogenheiten, um nicht zu sagen, der Trickserei unterliegt. Die Unternehmensperformance wird fortan nach dem tatsächlichen ökonomischen Gewinn bemessen – was den Anteilseignern sicherlich zupass kommt. Und die Manager haben nun dasselbe Ziel, denn ihre Boni sind an EVA gekoppelt. Sie haben nicht länger ein Interesse daran, die Erträge pro Aktie, die Rentabilität des Nettovermögens oder die Kapitalrendite zu manipulieren.

EVA ist der wichtigste Hebel für die Erzeugung von Shareholder Value, aber es gibt noch ein weiteres, ebenfalls auf Stern Stewart zurückgehendes Kriterium, mit dem sich die Gewinne und Verluste der Aktionäre des Unternehmens genauestens einfangen lassen. Der so genannte Market Value Added (MVA) oder zusätzlich geschaffene Marktwert ist definiert als die Differenz zwischen dem Marktwert des Unternehmens und den über die Jahre in das Unternehmen investierten Beträgen. Um ihn zu bestimmen, werden das Eigenkapital zum gegenwärtigen Marktpreis und das Fremdkapital zum Buchwert angesetzt. Damit werden die Gesamtinvestitionen seit dem Tag Null berechnet – das Fremdkapital zuzüglich der bereits getätigten Zins- und Tilgungszahlungen und das Eigenkapital inklusive der einbehaltenen Gewinne. Die Gesamtinvestitionen werden nun mit dem gegenwärtigen Marktwert verglichen. Der von den Investoren in das Unternehmen gesteckte Geldbetrag wird also mit dem Betrag verglichen, den sie heute aus ihm herausholen könnten. Wenn der letztere den ersteren übertrifft, hat das Unternehmen Wert geschaffen. Wenn nicht, dann hat es Wert vernichtet. Geld rein, Geld raus – hier haben wir ein weiteres einfaches Konzept, das an die im ersten Kapitel beschriebene Zigarrenkiste erinnert. In letzter Zeit wird MVA mitunter auch mit Management Value Added übersetzt, um zum Ausdruck zu bringen, dass es die Verantwortung des Managements ist, den Wert des Nettovermögens zu steigern.

Zwischen EVA und MVA besteht ein deutlicher Zusammenhang. Ein wachsender EVA ist häufig Vorbote eines wachsenden MVA, auch wenn dieser Zusammenhang nicht eindeutig ist, insbesondere deshalb, weil die Aktienkurse nicht die gegenwärtige Performance der Unternehmen widerspiegeln, sondern die Zukunftserwartungen der Investoren. Vereinfachend lässt sich sagen, dass MVA den gegenwärtigen Wert des erwarteten zukünftigen EVA darstellt. Sollten sich die Erwartungen als unzutreffend herausstellen, dann lautet der Rückschluss, dass der heutige Marktpreis zu hoch oder zu niedrig war. Entscheidend ist jedoch die starke Korrelation zwischen Veränderungen beim MVA und Veränderungen beim EVA. Diese Korrelation ist sogar dreimal so stark wie zwischen MVA und Erträgen pro Aktie und zweimal so stark wie zwischen MVA und Eigenkapitalrendite.

Das EVA-System erwuchs aus dem seit langem von Stern Stewart praktizierten Ansatz, das ökonomische Unternehmensmodell über das buchhalterische Modell zu stellen. In seiner Beratungstätigkeit – zur Bewertung von Investitionsprojekten und Akquisitionen, zu Kapitalstruktur und Dividendenpolitik – legte das Unternehmen die Betonung stets auf den Cashflow, insbesondere auf den Gegenwartswert der zukünftigen freien Cashflows – ein Begriff, den Joel Stern bereits 1972 prägte. Die theoretischen Grundlagen dazu lieferten in den Jahren 1958 bis 1961 veröffentlichte wissenschaftliche Arbeiten der Finanzwissenschaftler Merton H. Miller und Franco Modigliani, beide Träger des Nobelpreises für Wirtschaftswissenschaften. Sie vertraten die Ansicht, dass die Quelle für die Wertsteigerung des Unternehmens im ökonomischen Gewinn zu suchen ist und dass die Mindestrentabilität eine

Funktion des Risikos ist, das der Investor eingeht – ein Thema, auf das wir später noch genauer eingehen werden. So zeigten sie beispielsweise, dass Investoren ein genaues Gespür für diese Realitäten haben. Das besagt nichts anderes, als dass die *Lead Steers* (erfahrene Investoren mit ausgeprägten analytischen Fähigkeiten und besonderem Zugang zu aktuellen Informationen) die große Herde der Investoren so lenken, dass diese Bewegungen die tatsächlichen Veränderungen in den Fundamentaldaten widerspiegeln.

Miller und Modigliani versäumten es jedoch, eine Technik anzugeben, wie sich das ökonomische Einkommen eines Unternehmens messen lässt. Auch für Stern Stewart bot sich die Lösung nicht von selbst. Die Cashflow-Analyse, essenzieller Bestandteil der Bewertungstätigkeit des Beratungsunternehmens, war keine geeignete Methode, um die jährlichen Veränderungen des ökonomischen Gewinns zu messen. Beispielsweise wird bei der Analyse eines geplanten Investitionsprojekts der zukünftige freie Cashflow mittels eines angemessenen Zinssatzes auf den Gegenwartswert diskontiert (in einem umgekehrten Verfahren zu dem, mittels dessen wir ausrechnen, wie stark ein bestimmter Geldbetrag über Zinsen und Zinseszinsen im Lauf von zehn oder 20 Jahren anwächst). Anschließend wird dieser gegenwärtige Kapitalwert mit den Kosten des Projekts verglichen, um festzustellen, ob sich die Investition lohnt.

In derselben Weise können wir dem gesamten Unternehmen einen Wert beimessen. Aber der auf den Gegenwartswert diskontierte zukünftige freie Cashflow ist ein statischer Maßstab, der die absehbare Zukunft auf einen heutigen Wert komprimiert, und kein Maßstab, der eine jährliche Bewertung ermöglicht. Natürlich wäre es möglich, den Gegenwartswert des Unternehmens im einen Jahr mit seinem Gegenwartswert im folgenden Jahr zu vergleichen, um festzustellen, ob ein Gewinn oder ein Verlust stattgefunden hat. Dieser Ansatz ist jedoch insofern problematisch, als dazu ein angenommener zukünftiger Cashflow diskontiert werden muss und solche Annahmen ganz offensichtlich fehlerhaft sein können.

Einige Mitarbeiter von Stern Stewart erkannten die Vorteile eines geschlossenen, sich auf die Gegenwart beziehenden Performancemaßstabs. Insbesondere unserem Senior Partner G. Bennett Stewart III gelang mit der Formulierung der EVA-Idee ein entscheidender konzeptioneller Durchbruch – wenngleich dabei teilweise Entwicklungen aufgegriffen wurden, die bereits in Modiglianis und Millers richtungsweisender Arbeit über Bewertung und Dividendenpolitik im dritten Abschnitt und insbesondere in der mittlerweile berühmten Fußnote 15 vorgezeichnet worden waren.* Wenn wir einmal von der komplizierten Mathematik absehen, dann springt uns die EVA-Idee in dieser Arbeit förmlich entgegen. Das EVA-System hat den Vorteil, dass es erlaubt, die Performance eines Unternehmens anhand gesicherter Daten statt Projektionen zu bewerten. EVA ist definiert als Geschäftsergebnis (NOPAT) abzüglich eines Betrags, der die Kapitalkosten des Unternehmens repräsentiert. Das Geschäftsergebnis entspricht dem bereinigten Betriebsergebnis nach Steuern, jedoch vor Finanzierungskosten. Wenn also das Kapital des Unternehmens 5000 US-Dollar und sein Kapitalkostensatz zwölf Prozent beträgt, dann sind die Kapitalkosten mit 600 US-Dollar anzusetzen. Bei einem Geschäftsergebnis von 1000 US-Dollar resultiert nach Abzug der Kapitalkosten ein EVA von 400 US-Dollar.

Um die Übung vollständig durchzuführen, muss man zuerst den Kapitalkostensatz des Unternehmens oder die erwartete Rendite bestimmen. Diese Rate, die die Investoren für das von ihnen empfundene Risiko entschädigt, variiert selbstverständlich von Branche zu Branche, von Unternehmen zu Unternehmen und sogar innerhalb eines Unternehmens von Projekt zu Projekt. Solange die Gewinne eines Unternehmens die erwartete Rendite nicht übersteigen, verdient der Investor kein Geld – er erzielt keinen ökonomischen Gewinn. Er macht erst dann

---

* Stewarts Beitrag nimmt zudem Bezug auf Passagen aus J. Sterns 1972 erschienenem Buch »Analytical Methods in Financial Planning«, wo erstmals eine jährliche EVA-Berechnung vorgeschlagen wird.

ökonomischen Gewinn, wenn das Unternehmen mehr als die Kapitalkosten erwirtschaftet.

Die Berechnung dieser Kosten kann sich kompliziert gestalten, aber das Prinzip ist einfach. Die Kosten des Fremdkapitals bestehen aus den Zinsen für die durch das Unternehmen aufgenommenen Kredite. Zinszahlungen werden um ihre steuerlich absetzbaren Komponenten gemindert, deshalb wird die nachsteuerliche Rate verwendet. Beim Eigenkapital setzt die Kalkulation beim Zinssatz für langfristige Staatsanleihen an – sagen wir, sechs Prozent. Das ist das, was der Investor bei der denkbar sichersten Anlageform verdienen könnte. Darauf wird eine Risikoprämie aufgeschlagen, die stark von der Branche abhängt und in der Regel zwischen einem und sieben Prozentpunkten liegt. (Das Investitionsrisiko ist bei einer Lebensmittelkette ganz offensichtlich geringer als bei einer Filmproduktionsgesellschaft. Die Bestimmung einer angemessenen Risikoprämie kann kompliziert sein und sollte am besten den Spezialisten überlassen werden.) Nachdem ein Kostensatz für das Eigenkapital bestimmt wurde, wird aufgrund der Gewichtung von Fremd- und Eigenkapital in der Kapitalstruktur ein »gemischter« Kapitalkostensatz für das Unternehmen ermittelt. Auf der Grundlage des Zinsniveaus von Mitte 2000 resultiert in den meisten Fällen ein gemischter Kostensatz zwischen zehn und 13 Prozent.

Einige Unternehmen hängen dem naiven Glauben an, sie könnten mit einer substanziellen Vergrößerung des Fremdkapitalanteils in Anbetracht der steuerlichen Begünstigung der Kreditfinanzierung ihren durchschnittlichen Kapitalkostensatz in einem vergleichbaren Ausmaß reduzieren. Das ist jedoch nicht der Fall. Dem möglichen Vorteil sind aus zwei Gründen Grenzen gesetzt:

1. Die Kreditgeber müssen Steuern zahlen, was sich in ihren Zinserwartungen widerspiegelt – es sei denn, die Nachfrage nach Krediten ist so gering, dass sie sich mit geringeren Gewinnmargen zufrieden geben müssen.

2. Die Aufnahme zusätzlicher Kredite erhöht das Risiko der Aktionäre, was wiederum den Kostensatz für das Eigenkapital erhöht. Dass es dennoch mitunter vorteilhaft sein kann, mehr Fremdkapital einzusetzen, geht ausschließlich auf die Tatsache zurück, dass eine nicht unerhebliche Zahl von Kreditgebern keine Steuern zahlt, wie beispielsweise Pensionsfonds oder Nonprofit-Organisationen.

Nach der Bestimmung des Kapitalkostensatzes besteht der nächste Schritt in der Berechnung der Kapitalkosten, die vom Geschäftsergebnis (NOPAT) abgezogen werden müssen. Dazu muss lediglich das Gesamtkapital des Unternehmens mit dem ermittelten Kostensatz multipliziert werden, wie unser Beispiel illustriert.

Wir wollen jetzt den »Net operating Profit after Taxes« (NOPAT), einen wesentlichen Bestandteil der Gleichung, genauer unter die Lupe nehmen. Auf den ersten Blick scheint es sich um einen redundanten Begriff zu handeln, bedeutet doch »Net« so viel wie »nach Steuern«. Hier bezieht sich »netto« jedoch auf die nötigen Anpassungen zur Berichtigung diverser buchhaltungsbedingter Verzerrungen. Zögen wir uns auf den Bilanzwert der Buchhalter zurück, würde unser NOPAT zu niedrig ausfallen, denn die buchhalterischen Vorschriften behandeln allzu viele Posten als laufende Aufwendungen, die, wenn es nach den Aktionären ginge, als Vermögenswerte in den Bilanzen auftauchen sollten. Die Mitarbeiter von Stern Stewart haben über 120 buchhalterische »Anomalien« (um es milde auszudrücken) identifiziert, aber bei den meisten Unternehmen sind nicht mehr als ein Dutzend Anpassungen erforderlich, um einen realistischen NOPAT-Wert zu erhalten. Es sollten nur Anpassungen vorgenommen werden, die von signifikanter Größenordnung sind, Einfluss auf das Managementverhalten haben, leicht verständlich und für den Marktwert des Unternehmens entscheidend sind.

Drei der verbreitetsten Anpassungen haben wir bereits im ersten Kapitel erwähnt: (1) Kosten für Forschung und Entwicklung (F&E), (2) Werbung und Verkaufsförderung und (3) Mitarbeitertraining und -entwicklung. Buchhalter verbuchen F&E als Aufwendungen, vermutlich, weil diese Ausgaben wertlos sind, sobald das Unternehmen Schiffbruch erleidet. Diese Überlegung hat sicherlich ihre Bedeutung für die Kreditgeber, die am Liquidationswert interessiert sind, sie taugt jedoch in keiner Weise zur Berechnung der wahren Ertragskraft des Unternehmens. F&E ist realistisch gesehen eine Investition, die zukünftige Rendite verspricht. Unter EVA wird F&E kapitalisiert und über die Jahre abgeschrieben, während derer diese Forschungsausgaben Früchte zu tragen versprechen. Lediglich der jährliche Abschreibungsbetrag geht als Kostenfaktor in die Berechnung von NOPAT ein.

Ebenso wird unter EVA mit den Aufwendungen für Werbung und Verkaufsförderung bei Konsumgüterherstellern wie beispielsweise Coca-Cola oder Johnson & Johnson verfahren. Gewiss, Werbung und Verkaufsförderung haben eine kürzere Lebensspanne als F&E, aber auch bei diesen Ausgaben handelt es sich um Investitionen, mit denen langfristiger Unternehmenswert in Form von neuen Produkten und Markennamen geschaffen wird.

Steuern tauchen in der NOPAT-Berechnung erst in dem Jahr auf, in welchem sie tatsächlich bezahlt werden – im Unterschied zur buchhalterischen Gepflogenheit, der zufolge sie in dem Jahr angesetzt werden, in welchem sie anfallen. Solche Steuern stellen selbstverständlich eine Schuld dar, die das Unternehmen in Zukunft zu begleichen hat. Insofern ist buchhalterisch die Berücksichtigung dieser zukünftigen Verbindlichkeiten aus Vorsichtsgründen durchaus wünschenswert. Nichtsdestotrotz bedeutet diese Praxis eine Verzerrung der jeweiligen Jahresbilanzen des Unternehmens. Durch die Begrenzung der Steuerabschreibung auf den tatsächlich bezahlten Betrag ergibt sich ein realistischeres Bild von den Kosten des betreffenden Jahres. Ähnliche Überlegungen gelten für die Rückstellungen, die die Buchhalter anzulegen belieben, wie beispielsweise für die Begleichung von Kosten, die sich aus Garantieverpflichtun-

42

gen ergeben könnten. Sind diese Rückstellungen überdimensioniert, dann drücken sie künstlich die Gewinne; sind sie unterdimensioniert, blähen sie die Gewinne auf. Ein zutreffendes Bild ergibt sich nur dann, wenn die tatsächlich geleisteten Garantieaufwendungen zugrunde gelegt werden.

Ebenfalls tabu sind in der EVA-Rechnungslegung degressive Abschreibungen. Die Steuerabteilungen der Unternehmen haben eine Vorliebe für degressive Abschreibungen, weil sich durch die Konzentrierung der Kosten auf weniger Jahre Steuern reduzieren lassen. Bei den meisten Unternehmen ist eine lineare Abschreibung angebracht, da sie die tatsächliche Obsoleszenz gut genug widerspiegelt. Die lineare Abschreibung erzeugt jedoch Verzerrungen bei Unternehmen mit umfangreicher langlebiger Ausrüstung, insofern als sie die bestehende alte Ausrüstung im Vergleich zu neuer und möglicherweise effizienterer Ausrüstung zu billig erscheinen lässt. Zur Lösung dieses Problems bietet EVA gegebenenfalls eine progressive Abschreibung an. Die jährliche Gesamtbelastung bleibt konstant, aber wie bei der Hypothekentilgung ist der Abschreibungsanteil anfangs gering und nimmt entsprechend der tatsächlichen ökonomischen Wertminderung der Produktionsanlagen mit den Jahren zu, um gegen Ende den Löwenanteil zu stellen. Diese Anpassung findet natürlich seine Entsprechung in einer starken Minderung der Vermögenswerte in den Bilanzen der späteren Jahre. Bei kapitalintensiven Unternehmen kann diese Korrektur beträchtliche Ausmaße annehmen.

Andere Buchhaltungsanpassungen wirken sich lediglich auf die Bilanz aus. Unter EVA wird der für eine Akquisition bezahlte Preis vollständig in der Bilanz ausgewiesen, auch wenn die (in Kapitel 1 beschriebene) »Pooling-of-Interest«-Methode verwendet wird. Üblicherweise taucht bei dieser Methode der Goodwill nicht in der Bilanz auf, was zu Überzahlungen verleitet. Nur wenn der bezahlte Preis in vollem Umfang als Vermögenswert angesetzt wird, können wir von den Managern erwarten, dass sie sich bei den Preisen, die sie für Akquisitionen zahlen, an vernünftige Grenzen halten, insbesondere wenn ihre Incentives an EVA gekoppelt sind. Die ökonomisch richtige, bereinigte Kapitalbasis bezeichnet man bei Industrieunternehmen als Geschäftsvermögen.

EVA setzt dem verschwenderischen Umgang mit Kapital klare Grenzen. Darin lag seine Hauptattraktivität für Tate & Lyle, einen großen globalen Zucker- und Stärkehersteller mit Hauptsitz in London. »Früher«, erklärt Simon Gifford, der Finance Director des Unternehmens, »legten wir die Betonung auf Rentabilität und insbesondere auf Erträge pro Aktie, weil die City und die Analysten es so wollten.« Finanzspezialisten wie Gifford waren vor allem am Cash interessiert, aber die operativen Manager schauten zuerst auf die Erträge. »Infolgedessen«, sagt Gifford, »achteten wir als Unternehmen nicht genügend auf unsere Kapitalbasis und insbesondere auf unser Betriebskapital.« EVA bot sich als eine Möglichkeit an, die Prioritäten zu korrigieren – was auch gelang. Abgesehen von einem restriktiveren Einsatz des Betriebskapitals trennte sich Tate & Lyle von mehreren Geschäftsbereichen, die einen negativen EVA aufwiesen, was bedeutete, dass sie ihre Kapitalkosten nicht einfuhren und auch keine entsprechende Aussicht für die Zukunft boten. »Ohne EVA«, sagt Gifford, »wären einige dieser Abstoßungsentscheidungen erst Jahre später gefallen.«

Zu den Vorteilen von EVA gehört seine Anpassungsfähigkeit. EVA ist nicht nur ein Bewertungssystem für das Unternehmen als Ganzes, sondern lässt sich problemlos auf einzelne Geschäftsbereiche, Fabriken, Verkaufsfilialen oder sogar Produktlinien übertragen. EVA lässt sich überall dort anwenden, wo von Erträgen, Kosten und – was der schwierigste Teil ist – eingesetztem Kapital gesprochen werden kann. Centura Banks, Inc., eine Bankholding in Rocky Mount in North Carolina, berechnet EVA nicht nur für jede Produktlinie und jede Zweigstelle, sondern auch für sämtliche Kunden, was es ihr erlaubt, sich auf die gewinnbringendsten unter ihnen zu konzentrieren. JD Group, ein Möbeleinzelhändler mit über 500 Filialen in Südafrika, erstellt eine monatliche EVA-Berechnung für jeden Filialleiter. Fast alle EVA-Unternehmen gehen mit der Berechnung mindestens bis zur Bereichsebene.

Als Bewertungssystem ist EVA nicht nur den Managern eine Anleitung und Stütze beim Streben nach maximaler Rentabilität, sondern er kommt auch den Investoren in höchstem Maß entgegen, wenn sie versuchen, die Realität hinter den verwirrenden Buchhaltungszahlen zu entdecken, die die Unternehmen auf Geheiß der Börsenaufsichtsbehörde veröffentlichen. Die meisten EVA-Unternehmen veröffentlichen zusätzlich ihre EVA-Zahlen, üblicherweise mit einer mehrere Jahre zurückreichenden Entwicklungskurve. Einige Untenehmen gehen noch einen Schritt weiter und veröffentlichen sämtliche EVA-Kalkulationen in ihren Jahresberichten. Der in Atlanta beheimatete Finanzdaten-Auskunftsdienst Equifax machte dabei den Anfang, gefolgt von Herman Miller, dem bekannten Möbelhersteller aus Michigan. In Millers Jahresbericht war den Seiten mit den Bilanztabellen eine ausführliche EVA-Präsentation vorangestellt. Eine wachsende Zahl von Finanzhäusern verwendet das EVA-Konzept in ihren Unternehmensberichten zusätzlich zu traditionelleren Analyseformen. Dazu gehören Unternehmen wie Goldman Sachs, Credit Suisse First Boston, Salomon Smith Barney, Morgan Stanley, Banque Paribas, Oppenheimer Capital, J. B. Were & Son und die Macquarie Bank.

EVA hingegen ist mehr als ein Bewertungsinstrument. Es bildet gleichzeitig die Basis für ein Incentivesystem, das die Manager mit den Aktionären in ein Boot setzt, indem es sie belohnt, wenn sie die Rendite für die Aktionäre erhöhen, und sie anderenfalls bestraft. Ein entsprechender Incentiveplan beruht im Wesentlichen darauf, dass für die EVA-Verbesserung konkrete Ziele und Fristen festgelegt werden. Die Ziele werden typischerweise für drei bis fünf Jahre im Voraus bestimmt, um das jährliche Feilschen um die Bonuspläne zu vermeiden, das in vielen Unternehmen üblich ist. Dieser Verhandlungsprozess zwischen Vorgesetzten und Untergebenen hat den fatalen Nachteil, dass regelmäßig Ziele ausgehandelt werden, die sich ohne größere Anstrengung erreichen lassen, sodass bereits Ergebnisse mit Boni belohnt werden, die nicht nennenswert über dem Durchschnitt liegen.

Im EVA-System wird das Ziel üblicherweise als die für das Jahr »erwartete Verbesserung« bezeichnet. Wird sie erreicht, dann erhalten die Manager 100 Prozent eines bestimmten »Zielbonus«. Wenn sie darunter bleiben, aber immerhin noch 60 oder 70 Prozent erreichen, verringert sich der Bonus proportional. Wenn der Abstand jedoch zu groß ist (der Grenzwert hängt vom jeweiligen Incentiveplan ab), erhalten sie gar nichts. Wenn sie andererseits für das betreffende Jahr ein Ergebnis über der erwarteten EVA-Verbesserung erzielen, haben sie Anspruch auf einen »Extrabonus«, der in etwa proportional zu ihrer Überschussleistung ist. Manch ein Manager bringt es auf diese Weise auf das Zwei- oder Dreifache seines Zielbonus. Bei dem in Michigan beheimateten diversifizierten Fertigungsunternehmen SPX betrugen einige Vergütungen mehr als das Siebenfache des Grundgehalts.

Dabei können gewaltige Summen zusammenkommen. Die Höhe des Zielbonus entspricht einem prozentualen Anteil des Gehalts; dieser variiert üblicherweise zwischen 100 Prozent für den CEO und zehn Prozent für die untersten Ränge. Die meisten Manager erhalten rund 50 Prozent. Top-Manager werden nach der Performance des Gesamtunternehmens beurteilt; die übrigen Manager erhalten ihre Vergütung entsprechend der Leistung ihrer Abteilung oder ihrer Einheit. Die einzige Ausnahme bilden für gewöhnlich die Bereichsmanager, deren Bonus sich zu 25 Prozent nach der Unternehmensperformance und zu 75 Prozent nach der Performance ihres Bereichs richtet. Mit dieser Zweiteilung sollen sie zur Kooperation mit anderen Bereichen ermuntert werden. Es ist ein großzügiges System, das die Unausgewogenheit der meisten Führungskräftevergütungssysteme korrigiert, bei denen der feste Anteil den variablen bei weitem übersteigt. Mit dieser Proportionsverschiebung setzt das EVA-System die Manager einem erheblichen persönlichen Risiko aus und fordert ihren Ehrgeiz heraus.

Im Idealfall ist den Boni durch den EVA-Plan kein »Limit« gesetzt. In vielen Unternehmen scheuen die zuständigen Komitees aus Furcht vor dem Unmut der Aktionäre und den Kommentaren der Presse vor einer solchen Freigebigkeit zurück, auch wenn gute Gründe dafür sprechen. Die Manager werden auf diese Weise zwar reich, aber nur durch einen Prozess, der den Aktionären nicht minder zugute kommt. Bei Armstrong World Industries, dem Bodenbelagimperium mit Hauptsitz in Lancaster, Pennsylvania, ließ sich schwer etwas dagegen sagen, dass so mancher Manager im Jahr 1995 mehr als das Doppelte seines Zielbonus erhielt – denn immerhin stieg in diesem Jahr der Aktienkurs um 60 Prozent. Die Manager von Herman Miller übertrumpften sie sogar noch, indem sie in den Geschäftsjahren 1997 und 1998 ihre Zielboni verfünffachten. Im selben Zeitraum verdreifachte sich der Aktienkurs des Unternehmens.

Ein anderes wichtiges Merkmal des EVA-Incentivesystems ist die »Bonusbank«, in der der jährliche Bonus teilweise oder ganz deponiert wird, um erst in den Folgejahren je nach der dann gezeigten Performance ausgezahlt zu werden. Eine weit verbreitete Lösung besteht darin, dass ein Drittel des »Extrabonus« in der Bank deponiert und zwei Drittel bar ausgezahlt werden. Wenn der EVA im folgenden Jahr sinkt, wird das auszuzahlende Bankguthaben um ein Drittel gekürzt.

Bei einer anderen Form der Bank wird der gesamte Bonus zurückbehalten und jedes Jahr ein Drittel des Guthabens ausgezahlt. (Die Bank erhält ein Startguthaben, um auch im ersten Jahr eine Auszahlung zu gewährleisten.) Die Stärke beider Versionen ist, dass die Vergütungen der Manager für längere Zeit unter Vorbehalt gestellt und von der zukünftigen Performance abhängig gemacht werden. Letztere Version hat den entschiedenen Vorteil, dass mehr Geld – der gesamte Bonus – unter Vorbehalt gestellt wird. Beide Regelungen sollen gewährleisten, dass die Manager längerfristig denken. Es lohnt sich nicht, lediglich kurzfristige Ergebnisse zu erzielen – beispielsweise durch eine Verringerung der Kapitalbasis –, denn die Einmalresultate würden durch die Folgejahre wieder zunichte gemacht werden.

Für die Riege der Top-Manager gibt es einen zusätzlichen Incentiveplan: Kreditfinanzierte Aktienbezugsrechte (Leveraged Stock Options, LSOs). Diesem Plan zufolge wird ein Teil des jährlichen Bonus in Form von Aktienoptionen ausgeteilt. Die Manager erhalten mehr Optionen, als normalerweise für den Preis zu haben wären. Aber anders als normale Optionen, deren Kaufpreis fest bleibt, können LSOs nur zu einem Kurs eingelöst werden, der von Jahr zu Jahr steigt. Der Optionsberechtigte hat davon nur dann einen Vorteil, wenn der Aktienkurs noch stärker steigt. Auf diese Weise wird sichergestellt, dass die Manager auch nur dann mit Optionen reich werden, wenn die Aktionäre durch steigende Aktienkurse in etwa demselben Verhältnis reicher werden.

Alle diese Pläne dienen also dazu, die Manager demselben Risiko wie die Aktionäre auszusetzen. In Wirklichkeit trifft die Manager mitunter sogar ein noch größeres Risiko. Die Aktionäre sind auf die Rendite des Gesamtunternehmens angewiesen, ebenso wie die Top-Manager. Die übrigen Manager jedoch erhalten ihre Boni, wie bereits erwähnt, nach Maßgabe der Performance ihrer Untereinheiten. Sie können verlieren, sobald ihre eigene Einheit strauchelt, selbst wenn das übrige Unternehmen gedeiht. Solches geschah zum Beispiel mit einer Einheit von SPX im Jahr 1997. Im Folgejahr wurde die Abteilung wieder flott gemacht.

Das EVA-Bonussystem beginnt in der Regel mit den Top-Managern und wird dann stufenweise auf die mittleren Managementebenen ausgedehnt. In einigen Pionierunternehmen – Herman Miller, Briggs & Stratton und SPX – bezieht der Plan sogar die untersten Ebenen mit ein. Wie sich diese Form von Mitarbeiterkapitalismus praktisch verwirklichen lässt, soll später untersucht werden.

3 Die Bedeutung von Strategie und Organisationsstruktur

Die Implementierung eines umfassenden EVA-Programms – Bewertungsprogramm, Managementsystem und Incentiveplan – ist häufig die notwendige Voraussetzung für den Erfolg eines Unternehmens. Als hinreichende Bedingung genügt dies jedoch nicht. Selbstverständlich benötigt das Unternehmen außerdem eine Erfolgsstrategie und eine geeignete Organisationsstruktur. Das beste EVA-System nützt wenig, wenn das Unternehmen beispielsweise kein klares Marketingkonzept oder eine unzureichende Vorstellung von der anvisierten Kundenbasis hat, wenn seine Produkte weder eine Nische noch einen Wettbewerbsvorteil, was die Kosten oder eine vermeintliche Überlegenheit betrifft, aufzuweisen haben oder wenn es, sofern es Standardprodukte herstellt, nicht zeigen kann, dass es im Kundenservice seinen Rivalen überlegen ist. Ebenso wenig kann ein Unternehmen die EVA-Herausforderung ohne eine geeignete Organisationsstruktur bestehen.

Ein neues Unternehmen hat kaum eine Chance ohne einen geeigneten strategischen Plan, wie es die Konkurrenz überholen oder sich zumindest einen ausreichenden Marktanteil sichern kann. Und etablierte Unternehmen straucheln häufig dann, wenn sie zu lange an einer einst bewährten Strategie festhalten, die angesichts veränderter Umfeldbedingungen nicht länger geeignet ist.

Briggs & Stratton bietet ein anschauliches Beispiel für das Zusammenspiel von strategischer Innovation und EVA-Disziplin bei der erfolgreichen Neuausrichtung eines in die Jahre gekommenen Unternehmens, das die Orientierung verloren hatte. Mit einem Umsatz von 1,3 Milliarden US-Dollar ist B&S der weltweit größte Hersteller luftgekühlter Benzinmotoren. Das 1908 in Milwaukee gegründete Unternehmen blickt auf eine bewegte Vergangenheit zurück. Es florierte in den Jahrzehnten nach dem Zweiten Weltkrieg, bis es 1989 zum ersten Mal seit den 20er Jahren rote Zahlen schrieb. Dies war der Auslöser für weit reichende Veränderungen.

Zunächst einige Hintergrundinformationen. Briggs & Stratton war stets ein innovatives Unternehmen. Gegründet wurde es von dem damals 23-jährigen Stephen F. Briggs und dem 29-jährigen Harold M. Stratton. Der Elektrotechniker Briggs gehörte zu jenen begnadeten Erfindern, die das US-Patentamt in Atem halten; Stratton war bereits ein gestandener Geschäftsmann mit Schwerpunkt Getreidehandel. Ihre Zusammenarbeit begann, als Briggs einen Sechszylinder-Zweitakt-Automotor entworfen hatte, von dem die beiden sich offensichtlich einen durchschlagenden Verkaufserfolg erhofften. Schnell wurde jedoch klar, dass seine Herstellung zu kostspielig gewesen wäre. Aber Briggs und Stratton ließen sich davon nicht entmutigen. Schließlich war dies die Zeit, als jede Werkstatt, die etwas auf sich hielt, ein Auto herauszubringen versuchte. So beschlossen die beiden Partner, einen Vierzylinder zu bauen und die Teile von verschiedenen Lieferanten einzukaufen – Motor, Chassis, Karosserie, kurz: alles. Unbescheiden, wie sie waren, tauften sie ihr Produkt »Superior«, aber das Projekt scheiterte, und sie produzierten lediglich zwei Tourenwagen und einen Roadster.

Entschlossen wie eh und je, am viel versprechenden Autogeschäft teilzuhaben, mauserten sie sich zum Teilelieferanten. Briggs entwarf einen elektrischen Zünder, der 1909 auf den Markt kam und sich gut verkaufte. Andere elektrische Teile folgten; ein Mehrzweckschalter wurde zum Verkaufsschlager. Zudem erwarben sie die Rechte am »Motor-Rad«, entwickelten es weiter und vermarkteten es im großen Stil. Das mit einem kleinen Benzinmotor versehene Rad wurde vor allem als drittes Rad zum Antrieb von Fahrrädern verwendet, kam aber auch bei Schlitten zum Einsatz, und es stellte die Kraftquelle für den Flyer dar, ein Miniauto mit einem Lattenboden, vier Rädern, zwei Sitzen, einer Lenksäule und dem Motor-Rad hinten in der Mitte; es hatte weder Dach noch Türen. Etwa 2000 Exemplare dieses Gefährts wurden bis zur Produktionseinstellung im Jahr 1924 verkauft.

Zwar war das Motor-Rad ein finanzieller Misserfolg, es führte jedoch zur Entwicklung eines kleinen Benzinmotors, der nach etlichen Konstruktionsveränderungen Verbreitung als Kraftquelle für Kleintraktoren, Rasenmäher, Pumpen und andere landwirtschaftliche Geräte fand, sowie für Waschmaschinen, für die in ländlichen Gegenden ohne Elektrizität eine große Nachfrage bestand. Ebenfalls zu einem Renner entwickelten sich die Autoschlösser, deren Produktion das Unternehmen in den 20er Jahren aufnahm und erst 1995 veräußerte. Nach dem Zweiten Weltkrieg profitierte Briggs & Stratton von der starken Bevölkerungszunahme in den Vorstädten. Als Millionen sich für Rasen und Gärten begeisterten, wuchs die Nachfrage nach Rasenmähern, insbesondere motorgetriebenen. Im Jahr 1953 führte B&S einen Motor aus Gussaluminium ein, der leichter und billiger war als seine Vorgänger und große Verbreitung fand. Das Unternehmen wuchs schnell an. Mitte der 80er Jahre verfügte B&S über eine 20 Hektar große Fabrik in Wauwatosa, einem Vorort von Milwaukee, und beschäftigte 10 000 Menschen. Die Arbeiter waren gewerkschaftlich organisiert, die Arbeitskosten lagen hoch, die Produktivität wurde durch umständliche Arbeitsvorschriften beeinträchtigt, und das Unternehmen litt unter einer Reihe kostspieliger Streiks.

Um die Arbeitskosten zu verringern, investierte B&S in den 80er Jahren ein Vermögen in die Automation der Produktion. Die Automation war eine der größten »Geldfallen« der Zeit. Wie auch immer das »Tagesproblem« der CEOs lautete, die Automationsverkäufer waren zur Stelle und boten ihre Lösung an: »Wir machen Sie durch Automation wettbewerbsfähig«; »wir lösen durch Automation Ihr Arbeitskräfteproblem«; oder: »wir beheben durch Automation die Qualitätsprobleme Ihres Prozesses«. Wenn Sie nur daran glaubten, so war die Automation dazu bestimmt, ihr Geschäftsleben für immer zu verändern. Aber sie hatte ihren Preis! Die Erfahrungen von Briggs & Stratton standen für viele andere kapitalintensive Hersteller in den 80er Jahren. In den späten 70ern hatte das Verhältnis von in betriebliches Anlagevermögen investiertem Kapital und Nettogewinn noch drei zu eins betragen. Bis gegen Ende der 80er steigerte sich dieses Verhältnis auf neun zu eins.

Ein Großteil dieses Geldes diente der Automation »schlechter« Prozesse. Im Rückblick sehen wir, dass die heutigen Unternehmen mit hoher Wertschöpfung häufig diejenigen sind, die damals der Automationsfalle entronnen sind. Sie erkannten, dass sie zuerst die Prozesse selbst verbessern mussten. Erst dann machte es Sinn, diejenigen Teile der Prozesse zu automatisieren, die die besten Resultate versprachen.

Während die Automation Kapital verschlang, verschärfte sich die Wettbewerbsituation. B&S verlor nicht nur die Position des Kostenführers der Branche, das Unternehmen bekam zunehmend den Druck Japans mit seinen geringeren Arbeitskosten und den der wichtigsten heimischen Konkurrenten zu spüren, die in den späten 80er Jahren bei den Arbeitskosten einen Vorteil von 30 Prozent gegenüber B&S erreicht hatten. Noch einschneidender war die Veränderung der Vertriebsstrukturen, wobei die unabhängigen Händler zunehmend großen Ketten wie Wal-Mart, Kmart und Home Depot wichen. Letztere bestanden stärker als die hergebrachten Händler auf niedrigen Einkaufspreisen und hatten auch die Verhandlungsmacht, ihren Willen durchzusetzen. Im Geschäftsjahr 1989 (das mit dem 30. Juni endete) wies Briggs & Stratton einen Verlust von über 20 Millionen US-Dollar aus.

Das war ein Schock, den das Unternehmen jedoch mindestens seit zwölf Monaten hatte kommen sehen. Chief Executive Frederick Stratton (der Enkel des Mitgründers) ordnete im Jahr 1988 eine gründliche Überholung von Strategie und Organisationsstruktur an. Ungefähr zur selben Zeit erhielt Stern Stewart & Co. den Auftrag, die einzelnen Teile des Unternehmens zu bewerten und insbesondere auf mögliche Anlagenverkäufe und Veräußerungen hin zu untersuchen. Das Unternehmen fürchtete zudem eine feindliche Übernahme und bat Stern Stewart, die Möglichkeit eines Leveraged Buyout durch die Manager des Unternehmens zu prüfen.

Die Idee wurde verworfen, und das Unternehmen konzentrierte sich darauf, seine Prioritäten neu zu setzen und das Kapital zusammenzuhalten. Es führte zudem ein volles EVA-Programm ein. In einem Memo, das anlässlich des strategischen Planungsprozesses entstand und den neuen Ansatz beschrieb, heißt es: »Ich glaube nicht, dass wir alles zugleich erreichen können. Wir müssen unser Kräfte konzentrieren.« Briggs & Stratton war lange der Kostenführer im Bereich einfacher kleiner Motoren mit großem Absatzvolumen gewesen, hatte sich aber in den letzten Jahren in die obere Marktkategorie vorgewagt und dabei viel Geld verloren. »Ich denke, wir haben gelernt, dass wir als Motorenzulieferer für Gerätebauer der höheren Kategorie nicht profitabel sind«, heißt es in dem Memo. »Kennzeichnend für die schmalen oberen Branchensegmente ist die Präsenz zahlreicher aggressiver (vorwiegend japanischer) Wettbewerber mit hervorragenden technischen Fähigkeiten bei niedrigen Markteintrittsbarrieren.«

Das absatzstarke Segment der kostengünstigen Motoren ohne überflüssigen Schnickschnack besetzten hingegen lediglich zwei Unternehmen: B&S und der erheblich kleinere Wettbewerber Tecumseh. Und die Eintrittsbarrieren waren aufgrund des Kapitalbedarfs hoch. »Alles spricht dafür«, folgerte das Memo, »dass die Wahrscheinlichkeit hoher Erträge besonders in denjenigen Bereichen gegeben ist, wo es gegenwärtig nur einen ernst zu nehmenden Wettbewerber gibt, und wo eine steile Lernkurve und Größenvorteile eine entscheidende … Markteintrittsbarriere darstellen. Wenn wir uns konsequent auf diesen Bereich konzentrieren, dann halte ich es für höchst unwahrscheinlich, dass es jemals zu einem Frontalangriff aus dem Ausland kommen wird. Wenn wir von diesem Bereich abweichen, wird ein solcher Schritt seitens ausländischer oder inländischer Wettbewerber angesichts der Begrenztheit unserer Ressourcen und des Verlusts der Marktführerschaft sehr viel wahrscheinlicher.«

Es wurde beschlossen, alle Kräfte auf den wertvollsten Marktbereich zu konzentrieren. Dies würde das Kerngeschäft des Unternehmens sein, das alles daran setzen würde, um wieder auf breiter Front die Kostenführerschaft in der Branche zu übernehmen. Vorstöße jenseits des Kerngeschäfts würde B&S künftig nur noch in Form von Jointventures unternehmen, die relativ bescheidene Investitionen erforderten und bei denen der Partner bereits einen klaren Wettbewerbsvorsprung in der betreffenden Marktnische innehatte.

Um die Kostenführerschaft zu übernehmen und die Umsätze bei den Wal-Marts und den Kmarts zu forcieren, musste Briggs & Stratton sowohl beim Kapital als auch bei den Arbeitskosten Einsparungen vornehmen. Die EVA-Disziplin lenkte die Aufmerksamkeit zum ersten Mal in der Unternehmensgeschichte auf die Gesamtkapitalkosten. Es genügte jedoch nicht, dass diese Beschränkung in der Vorstandsetage wahrgenommen wurde; die Disziplin musste bis in die Betriebseinheiten ausgeweitet werden.

Das war die Logik hinter der nun folgenden umfassenden Umstrukturierung des Unternehmens. In den alten Tagen, als es im Wesentlichen darum ging, Standardmotoren mit einer nahezu uneingeschränkten Marktakzeptanz herzustellen, war eine funktionale, vertikal strukturierte Organisation sicherlich am besten geeignet. Außer der Betriebskapazität gab es in dem Unternehmen wenig zu planen. Seit den 80er Jahren jedoch nahm in der Branche der Kleinmotoren der Grad der Unberechenbarkeit und der Komplexität stark zu – und auch der unternehmensinterne Geschäftsbetrieb wurde umfangreicher und komplexer. Eine Zukunft hatte das Unternehmen nur, wenn es seine Organisationsstruktur an diese zunehmende Komplexität anpasste.

Unter Strattons Leitung wurde das Unternehmen, das lange das Musterbeispiel einer vertikalen Struktur gewesen war, in sieben getrennte Betriebseinheiten zerlegt, darunter die Abteilung für Kleinmotoren (mit denen von Hand geschobene Rasenmäher angetrieben werden), die Abteilung für große Motoren (für selbstgängige Rasenmäher und kommerzielle Anwendungen), eine Abteilung, die Teile aus Gussaluminium, und eine, die solche aus Gusseisen herstellt, und so weiter. Die Abteilungen genossen viel Autonomie, nicht nur in betrieblichen Fragen, sondern auch in Bezug auf Kapitalinvestitionen. Durch die Verlagerung der Entscheidungsfindung auf diese Ebene erreichte das Unternehmen eine deutliche Verbesserung beim Cashflow und beim Kapitalmanagement. Die Manager entwickelten ein ausgeprägtes Bewusstsein für die Kapitalkosten und deren Einfluss auf ihre Performance – für die jetzt das EVA-Resultat der jeweiligen Abteilung ausschlaggebend war. Ihre Jahresboni hingen jetzt zu einem Teil von dieser Zahl ab, was ebenfalls ihre Aufmerksamkeit schärfte. Die Grundformel für alle Bereichsmanager besagt, dass der Bonus zu 50 Prozent vom Ergebnis des Gesamtunternehmens, zu 40 Prozent vom EVA der Abteilung und zu zehn Prozent von der Anerkennung der persönlichen Performance durch einen Vorgesetzten abhängt. Die Boni der Mitglieder der Unternehmensleitung basieren zu 100 Prozent auf der Performance des Gesamtunternehmens, wobei auch hier die Möglichkeit besteht, zehn Prozent unter den Vorbehalt der persönlichen Performance zu stellen. Der Incentiveplan für die Manager beinhaltet eine Bonusbank, und die Top-Manager erhalten zusätzlich Leveraged Stock Options.

Die Verbesserung der Finanzen wiederum spiegelte eine Reihe wichtiger Veränderungen infolge der Restrukturierung wider: bessere Konzentration auf die Produktlinie; konsequentere Integration funktionsübergreifender Initiativen; bessere Einschätzung der Wechselbeziehung zwischen Arbeitskräfte- und Kapitalbedarf; und nicht zuletzt die Entwicklung fähigerer und einfallsreicherer Manager infolge der erhöhten Verantwortung. Die EVA-Analyse spielte eine entscheidende Rolle bei allen Unternehmensentscheidungen – Veräußerungen, Einrichtung neuer Fabriken im Hinterland und strategische Allianzen in China, Indien und Japan.

Im Lauf der Jahre wurde die Dezentralisierung ergänzt durch Initiativen auf unterster Ebene, wie es sie vorher nicht gegeben hatte. Nach anfänglichen energischen Protesten (von denen in einem späteren Kapitel die Rede sein wird) enthalten die Tarifverträge der Arbeiter von Wauwatosa jetzt eine modifizierte Form von EVA. Vertreter aus den Reihen der Arbeiter beteiligen sich in Prozessverbesserungsteams, die die vorgeschlagenen Einsparungen im Standard-EVA-Format quantifizieren. Die Abteilung »Spectrum« in Wauwatosa, die Spezialteile für andere Abteilungen anfertigt, zeichnet sich durch großes Arbeiterengagement aus und scheint ständig um Prozessverbesserungen bemüht zu sein.

Der neue strategische Schwerpunkt, Dezentralisierung, und die EVA-Disziplin bewirkten kontinuierliche Verbesserungen. Im Jahr 1989, kurz bevor das Unternehmen sein EVA-Programm einführte, betrug der negative EVA von Briggs & Stratton alarmierende 62 Millionen US-Dollar. Im Geschäftsjahr 1993 erreichte das Unternehmen zum ersten Mal seit langer Zeit einen positiven EVA. Es erzielte eine 12,9-prozentige Rendite des Geschäftsvermögens (ROC), während sich die kalkulierten Kapitalkosten auf zwölf Prozent beliefen. Seither gab es keinen Rückfall. Das Unternehmen erwirtschaftete in allen Jahren seit 1993 die Kapitalkosten und erreichte im Geschäftsjahr 1999 einen Rekord-EVA von 50,9 Millionen US-Dollar. Die Aktionäre konnten ausgesprochen zufrieden sein. Wer im Herbst 1990 für 100 US-Dollar Aktien zum Stückpreis von 10,25 US-Dollar erwarb, hatte im Mai 1999 bereits 673 US-Dollar.

Die Geschichte von Briggs & Stratton unterstreicht die Wichtigkeit einer geeigneten Unternehmensstrategie. Das beeindruckende Comeback des Unternehmens wäre nicht vorstellbar gewesen, hätte es lediglich EVA eingeführt und sich im Übrigen mit einer unklaren Strategie und einer veralteten Struktur zufrieden gegeben. Welche Schlussfolgerungen lassen sich aus den Erfahrungen von B&S ziehen?

Das Grundprinzip der Entwicklung einer erfolgreichen Unternehmensstrategie besteht darin, eine geeignete Wettbewerbsposition zu bestimmen – mit anderen Worten, das »Kerngeschäft« des Unternehmens zu definieren – und anschließend sämtliche verfügbaren Ressourcen – Zeit, Personal und Kapital – auf die Erlangung und Festigung dieser Position zu verwenden. Werden wesentliche personelle und materielle Kapitalressourcen für nicht dem Kerngeschäft zugehörende Segmente aufgewendet, leidet darunter in der Regel die Wettbewerbsstärke des Unternehmens, es sei denn, die Aktivitäten werden im Verbund mit einem Partner durchgeführt, der in diesem Segment besonders kompetent ist. Briggs & Stratton hat beispielsweise ein Jointventure mit der Daihatsu Motor Company in Japan und eine langfristige Vereinbarung mit Mitsubishi über die Produktion hochpreisiger Qualitätsmotoren, die B&S zuvor in den Vereinigten Staaten mit Verlust hergestellt hatte.

Fundierte theoretische und praktische Erkenntnisse zur Unternehmensstrategie sind vergleichsweise neueren Datums. Die grundlegende Arbeit und bis heute gewissermaßen die Strategie-Bibel bildet Michael Porters Buch »Wettbewerbsstrategie«. Porter führte die Methode der Branchenanalyse ein, bei der die Stärke von fünf Kräften bestimmt wird, die die Wettbewerbssituation einer Branche charakterisieren: (1) die Bedrohung durch Neueinsteiger, (2) die Macht der Käufer, (3) die Macht der Zulieferer, (4) die Bedrohung durch Alternativprodukte und (5) der Rivalitätsgrad zwischen den existierenden Unternehmen. Nach der Analyse dieser fünf Kräfte, die über die Attraktivität der Branche entscheiden, entwickelt Porter die Konzepte Marktpositionierung und Marktanteil als die entscheidenden Methoden, um im Wettbewerb mit anderen Unternehmen zu bestehen.

Porter führt zwei entscheidende Wettbewerbspositionen an. Die erste ist die »Kostenführerschaft«, die »den forcierten Aufbau größeneffizienter Fertigungskapazitäten, konsequente Kosteneinsparungen ... eine strenge Ausgaben- und Allgemeinkostendisziplin, den Verzicht auf marginale Kunden, eine

Kostenminimierung in Bereichen wie F&E, Service, Verkaufspersonal, Werbung und so weiter« erfordert. Die zweite Wettbewerbsposition bezeichnet er mit »Differenzierung«, was soviel bedeutet wie »die Schaffung von etwas, das als *branchenweit* einmalig wahrgenommen wird«, wie beispielsweise ein klares Profil in punkto Design, Markenimage, Technologie, Qualität oder Kundenservice.

Porter konnte nachweisen, dass Unternehmen, denen es nicht gelingt, eine dieser beiden Wettbewerbspositionen zu besetzen, keine nennenswerte Erfolgsaussicht haben. Seinen Worten zufolge »fehlt diesen Firmen der Marktanteil, die Kapitalbasis und der Wille, zum kostengünstigen Anbieter zu werden oder aber sich so überzeugend von der Branche abzuheben, dass sich die Notwendigkeit einer Kostenführerschaft erübrigt ... Unternehmen, die keine dieser Positionen einnehmen, müssen zumeist mit einer geringen Ertragskraft vorlieb nehmen ... und ... leiden in der Regel unter einer verschwommenen Unternehmenskultur und einer widersprüchlichen Kombination von Betriebsregeln und Motivationssystemen.«

Neben der Wettbewerbsposition unterstreicht Porter die Bedeutung des Marktanteils, den er an anderer Stelle als Angebotsspektrum (*scope*) bezeichnet hat. Er beobachtete in vielen Branchen eine U-förmige Beziehung zwischen dem Angebotsspektrum und der Kapitalrendite. Unternehmen mit entweder einem besonders breiten oder einem besonders engen Angebotsspektrum erzeugen tendenziell hohe Kapitalrenditen, während Unternehmen mit einem durchschnittlichen Angebotsspektrum eine geringe Rendite haben. Daraus folgt, dass für die Unternehmen sowohl hinsichtlich des Marktanteils als auch hinsichtlich der Wettbewerbsposition die Gefahr besteht, »im Mittelfeld unterzugehen«.

In seinem späteren Werk identifizierte Porter vier grundlegende Strategien, die langfristig die größte Aussicht auf nachhaltige Wertschöpfung bieten: (1) Kostenführerschaft bei einem breiten Angebotsspektrum (Wal-Mart in den 90er Jahren ist dafür ein gutes Beispiel), (2) Differenzierung bei breitem Angebotsspektrum (IBM in den 70ern), (3) Kostenführerschaft bei engem Angebotsspektrum (Volkswagen in den 60ern) und (4) Differenzierung bei engem Angebotsspektrum (Cray Computers in den 80ern). Briggs & Stratton entschied sich für Kostenführerschaft bei breitem Angebotsspektrum und war in der Lage, diese Position zu halten.

Die Erfahrungen von Wal-Mart, IBM, Volkswagen und Cray zeigen jedoch, wie schwierig es ist, eine hochwertige Wettbewerbsposition und ein entsprechendes Angebotsspektrum aufrechtzuerhalten. Mit der Zeit verlagert die Branche möglicherweise ihren Schwerpunkt, sodass ein Unternehmen mit seiner Positionierung ins Abseits gerät und diese infolgedessen aufgeben muss. Vince Lombardi, einstiger Trainer der National Football League (NFL), sagte einmal, es sei schwieriger, eine Position zu halten, als sie zu erreichen; eine zweite oder dritte NFL-Meisterschaft sei eine Leistung, die noch zusätzlich durch die Tendenz zur Selbstzufriedenheit und die ständigen Veränderungen in den Spielstrategien der konkurrierenden Teams erschwert wird. Unternehmen, die über lange Zeit gute Leistung erbringen wollen, kommen ohne einen periodischen Prozess der Selbstfindung nicht aus.

Porters Analyse gilt manchen als unzulässige Vereinfachung, und in der Tat hat Porter selbst sein Modell später unter Berücksichtigung neuerer Forschungsergebnisse verfeinert. Sein Ansatz bildet dennoch nach wie vor eine nützliche Basis für Überlegungen zum strategischen Fokus. Einige bekannte Strategietheoretiker haben die Porter-Analyse um das Konzept der ressourcenorientierten Sichtweise vom Unternehmen erweitert, wonach eine notwendige Bedingung für die Wahrung eines bestehenden Wettbewerbsvorsprungs der Zugriff auf wertvolle, beschränkte, schwer zu imitierende und vergleichsweise ortsgebundene Ressourcen ist. Vielleicht besteht die wichtigste Komponente einer Unternehmensstrategie darin, diese Schlüsselressourcen (das heißt, die Kernkompetenzen) klar zu bestimmen und im Sinne einer maximalen Wertschöpfung zu verwenden.

Unter den neueren Büchern zur Entwicklung hochwertiger Strategien sticht besonders das 1995 erschienene Buch »The Discipline of Market Leaders« von Michael Treacy und Fred Wiersema hervor, in dem sich ein Modell, Analysetechniken und Sprachregelungen finden, die sich besonders für Unternehmen eignen, die an einem auf Wertschöpfung ausgerichteten Management interessiert sind. Ausgehend von Porters Erkenntnis, dass Unternehmen, die keine klaren Prioritäten setzen, nur geringe Ertragsaussichten haben, bestimmen Treacy und Wiersema drei »Wertdisziplinen« und die dazugehörigen Betriebsmodelle:

1. Kostenführerschaft (und das zugehörige Modell der »betrieblichen Spitzenleistung«),
2. Produktführerschaft (mitsamt dem betrieblichen Modell von »Innovation und Vermarktung«) und
3. Beste Gesamtlösung (und das betriebliche Modell der »Kundennähe«).

Die Beschreibung dieser allgemeinen Strategien als »Wertdisziplinen« trifft ins Schwarze. Sie weist darauf hin, dass die Notwendigkeit, sich für eine dieser drei Strategien zu entscheiden, direkt mit der zentralen Aufgabe des Unternehmens zusammenhängt, nämlich Wert zu erzeugen. Und sie betont die strenge Disziplin, die erforderlich ist, um eine hochwertige Position zu halten.

Treacy und Wiersemas Definitionen der Wertdisziplinen korrespondieren eng mit den von Michael Porter entwickelten, außer dass sie die Differenzierungsstrategie in zwei unterschiedliche Disziplinen aufspalten: (1) Produktführerschaft und (2) beste Gesamtlösung. Diese Unterscheidung basiert auf dem Konzept vom »erweiterten Produkt«, das nicht nur die Merkmale des Produkts selbst, sondern ebenso Vermarktung, Vertrieb, Service und Support umfasst. Der Produktführer bietet ein Produkt oder eine Dienstleistung von so einzigartigem Wert, dass er dafür auf dem Markt einen besonderen Preis verlangen kann. Dem Anbieter der besten Lösung gelingt es, für individuelle Kunden oder Kundengruppen die richtige Mischung von Preis, Merkmalen, Produktsupport und dergleichen bereitzustellen und auf diese Weise ebenfalls einen besonderen Wert auf dem Markt zu realisieren.

Die Entscheidung für eine Wertdisziplin ist die wichtigste Aufgabe des Managements. Diese Entscheidung setzt die sorgfältige Analyse der Stärken, der Kultur, der Organisationsstruktur, der Motivationssysteme und der Marketingkanäle und einen Vergleich der Fähigkeiten des Unternehmens mit den gegenwärtigen Chancen voraus. Eine gute Übereinstimmung der internen Fähigkeiten mit den externen Marktchancen ist eine wichtige Erfolgsvoraussetzung. Die Chancen müssen mit anderen Worten real gegeben sein, und das Unternehmen muss über die nötigen Fähigkeiten verfügen, um sie zu nutzen – zumindest muss ein Plan mit einer realen Erfolgsaussicht existieren, wie das Unternehmen diese Fähigkeiten erwerben kann.

Es ist leicht, sich in der Richtung zu vertun. Vor einiger Zeit hielt ein Managementberater einer Wirtschaftsprüfergesellschaft einen Wandervortrag unter dem Titel »Unternehmensstrategie und EVA«. Sein Schwerpunkt war die Bestimmung der Kernkompetenzen von Unternehmen und die Entwicklung einer »strategischen Architektur«, die dazu dienen sollte, diese Kompetenzen Gewinn bringend auf andere Märkte zu übertragen – mit anderen Worten, »strategische Differenzierung«. Dieser Ansatz ist jedoch problematisch, weil die Kernkompetenzen eines Unternehmens lediglich einen unter mehreren Faktoren darstellen, die die Entscheidung für eine Wertdisziplin beeinflussen. In der Praxis führt eine Entscheidungsfindung, die lediglich diesen einen Faktor berücksichtigt, häufig zu übermäßiger Investitionstätigkeit und zu der Vernichtung von Aktionärsvermögen.

Der Berater fuhr lange Zeit fort, die Diversifizierungsstrategie mindestens eines Unternehmens als positives Beispiel hinzustellen, nachdem längst klar war, dass es seine Kapitalkosten nicht einspielte, und nachdem es über mehrere Geschäftsjahre keine angemessene Aktionärsrendite erzeugte. Die Leugnung der Notwendigkeit, Wert zu erzeugen, ist ein gefährlicher Managementansatz. Eine effektive strategische Entscheidungsfindung muss sicherstellen, dass letztlich etwas für die Aktionäre übrig bleibt.

Ein anderer wichtiger Beitrag von Treacy und Wiersema ist das Konzept, dass ein Unternehmen, ganz gleich, welche der drei Wertdisziplinen es zu seinem strategischen Schwerpunkt macht, in den übrigen Disziplinen ebenfalls einen bestimmten Mindeststandard erfüllen muss. Mit anderen Worten, der Produktführer kann nicht einfach die Kosten ignorieren, und ein Unternehmen, das die beste Lösung anzubieten bestrebt ist, muss immerhin akzeptable Produkte haben. All dies mag trivial erscheinen, aber es ist erstaunlich, wie viele Unternehmen diese Selbstverständlichkeit missachten.

Was ist dieses minimal erforderliche Performanceniveau in den nicht zum Schwerpunkt erkorenen Disziplinen? Dieses Niveau ist erreicht, wenn das Unternehmen in diesen Bereichen eine »akzeptable und angemessene« Leistung zeigt, die die Errungenschaften in der Schwerpunktdisziplin nicht schmälert. Das Unternehmen muss also ein feines Gespür für seine Branche und die darin geltenden Schwellenanforderungen haben. Es muss die erforderlichen Niveaus in punkto Preis, Produktqualität und Service kennen. Gleichzeitig muss es versuchen, diese Erfordernisse zu erfüllen, ohne über dieses Schwellenniveau hinaus personelle und Kapitalressourcen zu verschwenden.

Unsere Überlegungen zu den Voraussetzungen für die Entwicklung einer hochwertigen Strategie sind nicht vollständig, solange wir die Rolle des Wachstums bei der Strategieformulierung außer Acht lassen. Führungskräfte von Unternehmen mit einem signifikanten Wachstum in den Erträgen aber einer nur mäßigen Aktienperformance äußern häufig die Kritik, dass das Wertmanagement »wachstumsabträglich« sei – es verhindere Innovation, weil es im Interesse einer maximalen

Rendite eine Beschränkung des Kapitals erzwinge. Ein starkes Wachstum bedeutet an sich noch keinen Mehrwert für die Aktionäre. Ein Ertragswachstum ohne Kapitaldisziplin vernichtet Wert, was wiederum erklärt, warum so viele einst erfolgreiche Unternehmen bis zur Bedeutungslosigkeit »wachsen«. Ebenso richtig ist jedoch, dass Unternehmen, die lediglich von Jahr zu Jahr ihre Kapitalkosten auf einer konstanten oder sogar abnehmenden Kapitalbasis erwirtschaften, keinen überzeugenden MVA vorweisen können.

Um stetige Steigerungen von EVA und MVA zu erreichen, muss das Unternehmen eine Wachstumsstrategie mit einer begründeten Erfolgsaussicht entwickeln. Ein Unternehmen, das wirklich Wert schaffen will, muss sich auch in gewissem Umfang in die Karten schauen lassen. Die Manager müssen sich klar machen, dass sie von ihren Aktionären dafür bezahlt werden, dass sie intelligente Risiken eingehen. Sobald sich das Management für eine bestimmte Wertdisziplin entschieden hat, ist es seine Pflicht, jeden möglichen Wachstumspfad zu erforschen, der mit dieser Disziplin in Einklang steht und mit einiger Wahrscheinlichkeit wenigstens die benötigten Kapitalkosten erwirtschaftet.

In Managementkreisen wird derzeit eine Debatte darüber geführt, ob es ratsam sei, unprofitable Unternehmen erst dann wieder auf Wachstumskurs zu bringen, wenn sie zuvor »saniert« wurden, oder ob man stattdessen am Wachstumskurs auch während des Sanierungsversuchs festhalten sollte. Am einleuchtendsten erscheinen uns in diesem Zusammenhang die Forschungsergebnisse der Growth Practice Group von McKinsey. Diese kam in ihren Analysen zu dem Ergebnis, dass die Managementteams gezwungen werden sollten, »sich das Recht auf Wachstum zu verdienen«. Eine gesunde Basis für weiteres Wachstum war mit anderen Worten erst dann gegeben, wenn die Ertragskraft der bestehenden Operationen einen bestimmten Mindeststandard erreichte. Diese Ergebnisse lassen sich auch folgendermaßen formulieren: Diejenigen Unternehmen, denen es regelmäßig gelingt, mehr als ihre

Kapitalkosten zu verdienen, haben am ehesten Aussicht auf Erfolg, sobald sie ihr Aktivitätsspektrum erweitern.

Will ein Unternehmen erfolgreich sein, benötigt es nicht nur eine sinnvolle Gesamtstrategie; ebenso wichtig ist eine Organisationsstruktur, die die gewählte Strategie unterstützt. Die Form muss sich nach der Funktion richten. Eine mutige neue Strategie, die in eine archaische Struktur gepresst wird, stünde von Anfang an unter einem schlechten Stern.

Eine äußerst nützliche Einführung in die Strukturproblematik bietet der vor zwei Jahrzehnten veröffentlichte Artikel »What is the Right Organizational Structure?« von Robert Duncan (*Organizational Dynamics*, Winter 1979). Duncan setzte an mit der Beobachtung, dass die Unternehmensstruktur weit mehr ist als ein Baumdiagramm mit einer Verantwortlichkeitshierarchie; vielmehr ist sie »ein Muster von Interaktionen und Beziehungen, die die verschiedenen Komponenten des Unternehmens – Technologie, Aufgaben, Menschen – so miteinander verknüpfen, dass das Unternehmen seinen Zweck erfüllen kann.« Duncan identifizierte zwei grundlegende Ziele: (1) die Verbesserung des internen Informationsaustauschs und (2) die Koordination der Verhaltensweisen in den einzelnen Teilen des Unternehmens.

Für praktische Zwecke grenzte Duncan seine Analyse auf die zwei allgemeinen Arten von Organisationsstrukturen ein, mit denen die Manager vertraut sind: funktionale und dezentrale Struktur. Funktionale, zentralisierte (das heißt in funktionale Abteilungen wie Herstellung, Konstruktion, Einkauf und dergleichen gegliederte) Organisationsstrukturen sind in der Regel sehr effizient. Sie eignen sich auch für jüngere, kleinere Unternehmen, die bestimmte technische und andere Spezialfähigkeiten benötigen, um in einer klar definierten und begrenzten Wettbewerbssituation bestehen zu können. Duncans Ergebnisse verdeutlichten jedoch, dass in einer zentralisierten Struktur der Informationsfluss eingeschränkt ist. Infolgedessen tut sich das Unternehmen schwer, die Informationen zu sammeln, die es benötigt, sobald es sich mit Unsicherheiten konfrontiert sieht. Dadurch sinkt die Wahrscheinlichkeit, dass die obersten Führungskräfte die für die richtige Entscheidungsfindung nötigen Informationen bekommen.

Duncan zog daraus den Schluss, dass die funktionale Organisationsform für solche Unternehmen am besten geeignet ist, die in einem relativ einfachen Umfeld operieren. Wenn das Umfeld des Unternehmens komplizierter ist und sich gemäß dieser Komplexität segmentieren lässt, ist die dezentrale Organisation die bessere Wahl. Wenn keine effektive Segmentierung möglich ist, bleibt die funktionale Organisationsform die Standardlösung.

Bei dynamischen Organisationen ist möglicherweise eine Art von lateralen oder sogar funktionsübergreifenden Beziehungen erforderlich, um die benötigten Informationen zu erzeugen oder eine Integration über die Segmente oder Funktionen hinweg zu ermöglichen. Laterale Beziehungen reichen von informellen Kontakten zwischen Segmentmanagern oder Funktionsmanagern über Integratoren (Mitarbeiter der Unternehmenszentrale oder Geschäftsbereichsleiter) bis zu der komplexesten Form: der Matrixorganisation mit ihren dualen Autoritätsstrukturen und dem Dotted-Line-Prinzip. Duncan gab zu bedenken, dass unter den geeigneten lateralen Beziehungen die am wenigsten invasive Form gewählt werden sollte. Matrixorganisationen lassen sich mitunter nur sehr schwer managen, unter anderem weil sie den bedauerlichen Nebeneffekt haben, dass sie die Verantwortlichkeiten verwischen. Für die meisten Organisationen ab einer gewissen Größe besteht die Lösung in Segmentierung und Dezentralisierung. Größere Organisationen sind nur selten wirklich unteilbar. Die Segmentierung kann nach geografischen Gesichtspunkten, nach Prozessen, Produkten, Branchen oder Kundengruppen erfolgen. Wie handhabt ein Unternehmen, das sich für eine der Wertdisziplinen entschieden hat, die Segmentierung?

Kostenführer sind bemüht, ihre Prozesse möglichst effizient zu gestalten, um Kosten zu sparen; sie versuchen deshalb, die Betriebsvorgänge so weit wie möglich zu standardisieren.

Wenn keine besonderen Querverbindungen zwischen den Prozessen bestehen, wie etwa im Fall vieler Massengüter, lassen sich die besten Ergebnisse in der Regel dadurch erreichen, dass die verschiedenen Prozesse als getrennte Geschäftseinheiten geführt werden. Wenn die Prozesse untrennbar mit dem Produkt verbunden sind, wie beispielsweise bei der Produktion von Verbrennungsmotoren, dann bietet eine Segmentierung nach Produkten die beste Aussicht auf eine hohe Wertschaffung.

Produktführer hingegen sind Produktinnovatoren. Sie fahren in der Regel besser mit einer eher lockeren, flexiblen, nach Produktlinien gegliederten Organisationsform, bei der jedes Segment über die für die Produktentwicklung und -kommerzialisierung erforderlichen Ressourcen verfügt.

Die dritte Gruppe von Unternehmen – die die Disziplin anstreben, die wir als »beste Lösung« bezeichnet haben – wird eine Segmentierung nach Geografie, Kunden- oder Branchengruppen wählen.

In allen drei Gruppen schaffen diejenigen Unternehmen den größten Wert, die Kapitalentscheidungen auf der Organisationsebene treffen, die über die besten Informationen dazu verfügen. Hierbei erweist sich eine Dezentralisierung als vorteilhaft.

Dezentrale Entscheidungsbefugnisse sind jedoch nicht hinreichend, wie Michael C. Jenson und William H. Meckling in ihrem im *Journal of Applied Corporate Finance* (Sommer 1995) veröffentlichten richtungsweisenden Artikel »Specific and General Knowledge and Organizational Structure« eindrucksvoll bewiesen haben. Die Autoren zeigten, dass es nicht genügt, Entscheidungsbefugnisse lediglich an Manager zu delegieren, die über die nötigen Informationen verfügen, um die richtige Wahl zu treffen. Wie andere Sterbliche sind auch Manager in hohem Maß von ihrem Eigeninteresse getrieben, weshalb eine Vielzahl von Kontrollen und Anreizen erforderlich ist, um zu gewährleisten, dass die Manager stets im Interesse des Unternehmens handeln.

66

Der Artikel kommt insgesamt zu dem Schluss, dass die Organisationen interne »Spielregeln« festlegen müssen, die nicht nur die Entscheidungsbefugnisse an die richtigen Leute verteilen, sondern auch einen Kontrollmechanismus in Form eines »Performancemessungs- und -bewertungssystems und eines Belohnungs- und Sanktionssystems« einrichten.

Die Ideen von Jensen und Meckling wurden später von James Brickley, Clifford Smith und Jerold Zimmerman (im Folgenden »BS&Z«) in ihrem 1997 erschienenen Buch »Managerial Economies and Organizational Architecture« erläutert und weiterentwickelt. Das Buch von BS&Z benennt drei entscheidende Elemente, die die Organisationsstruktur eines Unternehmens aufweisen muss, um optimal erfolgreich zu sein: (1) die Zuweisung von Entscheidungsbefugnissen innerhalb des Unternehmens, (2) die Methoden der Belohnung der einzelnen Mitarbeiter und (3) die Struktur von Systemen zur Bewertung der Performance sowohl der einzelnen Mitarbeiter als auch ganzer Geschäftseinheiten. Die Autoren vergleichen diese drei Komponenten mit einem dreibeinigen Stuhl. Alle drei Beine müssen so gestaltet sein, dass der Stuhl gerade steht. Wird eines dieser Elemente ohne Rücksicht auf die anderen beiden verändert, trägt dies mit großer Wahrscheinlichkeit zu einer Wertverschlechterung des Unternehmens bei.

Das BS&Z-Modell beginnt mit der Feststellung, dass erfolgreiche Unternehmen Entscheidungsbefugnisse so verteilen müssen, dass die Einscheidungsbefugten im Besitz der dazu notwendigen Informationen sind. Gleichzeitig muss die Organisationsarchitektur sicherstellen, dass die nötigen Systeme vorhanden sind, um die Performance zu bewerten und Belohnungen bereitzustellen, die die einzelnen Mitarbeiter motivieren, sich in der gewünschten Weise zu verhalten.

Wie wir zuvor gesehen haben, hat das Geschäftsumfeld, innerhalb dessen das Unternehmen operiert, entscheidenden Einfluss auf seine Strategie, seine Struktur und die Verteilung von Entscheidungsbefugnissen. Und die Unternehmensstrategie bewirkt in Kombination mit der Organisationsarchitektur, dass die einzelnen Mitarbeiter zu Wert schaffendem Verhalten motiviert werden. Abbildung 3.1 stellt eine Ausprägung des BS&Z-Modells dar. Es wurde für Unternehmen formuliert, die sich dafür entschieden haben, die EVA-Disziplin in ihre Organisation zu integrieren.

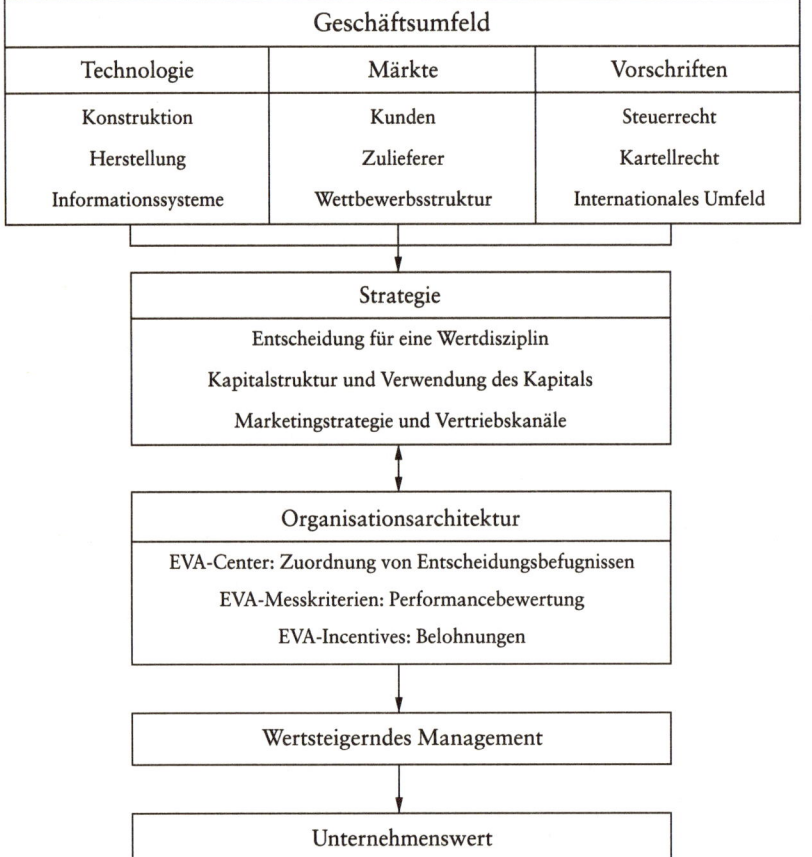

Abbildung 3.1: **Die Wert erzeugende Organisationsarchitektur**

Wir wollen im Folgenden die drei Elemente der Organisationsarchitektur und die Schwierigkeiten erörtern, mit denen sich Unternehmen konfrontiert sehen, die versuchen, EVA zu integrieren und gleichzeitig den dreibeinigen Stuhl im Gleichgewicht zu halten, wobei wir uns weiterhin auf das Buch von BS&Z beziehen.

Das Unternehmen muss zuerst die Frage der Aufbauorganisation lösen. EVA-Center spielen eine Sonderrolle, insofern als sie mehr Entscheidungsbefugnisse benötigen als andere Untereinheiten. Wir wollen uns zuerst einen Überblick über diese verschiedenen Untereinheiten verschaffen.

1. **Cost-Center** benötigen Entscheidungsbefugnisse, um einen bestimmten Output mit der größten Effizienz (das heißt, den geringsten Kosten) zu produzieren. Kostenstellen sind typischerweise bestrebt, die optimale Inputmischung zu finden (Arbeit, Material und eingekaufte Leistungen).

2. **Expense-Center** haben in der Regel Unterabteilungen, die Dienstleistungen für das Unternehmen anbieten (Buchhaltung, Rechts-, Personalabteilung) und deren Performance daran gemessen wird, ob sie im Vergleich zu den Kosten maximalen Output erzeugen.

3. **Revenue-Center** haben in der Regel Entscheidungsbefugnis in Marketing-, Verkaufs- und Vertriebsfragen. Die Performancemessung kann sich an verschiedenen Zielen orientieren, wie beispielsweise Ertragsmaximierung oder Bruttohandelsspanne minus Vertriebsausgaben.

4. **Profit-Center** haben alle zuvor genannten Entscheidungsbefugnisse – siehe Cost-, Expense- und Revenue-Center – und ein festes Budget. Sie werden in der Regel dann eingerichtet, wenn Entscheidungen zu Produktzusammenstellung, Output, Preisgestaltung und Qualität Informationen erfordern, die sich speziell auf die Untereinheit beziehen und deren Transfer teuer ist. Es gibt aber auch einen Nachteil, wie BS&Z anmerken: »Wenn Profit-Center angespornt werden, ihre Gewinne zu maximieren, führt dies nicht notgedrungen zu einer Maximierung der Gewinne des Gesamtunternehmens, sobald zwischen den Geschäftseinheiten Abhängigkeiten bestehen. So achten Einheiten, die lediglich auf den eigenen Gewinn schauen, in der Regel nicht auf die Auswir-

kungen ihres Handelns auf den Umsatz und die Kosten der anderen Einheiten.«

5. **Investment-Center** sind im Prinzip Profit-Center mit der zusätzlichen Befugnis, Investitionsausgaben zu tätigen. Ihr Erfolg bemisst sich nach der Effizienz, mit der sie ihr Kapital nutzen.

Ein EVA-Center lässt sich am besten als ein Investment-Center beschreiben, bei dem sich die Performancemessung nach dem EVA richtet. Bevor das Management eine Untereinheit zum EVA-Center erklärt, muss es überzeugt sein, dass die Übertragung von Entscheidungen über Gewinn- und Investitionsausgaben an die Untereinheit zu einer Wertoptimierung führt, und es muss bereit sein, mit der Übertragung dieser Entscheidungsbefugnisse auf einen Teil seiner Kontrollgewalt zu verzichten. Anderenfalls ist das Gesamtunternehmen das einzige EVA-Center.

Ein EVA-Center sollte nur dann eingerichtet werden, wenn die Aussichten gut stehen, dass der entsprechende Bereichsleiter über die optimale Produktmischung, das für die richtigen Preis- und Mengenentscheidungen erforderliche Wissen und alle erdenklichen Informationen über Investitionsgelegenheiten verfügen wird. Sollten EVA-Center in diesem Fall komplette Autonomie vom Unternehmensmanagement genießen? Gewiss nicht. Es gibt verschiedene Arten von Entscheidungsbefugnissen.

In Anlehnung an den viel zitierten Artikel »Separation of Ownership and Control« von Fama und Jensen (*Journal of Law & Economics*, 26, 1983) identifizieren BS&Z vier Kategorien von Entscheidungsbefugnissen, deren Übertragung infrage kommt:

»Initiierung – Erzeugung von Vorschlägen zur Ressourcennutzung und Vertragsgestaltung.

Ratifizierung – Entscheidung über zu implementierende Entscheidungsinitiativen.

70

Implementierung – Durchführung der ratifizierten Entscheidungen.

Überwachung – Messung der Performance von Entscheidungsbeauftragten oder -instanzen und die Implementierung von Belohnungen.«

Initiierung und Implementierung werden von Fama und Jensen unter »Entscheidungsmanagement« zusammengefasst, mit Entscheidungskontrolle werden Ratifizierung und Überwachung bezeichnet. Erhält ein Entscheidungsbeauftragter (das heißt, ein Beschäftigter, der nicht zugleich Eigentümer ist) sowohl Entscheidungsmanagement- als auch Entscheidungskontrollbefugnisse, wird er in aller Regel kein optimales Verhalten zeigen. Wenngleich die Gewährung wesentlicher Entscheidungsmanagementrechte an ein EVA-Center Voraussetzung für die Schaffung eines solchen Centers ist, ist es also dennoch von größter Bedeutung, dass sich die Unternehmensführung und der Vorstand Entscheidungskontrollbefugnisse vorbehalten. Für die Ratifizierung und Überwachung der Entscheidungen der EVA-Center muss ein rigoroser Prozess entwickelt werden. EVA-Center der Eigensteuerung zu überlassen, ist höchst riskant.

Auf welcher Ebene der Organisation sollten EVA-Center eingerichtet werden? Die Antwort hängt davon ab, wie groß das Unternehmen ist, wo in ihm die relevanten Informationen vorhanden sind und in welchem Maß untergeordnete Einheiten in sich abgeschlossen und gut geführt sind. Die starke Zunahme in der Verlässlichkeit und Qualität von Informationssystemen in den letzten Jahren begünstigt dezentrale Managementformen. Die Übernahme der Sprachkonventionen und der Kultur von EVA kann zudem die Kosten der Informationsvermittlung innerhalb des Unternehmens senken.

Infolge der Entscheidung zugunsten einer Einführung von EVA stand das Management von Briggs & Stratton vor der Aufgabe, die geeignete Zahl und Ausdehnung der zukünftigen EVA-Center zu bestimmen. Wie bereits erwähnt, wurden sieben autonome Abteilungen eingerichtet. Am Beispiel der Abteilung für Großmotoren können wir die Gründe des Unternehmens für die Festlegung dieser Abteilungen besser verstehen. Die Abteilung für Großmotoren ist für Vielzweck- und Rasenmähermotoren zwischen fünf und 20 Pferdestärken zuständig und produziert heute mehr als die Hälfte aller derartigen Rasenmäher- und -traktormotoren weltweit. Das Unternehmen hat sich aus drei Gründen dafür entschieden, aus dieser Abteilung ein EVA-Center zu machen: (1) der Pferdestärkenbereich bietet eine natürliche Abgrenzung von den übrigen Operationen des Unternehmens, (2) die Bereiche Aufsitzmäher, Rasentraktoren und Vielzweckmotoren sind weniger saisonabhängig als der klassische Massenmarkt der handgeführten Rasenmäher und (3) hat diese Abteilung einen Jahresumsatz von rund 550 Millionen US-Dollar und 2600 Beschäftigte, eine Größenordnung, die im Hinblick auf die Kontrollspanne und die Entwicklung von abteilungsbezogenen Informationssystemen praktikabel ist.

Auf einem Treffen des »EVA Institute«, eines Ablegers von Stern Stewart, der jährlich mehrere Dutzend EVA-Unternehmen zusammenbringt, wurde vor einigen Jahren besonders intensiv über die Frage diskutiert, welche Art von EVA-Bewertungsmaßstäben (und folglich auch Incentives) in einem Unternehmen implementiert werden sollten – und auf welcher Unternehmensebene. Lassen sich EVA-Bewertungsmaßstäbe auf der untersten Betriebsebene effektiv implementieren? Sollte das Unternehmen auf bestimmten Ebenen die Verwendung von »Werttreibern« (Elementen der Herstellungs- und Vertriebsprozesse, die die ökonomische Wertschaffung fördern) in Betracht ziehen? Wir glauben, dass diese Fragen unter Bezug auf das BS&Z-Modell beantwortet werden sollten. Sind mit anderen Worten Performancemessung und Zuteilung von Entscheidungsbefugnissen aufeinander abgestimmt? Die Anwendung direkter EVA-Bewertungsmaßstäbe auf ein Cost-

Center wäre ein Fehler, weil Cost-Center keine Kontrolle über Kapitalinvestitionen haben, die eine Hauptdeterminante der EVA-Performance darstellen.

Es wäre naiv zu glauben, ein Unternehmen bräuchte lediglich allen Beschäftigten große, direkte EVA-Incentives in Aussicht zu stellen, um die Aktienpreise in die Höhe schießen zu lassen. Das Problem ist, dass die meisten Beschäftigten ungewöhnlich risikoscheu sind, und zwar desto mehr, je tiefer in der Unternehmenshierarchie sie sich befinden. Solange das Unternehmen keine überzeugende Prämie für das Eingehen von Risiken ausschreibt, wird es Schwierigkeiten haben, Beschäftigte zu halten. Die Beschäftigten werden ein höheres Grundgehalt oder eine Kompensationszulage erwarten. Je mehr das Risiko unter die Kontrolle von Beschäftigten gegeben wird, die am besten dazu in der Lage sind, diese Risiken einzuschätzen und zu managen, desto eher kann diese Kompensationszulage reduziert werden, ohne dass das Unternehmen allzu sehr Gefahr läuft, Beschäftigte zu verlieren.

In der Praxis gewähren die meisten Unternehmen den Top-Managern weit reichende Befugnisse, über Kapitalinvestitionen zu entscheiden, den Beschäftigten auf der untersten Ebenen hingegen nahezu keine. Einige Elemente des Produktionsprozesses liegen jedoch durchaus im Kontrollbereich der untersten Beschäftigten, die bei richtiger Führung erheblich zur EVA-Erzeugung beitragen können. Zu diesen »Werttreibern« gehören: Produktivitätsverbesserungen, Ausschussverringerung, Verringerung der Lagerhaltung von Zwischenprodukten und Stückzeitverkürzung. Sie alle lassen sich messen und befinden sich, zumindest partiell, im Kontrollbereich der untersten Beschäftigten.

Aus diesen Überlegungen folgt die in Abbildung 3.2 dargestellte optimale EVA-Architektur hinsichtlich Messsystemen und Incentives.

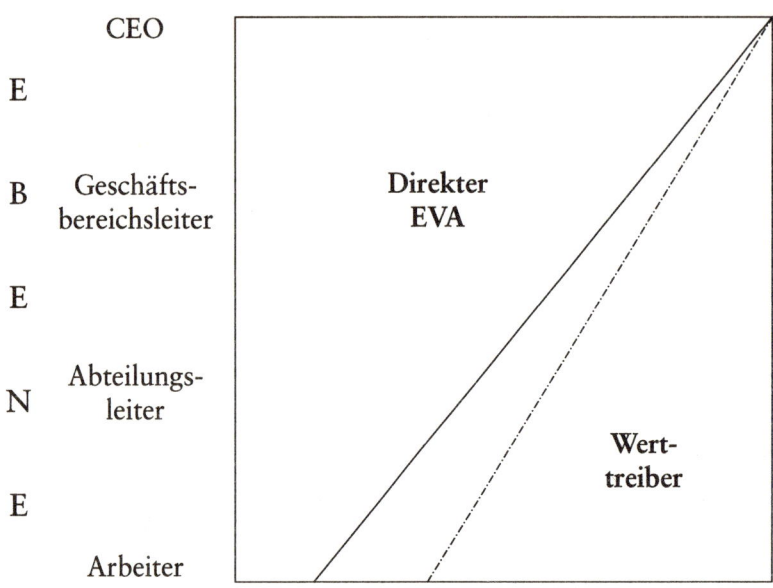

Abbildung 3.2: **Bewertung und Incentives: direkter EVA kontra Werttreiber**

Diese Darstellung basiert auf der traditionellen Verteilung von Entscheidungsbefugnissen bezüglich Kapitalinvestitionen auf die verschiedenen Ebenen des Unternehmens. Ein signifikantes EVA-Trainingsprogramm für die Beschäftigten der untersten Ebene und die Einbeziehung dieser Beschäftigten in EVA-basierte Teams mit Entscheidungsbefugnissen betreffs Kapitalinvestitionen würde es gestatten, die Achse nach rechts zu verschieben (siehe die gestrichelte Linie).

Briggs & Stratton verwendet in den verschiedenen Abteilungen sehr unterschiedliche Gewichtungen von direktem EVA und Werttreibern. Das eine Extrem bildet die (inzwischen an MIT verkaufte) Gießerei in Ravenna, Michigan, die überwiegend mit direktem EVA operierte (80 Prozent der Gesamt-Incentives), und zwar mit großem Erfolg. Das Unternehmen ist überzeugt, dass der Erfolg der Fabrik auf die gemeinsame Anstrengung zurückzuführen ist, »die Achse nach rechts zu verschieben«. Wie wir in Kapitel 6 detailliert beschreiben werden, handelte es sich um einen vergleichsweise kleinen Betrieb (niemals mehr als 150 Beschäftigte), sodass die Anstrengungen jedes Einzelnen in der EVA-Performance der Fabrik wiederzuerkennen waren. Das Credo lautete vom ersten Tag an partizipatorisches Management, und es gab ein effektives Trainingsprogramm für neue Mitglieder der Belegschaft.

Das andere Ende des Spektrums bildet die Abteilung für Kleinmotoren, die mit einem einzigen Werttreiber exzellente EVA-Resultate erzielt: ein Incentivesystem für die auf Stundenlohnbasis Beschäftigten, das auf einem schlüssigen Produktivitätsmaßstab beruht. Die Abteilung ist außerordentlich groß, und ihre Produkte sind in hohem Maß saisonabhängig und dem Diktat des Massenmarkts unterworfen. Weil die wichtigsten Entscheidungsträger in der Abteilung direkte EVA-Incentives erhalten, ist das Risiko, dass Produktivitätsverbesserungen auf Kosten der Kapitaldisziplin erreicht werden, stark reduziert. In anderen Abteilungen wurden Mischformen implementiert – mit unterschiedlichen Resultaten.

Es ist natürlich einfacher, die Prinzipien von Unternehmensstrategie und -organisation in großen Zügen zu beschreiben, als sie in der Praxis zu implementieren. Häufig sind heroische Anstrengungen erforderlich, um den internen Konservativismus der Alteingesessenen mit ihrem reflexartigen Widerstand gegen Veränderungen und ihrer verbissenen Verteidigung bürokratischer Festungen zu überwinden. Aber in Krisenzeiten ist eine neue Strategie oder die neue Entschlossenheit, eine bereits bestehende Strategie umzusetzen, häufig das Einzige, was ein Unternehmen wiederbeleben und irgendeine Hoffnung auf die Schaffung von Shareholder Value bieten kann, ganz zu schweigen von der Schaffung von Wert für andere »Stakeholder«, die einen nachrangigen Anspruch an das Unternehmen haben: Beschäftigte, Kunden, Zulieferer und Gesellschaft. Wir werden uns als Nächstes mit dem Thema der Wertschaffung für alle Beteiligten beschäftigen – mit nichts Geringerem also, als der Straßenkarte der Wertschöpfung.

4 Die Straßenkarte der Wertschaffung

Wir wenden uns jetzt einem höchst umstrittenen Thema zu: Wie lässt sich nicht nur für die Aktionäre, sondern auch für die anderen »Stakeholder« des Unternehmens – Beschäftigte, Kunden, Zulieferer und die Gesellschaft (Community), in der das Unternehmen angesiedelt ist – Wert schaffen? Gegenstand der Auseinandersetzung ist die Frage, ob das Unternehmen einzig und allein die Erhöhung des Shareholder Value zum Ziel haben sollte (mit dem Hinweis darauf, dass die übrigen Stakeholder zwangsläufig ebenfalls vom Erfolg der Unternehmens profitieren werden) oder ob das Unternehmen die Interessen *aller* Stakeholder in jeder wichtigeren Entscheidung sorgfältig gegeneinander abwägen muss. Einige Verfechter dieser letzteren Sichtweise scheinen sogar der Ansicht zu sein, dass die übrigen Stakeholder denselben Anspruch auf die Ressourcen des Unternehmens haben wie die Aktionäre.

Dabei fällt aber auf, dass niemand behauptet, die Stakeholder hätten einen größeren Anspruch als die Aktionäre. Und aus gutem Grund: die Aktionäre liefern die Conditio sine qua non einer jeden Geschäftstätigkeit – das Kapital. Sie werden kein Unternehmen finanzieren, das keine Aussicht auf eine adäquate Rendite (mindestens in Höhe der Kapitalkosten) bietet. Sie werden zudem einem schlingernden Unternehmen neues Kapital vorenthalten, es sei denn, es bestehen realistische Aussichten auf Besserung, sodass wenigstens für die neue Investition eine Rendite in Höhe der Kapitalkosten erwartet werden kann.

Wir sind natürlich der Meinung, dass die Aktionäre Vorrang haben. Das ist in einer kapitalistischen Gesellschaft eine nicht zu leugnende Tatsache. (In einer so genannten sozialistischen Gesellschaft hätte der Staat Vorrang, da er der einzige Kapitalgeber wäre.) Diese einfache Feststellung beschert jedoch vielen Unternehmen ein PR-Problem, mit all den zweifelhaften und irreführenden Argumenten bezüglich Stakeholderinteressen, die in diesem Zusammenhang vorgebracht werden. Der Unmut über die Unternehmen ist dann besonders lautstark, wenn sie sich in schwierigen Tarifverhandlungen befinden oder wenn sie den Betrieb in kostengünstigere Regionen oder ins Ausland verlegen wollen.

Der Aufschrei ist gemäßigt, solange das Unternehmen tatsächlich rote Zahlen schreibt, aber sobald die Entscheidung zum Ortswechsel mit der Notwendigkeit begründet wird, eine adäquate Rendite sicherzustellen, kann schnell die Hölle losbrechen. Und zwar aus zwei Gründen: Nur vergleichsweise wenige Menschen begreifen die finanziellen Gesetzmäßigkeiten einer Geschäftstätigkeit, und die Beschäftigten und die Gesellschaft sehen sich mit einem echten Verlust konfrontiert. Einem Beschäftigten, dem bereits die Kündigung ausgesprochen wurde, ist wenig mit dem Rat geholfen, er möge Schumpeters Ausführungen zu der dem Kapitalismus eigenen »kreativen Zerstörung« lesen. (Andererseits bieten einige Unternehmen ihren Beschäftigten, deren bisherige Arbeitsplätze entfallen, die Möglichkeit an, in die anderenorts neu errichteten Produktionsstätten zu wechseln.)

Es bestreitet also niemand, dass es kurzfristig Interessenkonflikte zwischen Aktionären und anderen Stakeholdern gibt – nicht nur im Fall von entlassenen Beschäftigten oder von Regionen, deren Steuereinnahmen sinken und deren Geschäfte mit weniger Kaufkraft vorlieb nehmen müssen, sobald eine große Fabrik die Zelte packt. Und ebenso wenig werden die Verbraucher frohlocken, wenn die Fluglinien die Preise anheben, um für ihre Aktionäre endlich etwas Wert zu schaffen.

Langfristig jedoch gibt es eine Parallelität zwischen den Interessen der Aktionäre und der übrigen Stakeholder. Kein Unternehmen kann auf die Dauer gedeihen, wenn es seine Beschäftigten schlecht behandelt, wenn auf seine Produkte oder Dienstleistungen kein Verlass ist, wenn es mit seinen

Zulieferern rüde umgeht, wenn es die Umwelt verschmutzt oder sich in anderer Weise in der Gesellschaft unbeliebt macht.

Mit dieser negativen Formulierung soll nur betont werden, was selbstverständlich sein sollte. Um es positiv auszudrücken: Ein Unternehmen wird dann den Shareholder Value vermehren, wenn es kreative Initiativen zur Verbesserung des Loses seiner Beschäftigten unternimmt, wenn es eng mit seinen Zulieferern zusammenarbeitet und ihre Treue pflegt, wenn es seine Kunden wirklich kennt und sich alle Mühe gibt, ihre Bedürfnisse zu erfüllen, und wenn es sich in der Gesellschaft den Ruf eines engagierten Unternehmens erwirbt. Langfristig besteht eine Interessenharmonie zwischen Aktionären und anderen Stakeholdern. Für die alten Marxisten wäre dies Klassenkooperation und nicht Klassenkampf. Und diese Klassenkooperation ist tief im US-amerikanischen Kapitalismus verwurzelt. Wir haben, spieltheoretisch gesprochen, eine Winwin-Situation und kein Nullsummenspiel. Die Summen können durch Kooperation größer werden.

Dieser Zusammenhang wurde einst genial in Szene gesetzt von Harry V. Quadracci, dem Gründer und Eigentümer von Quad/Graphics, einer der führenden Druckereien in den Vereinigten Staaten, und zwar auf einer der Holiday Dinner Dances, die das Unternehmen für seine Beschäftigten veranstaltete. Der visionäre und originelle Unternehmenschef Quadracci ist berühmt für diese ausgefallenen Themengalas. Bei einer Veranstaltung in den frühen 80er Jahren, die unter einem Circusmotto stand, ritt Harry auf einem Elefanten ein, während der Corporate Secretary aus einer Kanone geschossen kam, woraufhin sich Harry daran machte, die Unternehmensbotschaft zu vermitteln: »Auf jeden Einzelnen unserer Partner [d. h. Beschäftigten] entfallen 74 000 US-Dollar Unternehmenskapital, zum größten Teil Fremdkapital. Die Leute, die uns das Kapital gegeben haben, erwarten eine Rendite von 13 Prozent. Wir müssen also jeder 9620 US-Dollar für diese Leute verdienen, bevor der erste US-Dollar in unsere eigenen Taschen fließt.« Aus dem Rest der Rede erfuhren die Beschäftigten, wie es möglich sein würde, diese Herausforderung zu meistern.

Top-Manager verfolgen nicht nur das Ziel, den Shareholder Value zu erhöhen, sondern auch die Interessen der Aktionäre mit denen anderer Stakeholder in Einklang zu bringen. Und all dies, um am Ende für alle beteiligten Gruppen Wert zu schaffen – das heißt, den Gesamtwohlstand zu maximieren. Nach Jahrzehnten der Orientierungslosigkeit setzen sich die vorausschauenden Unternehmen zunehmend dieses Ziel.

In der Vergangenheit führte die von Berle und Means in den 30er Jahren diagnostizierte Trennung zwischen Eigentümern und Management zu der Vernachlässigung der Interessen nicht nur der Aktionäre, sondern natürlich auch der übrigen Stakeholder durch Manager, die vorrangig mit ihren Eigeninteressen beschäftigt waren. Anstatt zu versuchen, den Wert zu steigern, vermittelten diese Manager lediglich zwischen den Wertforderungen der einzelnen Parteien. Sie »erkauften« sich den Arbeitsfrieden mit Arbeitskontrakten, die die Wettbewerbsfähigkeit ihres Unternehmens verminderten. Sie gewährten Kunden Preisabschläge, ohne dass sie damit ein schlüssiges Konzept verfolgten. Sie verloren allmählich die Kunden aus den Augen. Mitarbeiterführung und Belohnungspraxis waren nicht darauf ausgerichtet, zu Produktivitätszuwächsen anzuspornen. Mit unausgegorenen Diversifizierungstrategien verfolgten viele Unternehmen das fragwürdige Ziel, die Ertragskurve zu glätten oder zu »managen«. Andere investierten übermäßig – oder schoben einen nötigen Kapitalabbau hinaus –, während es besser gewesen wäre, das Kapital an die Aktionäre zurückzugeben. Anstatt auf ganzer Linie den Wert zu steigern, zeigten viele Unternehmen die Neigung, existierenden Wert lediglich umzuverteilen. Infolgedessen schrumpfte am Ende der Gesamtwert.

Wie lässt sich der Wert für alle beteiligten Gruppen steigern? Die Anforderungen an das Management werden für jedes Unternehmen anders aussehen. Sie hängen im Wesentlichen von der eindeutigen Wettbewerbsposition des Unternehmens, seinen ureigenen Fähigkeiten und seinen internen betrieblichen Herausforderungen ab. Dennoch haben die Lösungsansätze der meisten erfolgreich wertsteigernden Unternehmen auf diese Herausforderungen einen gemeinsamen Kern. Wir haben versucht, diesen Kern in einem Konzept zu formulieren, das wir als ganzheitliches Modell eines wertsteigernden Managements bezeichnen.

Wir haben dieses Modell über die letzten Jahre entwickelt und ausgearbeitet. Das hatte verschiedene Gründe. Infolge der umfangreichen Medienberichterstattung über EVA wurden wir häufig gefragt, wie sich EVA in ein Unternehmen integrieren lasse. Zudem wollen wir auf den häufig gemachten Einwand eingehen, das EVA-basierte Management sei nicht »strategisch« genug, um als Hauptfundament für eine gute Managementpraxis zu dienen. Als ein finanzielles Bewertungs- und Managementsystem verhält sich EVA in Bezug auf zahlreiche Unternehmensfragen neutral. Damit ist nicht gemeint, dass strategische oder organisatorische Fragen ohne Bedeutung seien, jedoch schreibt das EVA-System zum Beispiel keine bestimmte Lagerhaltungmethode und keinen Gesamtstrategieansatz vor, sondern es ermutigt die Manager, alle viel versprechenden Möglichkeiten zu verfolgen. Die EVA-Disziplin gibt ein klares und einfaches Ziel – stetige und nachhaltige EVA-Verbesserungen – sowie eine Auswahl wirkungsvoller Incentives vor, die der Motivation aller Mitarbeiter vom Management bis zu den untersten Ebenen dienen.

Ein weiterer Grund für die Entwicklung eines umfassenden Wertschaffungsmodells ist, dass ein solches Modell die Unternehmen in die Lage versetzt, Beschäftigten und anderen Stakeholdern klar verständlich zu machen, was von ihnen im Interesse einer Wertsteigerung erwartet wird.

Unser ganzheitliches Modell eines wertsteigernden Managements, wie es für Briggs & Stratton entworfen wurde, ist in Abbildung 4.1 wiedergegeben.

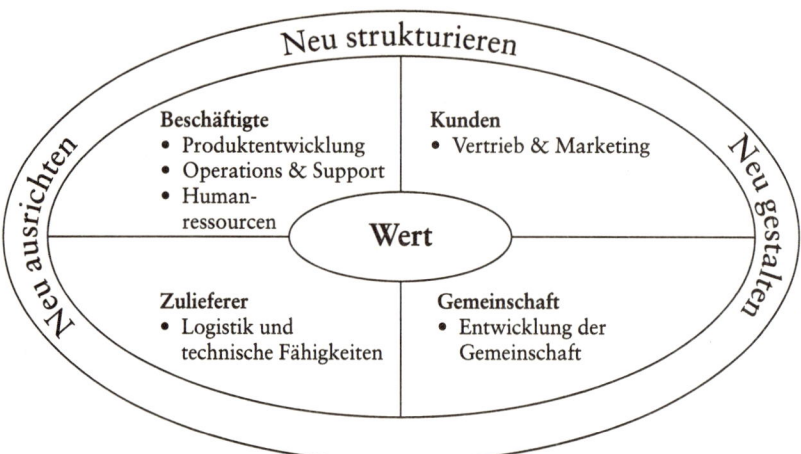

Abbildung 4.1: Das Modell von Briggs & Stratton: Wertsteigerndes Management

Um für die Aktionäre den größtmöglichen Wert zu schaffen, muss das Topmanagement des Unternehmens – wenn nicht gar jeder Mitarbeiter – entschlossen sein, im Rahmen der verschiedenen Beziehungen zu Beschäftigten, Kunden, Zulieferern und dem gesellschaftlichen Umfeld Wert zu schaffen. Diese vier Parteien sollten im Mittelpunkt des kreativen Einsatzes aller Beteiligten stehen.

Die mit den einzelnen Gruppen assoziierten Funktionen finden sich in dem Modell wieder. Die wichtigsten Funktionen – diejenigen, die die Beschäftigten in den Wertschaffungsprozess einbinden – sind Produktentwicklung, Operations & Support und Personalentwicklung. Wenngleich letztere in vielen Unternehmen die am meisten vernachlässigte Funktion ist, birgt sie möglicherweise das größte bislang ungenutzte Wertsteigerungspotenzial. Ihre Aufgabe besteht in nichts Geringerem, als alle Beschäftigten zu motivieren und anzuspornen, die Unternehmensziele zu erreichen. Wir sind überzeugt, dass alle Beschäftigten über eine wertsteigernde Energie verfügen. Es ist Aufgabe des Managements, ein Umfeld zu schaffen, in dem die Beschäftigten ein Eigeninteresse darin entdecken, dass sie diese Energien zugunsten einer gesteigerten Wertschöpfung einsetzen.

Wenn wir dem Modell weiter folgen, erkennen wir, dass für die Einbeziehung der Kunden in den Wertschaffungsprozess die Funktion Vertrieb und Marketing zuständig ist. Den Schlüssel zu wertsteigernden Lieferantenbeziehungen bilden Logistik und technische Fähigkeiten. Die Pflege der Beziehungen zum gesellschaftlichen Umfeld besteht im Wesentlichen aus kooperativer Zusammenarbeit zwischen lokalen politischen Institutionen und dem Unternehmen. Solche Arrangements, die die Form von Steueranreizen, finanzieller Unterstützung, Landerschließung oder anderem Beistand annehmen können, steigern den Wert solcher für beide Seiten vorteilhaften Beziehungen. Die Gesellschaft erhält im Gegenzug Arbeitsplätze, eine größere Steuergrundlage und ein zusätzliches Einkommensvolumen, das den Restaurants und Geschäften vor Ort zugute kommt.

Bei der Betrachtung dieses integrierten Modells müssen wir der Versuchung widerstehen, die einzelnen Funktionen mit bestimmten Unternehmensabteilungen zu assoziieren. Das wäre lediglich das alte Verteilungsdenken – in dem Sinn, dass ein existierender Kuchen verteilt wird, anstatt zu versuchen, ihn zu vergrößern –, das wir ja gerade durch die EVA-Mentalität zu ersetzen versuchen. Alle Manager sollten zum Beispiel mithelfen, die einfachen Beschäftigten zu motivieren, Wert zu schaffen – ein Ziel, das eigentlich in den Bereich Humanressourcen gehört. Und wir sollten alle im Sinn von Vertrieb und Marketing aktiv sein und für Kundenzufriedenheit sorgen, um auf diese Weise für Käufer und Anbieter gleichermaßen Wert zu schaffen.

Einige Jahre nach der Neuausrichtung der Strategie von Briggs & Stratton und der Installierung eines EVA-Programms erhielt das Management Kommentare von den Beschäftigten mit folgendem Tenor: »Wir verstehen viele der Gründe unseres Erfolgs, und wir sind sicher, dass das Management eine Vision hat, die irgendwie mit dem EVA-Konzept verknüpft ist.

84

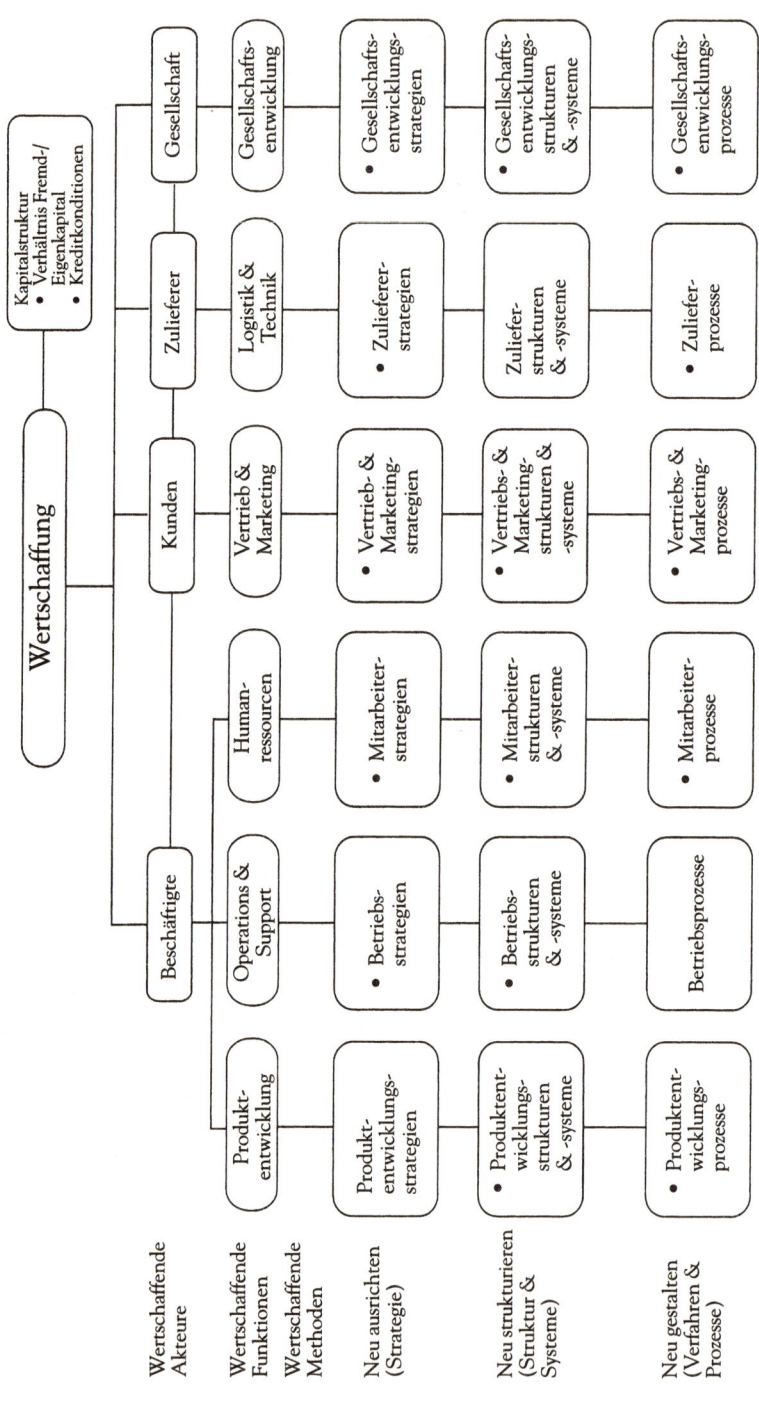

Abbildung 4.2: Die Straßenkarte der Wertschaffung

Diese Vision wurde uns jedoch nicht klar vermittelt.« Auf diese Kommentare hin beschloss das Management, das Wertschaffungsmodell so zu erweitern, dass es Schlüsselmethoden der Wertschaffung identifizierte. Diese Methoden wurden in drei Kategorien zusammengefasst: (1) Strategien, (2) Strukturen und Systeme, und (3) Verfahren und Prozesse. Das Ergebnis war die Entwicklung einer »Straßenkarte der Wertschaffung«. Abbildung 4.2 zeigt deren Schema ohne konkrete Inhalte.

Die Straßenkarte bietet den Beschäftigten wichtige Einsichten in die Art und Weise, wie die verschiedenen Wert steigernden Initiativen des Unternehmens miteinander korrespondieren. Wenn wir das Modell vertikal lesen, kann jeder Beschäftigte sehen, wie das Unternehmen in seinem primären funktionalen Bereich Wert zu schaffen beabsichtigt. Die Karte beschreibt für jede Funktion die zugrunde liegende Strategie, die unterstützenden Strukturen und Systeme und die zentralen Verfahren und Prozesse. Wird das Modell horizontal gelesen, können die Beschäftigten sehen, wie die Strategien, Strukturen und Systeme sowie die Verfahren und Prozesse des Unternehmens funktional miteinander verknüpft sind.

Die Erstellung dieser »Straßenkarte« ist für die Unternehmen, die sich die Mühe machen wollen, eine wertvolle Übung. Voraussetzung ist nicht nur die Entscheidung für eine bestimmte Wertdisziplin und die zugehörigen Strategien, sondern auch die Identifizierung der zentralen unterstützenden Initiativen. Hier greifen wir auf die in Kapitel 3 besprochenen Beobachtungen von Treacy und Wiersema zur Unternehmensarchitektur und zur »Wertdisziplin« zurück.

Die unteren beiden Eintragsreihen auf der Straßenkarte müssen Strukturen, Systeme, Verfahren und Prozesse enthalten, die zu der gewählten Wertdisziplin und den passend dazu entwickelten Strategien konsistent sind. Es folgen einige Beobachtungen zu diesen unterstützenden Elementen. Sie werden in Abhängigkeit von der gewählten Wertdisziplin beschrieben:

Strukturen und Systeme

Kostenführerschaft

- Organisationen mit tendenziell funktionaler Struktur; für große und komplexe, dezentrale Organisationen mit funktional organisierten Geschäftsbereichen und produktorientierten Betriebseinheiten.
- Systeme, die sich für die Unterstützung eines hochgradig kontrollierten, zuverlässig wiederholbaren und kosteneffektiven Betriebs eignen.

Produktführerschaft

- Im Allgemeinen flexibel-dezentrale Organisationen, die nach Produktlinien oder Produktgruppen strukturiert sind.
- Systeme, die sich für die Unterstützung und Förderung von Produktinnovationen und der erfolgreichen Vermarktung neuer Produkte eignen.

Beste Gesamtlösung

- Organisationen, die in der Regel nach geografischen, Kunden- oder Branchengruppen segmentiert sind, um individuelle Kundenbedürfnisse optimal identifizieren und befriedigen zu können; dezentrale Entscheidungsfindung in den Händen derjenigen Mitarbeiter, die direkten Kundenkontakt haben.
- Systeme, die die nötigen Informationen bereitstellen, um einzelne Kundenpräferenzen zu berücksichtigen und Beschäftigte zu belohnen, die diese Kundenbeziehungen am besten pflegen.

Verfahren und Prozesse

Kostenführerschaft

- Produkte, die eine effiziente Herstellung zulassen; für effiziente Massenproduktion ausgelegte Fabriken.
- Prozesse, die sich für die Entwicklung kostengünstiger, wertintensiver Produkte und ihren effizienten Vertrieb in einem wertbewussten Markt eignen.

Produktführerschaft

- Produkte mit einzigartigen Merkmalen und maximaler Performance; Fabriken mit flexibel einsetzbaren Anlagen.
- Prozesse, die sich für die Entwicklung differenzierter, innovativer und mit hochwertigen Merkmalen ausgestatteten Produkten und zur Pflege eines anspruchsvollen Marktes eignen.

Beste Gesamtlösung

- Produkte, die sich an ein breites Spektrum von Kundenbedürfnissen anpassen lassen; Fabriken, die die Herstellung maßgeschneiderter Produkte zulassen.
- Prozesse, die sich für die Entwicklung einer großen Bandbreite einzigartiger Lösungen eignen und die Tätigkeit der Kundenbetreuer unterstützen.

Bei der Formulierung der Straßenkarte müssen die zentralen, die gewählte Wertdisziplin unterstützenden Elemente sehr viel genauer, als oben ausgeführt, identifiziert werden, wofür diese Beschreibungen lediglich einige Anhaltspunkte liefern sollten.

Zu den größten Mankos des modernen Managements gehört möglicherweise die »Plug-in-Mentalität« – derzufolge sich jede gute Idee in eine bestehende Organisation erfolgreich integrieren lässt. Gemeint ist etwa ein Manager, der ein Seminar Marke Tom Peters besucht, von einer einzigartigen Initiative hört, die von irgendeinem anderen Unternehmen gestartet wurde und bei Kunden, Zulieferern oder Beschäftigten ein positives Echo hervorrief, und, kaum zurück, nichts Eiligeres zu tun hat, als den einen oder anderen Aspekt dieser Initiative in seine eigene Organisation einzubauen. So ein Manager ist beispielsweise beeindruckt von den Innovationen eines kleinen Gemischtwarenhändlers, der geeignete Systeme und Prozesse entwickelte, um die Obst- und Gemüsepräferenzen der Kunden optimal zu identifizieren, einen kreativen Lieferservice an der Hand hatte und aus der Idee ein Milliardengeschäft machte. Der Manager implementiert nun einzelne Elemente dieser Idee in seinem eigenen Unternehmen, welches im großen Stil Autokomponenten herstellt, und stürzt sich damit ins Verderben.

Wer die Disziplin aufbringt und eine Straßenkarte zur Wertschöpfung erstellt, kann sich ein kompaktes Bild davon machen, ob seine Strategie konsistent ist, und welche Elemente diese Strategie unterstützen. Dadurch verringert sich die Gefahr, dass er beispielsweise den Fehler macht, einen Prozess Marke beste Gesamtlösung in die strategische Architektur eines Kostenführers einzubauen.

Es gibt derzeit einen Boom im Bereich selbst gestrickter »Best-Practices«-Beratung. Die Berater werden (zumindest ihren Kunden gegenüber) selten zugeben, dass die Best Practice des einen zum strategischen Alptraum des anderen werden kann. Jedes zusätzliche Element, und sei es eine Best-Practice-Initiative, muss also zuvor auf seine Konsistenz mit der gewählten Wertdisziplin getestet werden.

Wir haben viele Beispiele von »exzellenten Unternehmen« gesehen, die ihren Kunden, Zulieferern, Beschäftigten oder der Gesellschaft hervorragenden Wert verschafften und gleichzeitig beim Market Value Added weit unter dem Durchschnitt der Unternehmen des S&P 500 oder anderer bedeutender Indizes lagen. Schuld daran ist in den meisten Fällen mangelnde Eindeutigkeit in punkto Wertdisziplin, oder aber eine Entscheidung zugunsten unterstützender Elemente, die mit der Wertdisziplin unvereinbar sind. Wie wir bereits festgestellt haben, bedeutet Strategie letztlich Beziehungsmanagement. Kostenführer, Produktführer und Anbieter einer optimalen Gesamtlösung haben jeweils unterschiedliche Beziehungen zu ihren Kunden, Beschäftigten, Zulieferern und zu der Gesellschaft, in der sie operieren. Ein sorgfältig entworfenes EVA-Programm kann helfen, diejenigen Bereiche des Beziehungsmanagements zu identifizieren, in denen Wert erzeugt beziehungsweise vernichtet wird.

Skeptiker sind möglicherweise geneigt, sich an die hergebrachten, autoritären Managementformen zu halten und den »Visionsansatz« als Chimäre abzutun. Wir aber glauben, dass die Erzeugung und effektive Vermittlung einer gemeinsamen Vision zumindest einer zentralen Unternehmensfunktion dient: Alle Manager und Beschäftigten lernen, dass das Unternehmen nicht gedeihen kann, solange seine Tätigkeit nicht dazu beiträgt, hochwertige Beziehungen zu entwickeln.

Die Straßenkarte zeigt im Übrigen, dass sich Wert auch über das Management der Kapitalstruktur des Unternehmens schaffen lässt (siehe Abbildung 4.2, Eintrag oben rechts). Das ist mehr oder weniger ein Privileg des Chief Financial Officer, und weil die Beschäftigten im Allgemeinen wenig Einfluss darauf haben (außer, dass sie den CFO ständig drängen, die Kapitalkosten zu senken), besitzt es wenig Relevanz hinsichtlich Fragen, die im Einflussbereich der unteren Beschäftigten liegen.

Wir wollen uns jetzt mit einer auf Briggs & Stratton abgestimmten Version der Straßenkarte zur Wertschöpfung befassen – und insbesondere mit der Identifizierung konkreter Wert schaffender Initiativen (Abbildung 4.3).

Weil in den letzten Jahren ein wesentlicher Teil der Wertschaffung bei Briggs & Stratton auf betrieblichen Initiativen basierte, werden wir uns auf den Bereich Operations & Support der Straßenkarte konzentrieren und die diesbezüglichen Methoden genauer erläutern.

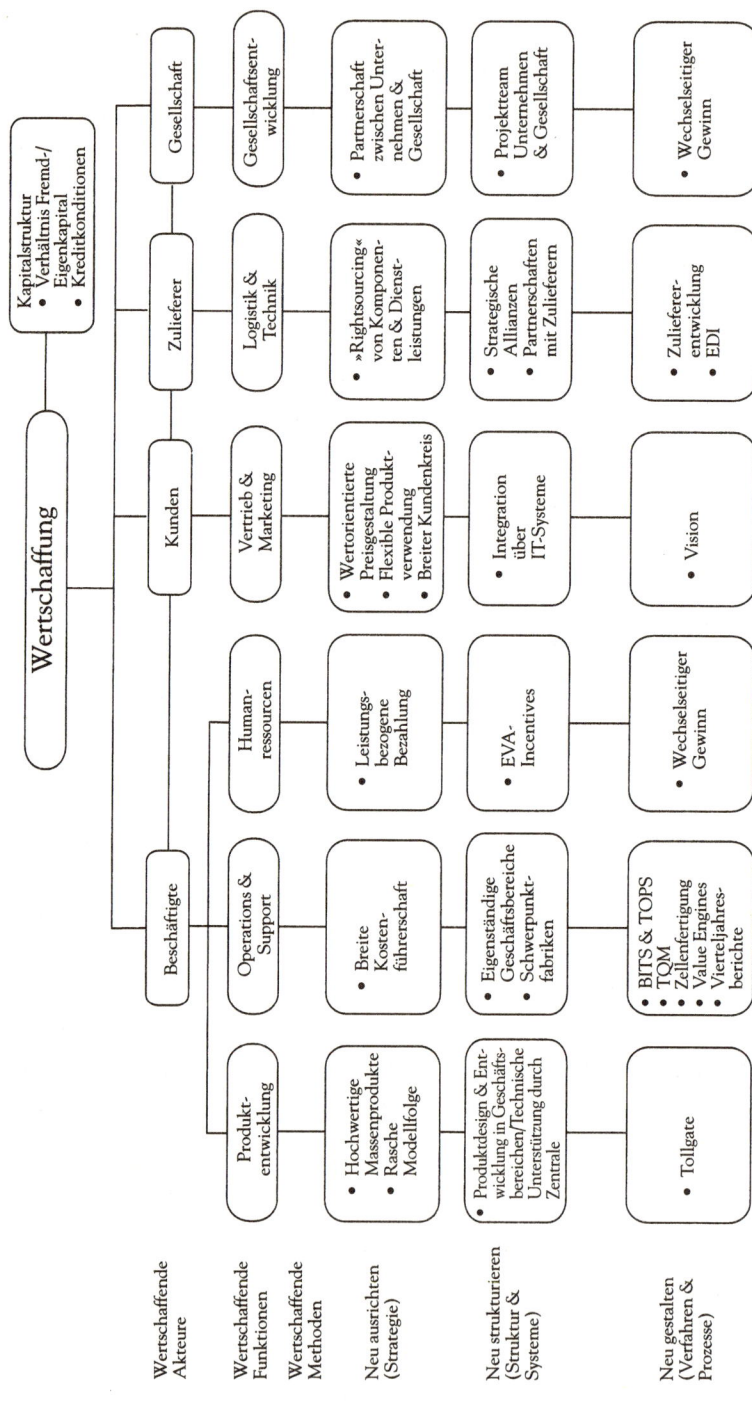

Wertschaffung

Kapitalstruktur
- Verhältnis Fremd-/Eigenkapital
- Kreditkonditionen

Wertschaffende Akteure	Beschäftigte		Kunden	Zulieferer	Gesellschaft

Wertschaffende Funktionen

Produktentwicklung · Operations & Support · Humanressourcen · Vertrieb & Marketing · Logistik & Technik · Gesellschaftsentwicklung

Wertschaffende Methoden / Neu ausrichten (Strategie)

- Hochwertige Massenprodukte
- Rasche Modellfolge

- Breite Kostenführerschaft

- Leistungsbezogene Bezahlung

- Wertorientierte Preisgestaltung
- Flexible Produktverwendung
- Breiter Kundenkreis

- »Rightsourcing« von Komponenten & Dienstleistungen

- Partnerschaft zwischen Unternehmen & Gesellschaft

Neu strukturieren (Struktur & Systeme)

- Produktdesign & Entwicklung in Geschäftsbereichen/Technische Unterstützung durch Zentrale

- Eigenständige Geschäftsbereiche
- Schwerpunktfabriken

- EVA-Incentives

- Integration über IT-Systeme

- Strategische Allianzen
- Partnerschaften mit Zulieferern

- Projektteam Unternehmen & Gesellschaft

Neu gestalten (Verfahren & Prozesse)

- Tollgate

- BITS & TOPS
- TQM
- Zellenfertigung
- Value Engines
- Vierteljahresberichte

- Wechselseitiger Gewinn

- Vision

- Zuliefererentwicklung
- EDI

- Wechselseitiger Gewinn

Abbildung 4.3: **Die Straßenkarte der Wertschaffung von Briggs & Stratton**

Wie in Kapitel 3 beschrieben, beruhte die strategische Neuausrichtung bei Briggs & Stratton in erster Linie auf der Wiederherstellung der führenden Branchenposition des Unternehmens als kostengünstigem Anbieter mit breiter Angebotspalette. In Anbetracht seiner Ressourcen in Form von Human- und Anlagenkapital, seiner Produktionseinrichtungen und seiner Kultur war dies die einzig mögliche Strategie, die dem Unternehmen eine realistische Erfolgsaussicht bot. Wie wir ebenfalls bereits festgestellt haben, ist Kostenführerschaft eine Strategie mit wohl definierten Taktiken, wie beispielsweise Einsatz eines leistungsfähigen Anlagenbestands, Produktstandardisierung, ständige Kosten- und Qualitätsverbesserungen und exzellente Fähigkeiten in der Prozessgestaltung. Sie erfordert zudem eine dezentrale Organisationsstruktur – in welcher die Verantwortung bei den Betriebseinheiten liegt. Wenn solche Taktiken effektiv implementiert werden, können sie dem Unternehmen zu einer Kostenposition an der Spitze oder unter den Besten der Branche verhelfen.

In Abbildung 4.3 sind die Strategien und ihre Folgerungen dargestellt, siehe etwa die Spalte unter »Beschäftigte: Operations & Support«. Das Ziel der Kostenführerschaft erfordert eine dezentrale Struktur und spezialisierte Fabriken, die wiederum unterstützt werden von BIT, TOPS, TQM, Zellenfertigung, Value Engines und vierteljährlichen EVA-Bilanzen – alles Kurzformeln für bedeutende Innovationen. TQM steht für Total Quality Management, das von einem seiner Gurus als »die Zusammenfassung von Unternehmensinitiativen in einem systematischen Qualitätsverbesserungsprozess« bezeichnet wird. Zellenfertigung bedeutet die Herstellung von Maschinen oder Baugruppen durch Gruppen von Arbeitern, die in Teams organisiert sind, die jeweils den ganzen Arbeitsprozess durchführen. Jeder Arbeiter ist für vielfältige Aufgaben zuständig – im Gegensatz zur Fließbandproduktion, wo der einzelne Arbeiter ein oder zwei stets identische Handgriffe jeden Tag 100fach wiederholt. Es hat sich herausgestellt, dass Zellenfertigung die Produktivität steigert – hauptsächlich, weil es dem Arbeiter eine Befriedigung verschafft, die bei der Fließbandarbeit gänzlich fehlt.

In einer Schwerpunktfabrik, die typischerweise 500 bis 800 Arbeiter beschäftigt, werden nur ein oder zwei Produkte hergestellt. Diese Konzentration fördert die Effizienz und senkt die Kosten. Ein anderes Instrument zur Kosteneinsparung ist die so genannte Value Engine. Dabei handelt es sich um ein Produkt (eine Dienstleistung), das mit standardisierten Spezifikationen entwickelt wurde, die auf die Bedürfnisse einer breiten Kundenbasis zugeschnitten sind, um die vielen Variationen zu vermeiden, die die Kunden üblicherweise haben wollen.

Die Abkürzungen BIT (Business Improvement Teams) und TOPS (Team-Oriented Problem Solving) stehen für ein besonders wesentliches Element – die Einbeziehung von Freiwilligen aus den untersten Ebenen in die Erforschung von Verbesserungsmöglichkeiten im Produktionsprozess. Dies ist ohne Zweifel der wichtigste Aspekt des partizipatorischen Managementstils und vermutlich der fruchtbarste Reengineering-Bereich bei Briggs seit der Reorganisation des Unternehmens. Die bemerkenswertesten unter diesen Initiativen waren die von Dick Fotsch (dem General Manager der Kleinmotorenabteilung) ins Leben gerufenen BIT-Teams, die die Mehrzahl der Motoren herstellen, die heute in handgeführten Rasenmähern auf dem Markt sind. (TOPS kommt in der Großmotorenabteilung zur Anwendung.)

Die BIT-Initiative geht zurück auf eine Reihe wettbewerbsbedingter und betrieblicher Anforderungen. Als auf dem Markt die kleinen Händler zunehmend von großen Ketten abgelöst wurden, konnte die Abteilung inflationsbedingte Preiserhöhungen nicht mehr weitergeben; eine Kostenreduzierung wurde deshalb unumgänglich. Der traditionell funktionale Ansatz bei der Problemlösung wurde ersetzt durch eine neue Konzentration auf kontinuierliche Qualitätsverbesserung, wobei der Schwerpunkt auf der Erforschung und Verstärkung des Zusammenhangs zwischen Produkteigenschaften und Kundenpräferenzen lag.

92

Die Kleinmaschinenabteilung geht mittlerweile von der Prämisse aus, dass diejenigen, die die Arbeit verrichten, am besten dazu qualifiziert sind, ihre Arbeitsprozesse zu verbessern. Die Rolle des Managements besteht darin, die Teammitglieder mit den nötigen Informationen zu versorgen, damit sie erkennen können, was verbessert werden sollte und welche Ressourcen, Befugnisse und Zuständigkeiten sie benötigen, um diese Verbesserungen durchzuführen. Zu den wichtigsten Komponenten einer erfolgreichen Teamarbeit gehören Informationstechnologie, Kundenorientierung und Zugang zu Ressourcen und Führung. Entscheidend ist, dass ein Verständnis dafür existiert, wie sich der zu verbessernde Prozess in den Businessplan einfügt.

Das BIT-Programm funktioniert in folgender Weise: die Kleinmotorenabteilung hat fünf funktionale Abteilungen; dazu gehören Spritzguss, Aluminiumverarbeitung und Eisenmetallverarbeitung. Acht Verbesserungsteams aus Freiwilligen wurden aufgestellt; alle Teams sind abteilungsübergreifend. Wenn es also bei dem untersuchten Problem beispielsweise um Pleuelstangen geht – die Aluminiumstange zwischen Kurbelwelle und Kolben – dann wird das BIT-Team Mitglieder aus den Abteilungen Aluminiumverarbeitung, Spritzgusstechnik, Baugruppenfertigung und Endmontage umfassen.

Die Überlagerung der funktionalen Organisation durch die BIT-Struktur führte zu einer radikalen Veränderung der Denk- und Verhaltensweisen der Beschäftigten. Traditionelle Hindernisse für Prozessverbesserungen wurden ausgeräumt. Die Beschäftigten verbesserten nicht nur ihren eigenen Bereich, sondern kümmerten sich um die Verbesserung des Gesamtprodukts, indem sie den Prozess ins Visier nahmen, in dem es hergestellt wird. Wichtig waren von nun an nicht mehr niedrigste Spritzgusskosten oder niedrigste Metallbearbeitungskosten, sondern vielmehr niedrigste Produktkosten bei höchster Qualität.

Um die Fortschritte der BIT-Teams bei der Verbesserung der Effizienz zu messen, wurden Indikatoren wie Prozess- und

Umstellungszeiten entwickelt und in den vierteljährlichen Rechenschaftsberichten dokumentiert. Und diese Veränderungen zeitigten binnen kurzem sichtbare Erfolge. In den Jahren vor der Einführung von BIT waren in der Kleinmotorenabteilung 73 Prozessveränderungen implementiert worden. Im ersten Jahr nach der BIT-Einführung gab es 587 Prozessveränderungen, und die Gesamtproduktivität stieg um neun Prozent.

So beeindruckend diese Zugewinne auch waren, die Erfahrungen von B&S mit der Prozessgestaltung führen zu der folgenden Relativierung: Ein radikales Prozess-Reengineering kann mitunter sehr große Veränderungen mit enormem Nutzenzuwachs bewirken (so hören sich zumindest die Geschichten der Reengineering-Verfechter an), der wirkliche Nutzen für die meisten Unternehmen stammt jedoch von den Hunderten bescheidener Prozessverbesserungen, die sich durch eine gut geführte und motivierte Belegschaft erreichen lassen.

Nicht minder wichtig für den Erfolg des Unternehmens war der neue Prozess der EVA-Strategieüberprüfung. Um das Bewusstsein für das wertsteigernde Management wach zu halten, veranstaltet das Unternehmen periodisch (mindestens vierteljährlich) EVA-Überprüfungstreffen mit den Managementteams aus allen Betriebsabteilungen und Geschäftsbereichen. Diese Manager müssen ihre EVA-Ergebnisse für den abgelaufenen Zeitabschnitt referieren und alle in der Zwischenzeit vorgenommenen Korrekturen an ihren EVA-basierten Strategieplänen erklären.

Einmal im Jahr müssen sie zudem ihre Pläne und ihre Fünfjahreserwartung hinsichtlich ihrer EVA-Ergebnisse aktualisieren. All diese Pläne werden auf den periodischen Treffen vorgestellt; die einzelnen Abteilungen wechseln sich dabei im Turnus ab. Bei jedem Treffen kommen ein bis zwei Abteilungen zu Wort. Diese periodischen Foren bieten entscheidende Pluspunkte:

1. **Wertdisziplin und Motivation:** Abteilungsmanager müssen regelmäßig den Stand ihrer EVA-Initiativen überprüfen und die Ergebisse vor ihren Kollegen präsentieren.

2. **Aktualisierung wertbasierter Strategiepläne:** Abteilungsmanager müssen regelmäßig ihre Pläne auf veränderte Prognosen hin aktualisieren und erfolglose Strategien und Taktiken modifizieren.
3. **Wert-Forum:** Die Treffen dienen als Foren für den Austausch von Ideen zwischen den Abteilungen.
4. **Werterkenntnisse für das Unternehmensmanagement:** Das oberste Management erhält einen Einblick, wo und wie in der Organisation Wert erzeugt wird. Besonders hilfreich ist es, wenn diese Treffen jeweils kurz vor den vierteljährlichen Board Meetings angesetzt werden. Der CEO kann sich dann für das Board Meeting mit frischen Informationen wappnen.

Das war ein kurzer Überblick über den Abschnitt Operations und Support auf der Straßenkarte zur Wertschaffung von Briggs & Stratton. Die Abschnitte bezüglich Kunden und Zulieferern können parallel erörtert werden, wobei sie sich größtenteils von selbst erklären. Wichtig bei diesen beiden Gruppen von Stakeholdern ist die Abstimmung der Verkaufs- und Einkaufsfunktionen auf die Bedürfnisse der Kunden und Zulieferer. Selbstverständlich wird in jeder kommerziellen Transaktion für beide Seiten Wert erzeugt, es sei denn, es ist Zwang oder Betrug im Spiel. Aber von Wert in solchen Begriffen zu reden, spiegelt wieder einmal das so genannte »Verteilungs-Denken« wider – die Aufteilung eines gegebenen Kuchens. Die Frage lautet vielmehr, wie sich ein *größerer* Kuchen herstellen lässt – wie sich für alle Beteiligten *mehr* Wert erzeugen lässt.

Dazu müssen die Kontakte zu Kunden und Zulieferern enger geknüpft werden. Jeder erfolgreiche Verkäufer weiß, wie man Kunden pflegt und ihre Bedürfnisse befriedigt, aber dazu sind technische Fähigkeiten und die Bereitschaft erforderlich, den Extraschritt zu tun und das Produkt an die besonderen Erfordernisse des Käufers anzupassen. Das kann bedeuten, dass die Spezifikationen geändert werden müssen, um eine rechtzeitige Lieferung zu ermöglichen, oder dass das Produkt so verpackt wird, dass es schnell in die Fertigungsstraße des Kunden gelangen kann. Verkäufer von chirurgischem Gerät verwenden viel Zeit auf die Instruktion der Ärzte und sind häufig in Operationssälen anwesend, um zu beobachten, wie sich das Instrument in der Praxis bewährt. Bei einem seiner Großkunden unterhält Briggs & Stratton zwecks besserer Verbindung mit der Hauptverwaltung einen ständigen Vertreter vor Ort.

Ein vergleichbar enger Kontakt besteht in den besten Zulieferbeziehungen. In der Regel arbeiten Teams von beiden Seiten gemeinsam an den Spezifikationen. Im Rahmen der »Just-in-Time«-Herstellung übernehmen die Zulieferer manchmal die Lagerhaltungsfunktion für ihre Kunden, indem sie die Produkte bedarfsgerecht liefern, ohne jedes Mal auf eine ausdrückliche Bestellung zu warten. Das Ziel besteht für beide Seiten darin, der Organisation des anderen so nahe wie möglich zu sein, ohne formell zu ihr zu gehören. Der Wertnutzen besteht in einem Produkt, das dem Kunden bei geringerem Kosten- und Kapitalaufwand größere Zufriedenheit bringt.

Die Beziehungen eines Unternehmens zur Gesellschaft stellen häufig ein komplexes Interessengeflecht dar, das im besten Fall einer Partnerschaft gleichkommt. Hunderte wenn nicht gar Tausende von Regionen versuchen mit Steuererleichterungen, Auflagenbefreiungen und dem Versprechen eines reichen Arbeitskräfteangebots Unternehmen anzulocken. Ähnliche Konzessionen werden von den Regionen gemacht, um die Abwanderung großer Arbeitgeber zu verhindern. Die Stadt New York hat sich bei diesen Anreizen besonders hervorgetan. Aber die besten Beziehungen lassen sich möglicherweise in kleineren Gemeinden beobachten. Briggs & Stratton hat gute Erfahrungen mit Standorten in kleinen, vorwiegend im Süden gelegenen Städten gemacht, in denen es Colleges gab. Diese Städte machen in der Regel einige Steuerzugeständnisse, und B&S bietet nicht nur feste Arbeitsplätze, sondern beschäftigt in Spitzenzeiten auch Collegestudenten in zusätzlichen Schichten. Jeder profitiert davon.

Die Quantifizierung des Wertgewinns für die einzelnen Stakeholder eines Unternehmens kann schwierig sein – außer im Fall von Beschäftigten und Aktionären. Collegestudenten in Murray, Kentucky, verdienen viel mehr, wenn sie bei Briggs, als wenn sie bei Burger King arbeiten. Vollzeitbeschäftigte können stets ausrechnen, um wie viel ihr Verdienst über dem Durchschnitt in der Region liegt. Wer einen EVA-Bonus erhält, kann sich dessen zusätzlichen Wert ausrechnen. Der zusätzliche Wert, der Kunden und Zulieferern infolge integrierter Beziehungen zugute kommt, lässt sich nicht so leicht in einer Zahl zusammenfassen, aber er lässt sich vielfach nachweisen: verbesserter Umsatz durch funktionellere und qualitativ höherwertige Produkte, verminderte Aufwendungen durch gemeinsame Kostenreduzierungsinitiativen und verminderter Kapitalbedarf durch vereinte Anstrengungen im Prozess- und Lagerhaltungsmanagement.

Zuwächse im Shareholder Value lassen sich natürlich ohne Probleme berechnen. In einigen Kreisen steht jedoch das Konzept selbst unter Dauerbeschuss. Ein Großteil der Kritik betrifft Turnarounds von Unternehmen, die zuvor in einer Art und Weise geführt wurden, dass Wert vernichtet wurde. Häufig wird der »Change Agent« mit Namen wie »Neutronen-Jack« verunglimpft. Ein Teil des Problems besteht in dem Begriff *Shareholder Value* selbst, der suggeriert, dass das Unternehmen lediglich das Ziel habe, die Aktionäre reich zu machen. Das Gegenteil ist der Fall. Aber dieses Ziel steht notgedrungen an erster Stelle, und wenn es erreicht wird, profitieren davon alle Stakeholder. Wenn die Aktionäre nicht reich werden, verlieren am Ende auch alle anderen, die vom Unternehmen abhängen.

Um den Shareholder Value langfristig zu erhöhen, muss das Management wechselseitig vorteilhafte Beziehungen zwischen allen Stakeholdergruppen herstellen. Alle Seiten müssen bestimmte Anforderungen erfüllen: Die Beschäftigten müssen sich an der Wertsteigerung beteiligen, wenn sie eine höhere Vergütung erhalten wollen; die Kunden müssen zu einer engen virtuellen Zusammenarbeit bereit sein, damit das Unternehmen ihnen den größtmöglichen Wert bieten kann; und die Zulieferer müssen sich aktiv an den Anstrengungen zur Reduzierung der Gesamtkosten und des Kapitals in der Lieferkette beteiligen, um sich den ihnen zugedachten Wert zu verdienen. Sobald diese gegenseitig fruchtbaren Beziehungen aufgebaut sind, wird das Unternehmen eher in der Lage sein, seinen Aktionären eine Rendite zu garantieren, die über den Kapitalkosten liegt, – also einen positiven EVA zu erzeugen.

Wir sollten das Argument noch in einem Punkt ergänzen. Es ist offensichtlich ein Fehler, Aktionäre und Beschäftigte als sich gegenseitig ausschließende Gruppen aufzufassen, wenn man die starke Zunahme privater Pensionsfonds in den letzten Jahrzehnten bedenkt. Im Jahr 1965 waren lediglich 16,2 Prozent der Aktien US-amerikanischer Unternehmen in den Händen institutioneller Anleger; 1999 waren es bereits 57,6 Prozent. Bei den Anlegern handelte es sich um Pensionsfonds, offene Investitionsfonds und andere Institutionen, die für die Alterssicherung von Millionen arbeitender Menschen sorgen. Um ihre Aufgabe erfüllen zu können, müssen diese Fonds zumindest ihre Kapitalkosten erwirtschaften. Nicht nur Geldaristokraten sind an einem wachsenden Shareholder Value interessiert.

Konosuke Matsushita, einer der schillerndsten Unternehmerfiguren des 20. Jahrhunderts, der eine der weltweit führenden Marken (Panasonic) und Hunderttausende von Arbeitsplätzen geschaffen hat, formulierte es vor Jahrzehnten einmal so: »Wenn wir keinen Profit machen, vergehen wir uns gewissermaßen an der Gesellschaft. Wir verwenden ihr Kapital, ihre Leute und ihre Materialien, aber solange wir keinen Profit machen, verbrauchen wir wertvolle Ressourcen, die anderswo bessere Dienste leisten könnten.«

5 Was durch EVA anders wird

Die meisten Unternehmen – wenn auch längst nicht alle – kommen auf EVA, weil sie Probleme haben. Einige stecken in ernsten Schwierigkeiten. Anderen geht es nicht schlecht, aber sie möchten ihre Performance noch weiter verbessern. Im Regelfall jedoch zeigt ein Unternehmen, das sich das erste Mal für EVA interessiert, akute Anzeichen von Stress. Einige Beispiele:

- In den Jahren 1994–95 hatte Herman Miller sichtbar Probleme. Der bekannte Büromöbelhersteller mit Hauptsitz in Zeeland, Michigan, hatte 1992 sein erstes Verlustjahr erlebt. Anschließend schrieb das Unternehmen wieder bescheidene schwarze Zahlen, während die Führungsspitze mit drei CEOs in sechs Jahren ständig wechselte. Als Mike Volkema, der jetzige CEO, im Jahr 1995 seinen Job antrat, befand sich das Unternehmen in einem ziemlich ungeordneten Zustand, mit zu vielen dem CEO unterstellten Führungskräften, wenig Kapitaldisziplin im Zentrum und aus dem Ruder gelaufenen Betriebsausgaben.

  Hören wir Brian Walker, der 1995 mit 33 Jahren plötzlich zum Chief Financial Officer ernannt wurde: »Unsere Kultur wurde von den Leuten mit den Ideen, nicht den Ausführenden dominiert. Da waren diese 30 Leute, die dem CEO berichteten. Sie kamen alle an und sagten: ›Ich habe eine neue Idee‹, und er antwortete: ›Großartig!‹, und sie machten sich daran, die Idee umzusetzen. Das kann man mit einem Fußballteam vergleichen. Haben Sie als Kind jemals Touch Football gespielt und gesagt: ›Jedermann mache sich bereit für einen Pass und ich schaue, wer frei steht‹? So eine Analogie fällt mir hier ein. Jeder lief vor, aber keiner kümmerte sich um die Verteidigung und den Spielaufbau.

Und wenn Sie sich die Jahre 1994–95 ansehen, dann stiegen zwar die Umsätze, aber die Betriebsausgaben stiegen noch schneller; und wir verbrauchten immer mehr Kapital. Alle Berater, von denen die Welt je gehört hat, wurden konsultiert, denn es gab keine formale Methode für Tradeoffs.«

Die Tradeoffs kamen, nachdem Herman Miller von Januar 1996 an begonnen hatte, EVA zu implementieren. Im Jahr darauf begann das Unternehmen zu gedeihen. Gegen Ende des Geschäftsjahrs 1998 konnte es in seinem Jahresbericht einen Rekordumsatz (1,7 Milliarden US-Dollar), Rekordgewinne (128,3 Millionen US-Dollar) und einen Rekord-EVA (78,4 Millionen US-Dollar – eine Verbesserung um fast 70 Millionen US-Dollar in nur zwei Jahren) ausweisen. Der Aktienkurs des Unternehmens schoss gleichfalls in die Höhe – von (auf die später zweimal gesplittete Aktie umgerechneten) 7,72 US-Dollar gegen Ende des Geschäftsjahrs 1996 auf 27,69 US-Dollar zwei Jahre später.

- Als Fred M. Butler Ende 1990 CEO von The Manitowoc Company wurde, sah er sich mit dem klassischen Fall einer Unternehmenskrankheit konfrontiert, wie sie bei »reifen« Unternehmen nicht untypisch ist. Die Erträge waren rückläufig, und eine entscheidende Besserung war nicht in Sicht. Wachstum war ein eitler Traum. Butler erinnert sich: »Ich bekam von meinen wichtigeren Abteilungsleitern Berichte, die im Prinzip besagten: ›In keinem unserer Produkt- oder Geschäftsbereiche ist bis zum Ende des Jahrzehnts ein Marktwachstum in Sicht‹, und natürlich: ›Wir denken, dass wir an all unseren Produktionsstätten effizient arbeiten‹. Kein Marktwachstum und keine Effizienzsteigerung – da blieb wenig Handlungsspielraum.«

Nicht lange danach hörte Robert R. Friedl, heutiger Senior Vice President und CFO bei Manitowoc, in Milwaukee von einem neuen Finanzmanagementsystem namens EVA. Die Sache interessierte ihn, und er erzählte Butler davon, der nur allzu bereit war, einen neuen Ansatz auszuprobieren. Butler setzte ein EVA-Programm auf, hauchte seinem stagnierenden Unternehmen wieder Leben ein und expandierte in neue Bereiche. Manitowocs EVA, der im Jahr 1993 noch bei minus zwölf Millionen US-Dollar gelegen hatte, erreichte 1995 ein positives Vorzeichen und betrug 1998 bereits über 30 Millionen US-Dollar. Im Sommer 1998 ging Butler in den Ruhestand und wurde von Terry Growcock abgelöst, der seit seinem Eintritt in das Unternehmen im Jahr 1994 begeisterter EVA-Anhänger war. Unter seiner Führung erreichte das Unternehmen im Jahr 1999 einen EVA-Abschluss von 41 Millionen US-Dollar.

- International Multifoods, ein diversifizierter Nahrungsmittelhersteller mit Stammsitz in Wayzata, Minnesota, war in einer ähnlich desolaten Verfassung, als im Januar 1997 Gary E. Costley als CEO antrat. »Der Zustand des Unternehmens war unbeschreiblich«, sagt Costley, der seine Erfahrungen mit der Nahrungsmittelbranche während seiner langen Jahre beim Cerealienhersteller Kellogg's machte, bevor er Dekan einer Business School wurde. »Ein Analyst nannte es das Halbfabrikat mit der längsten Verfallszeit in der Nahrungsmittelbranche. Es wechselte ständig von einer Strategie zur nächsten.« Das rund um die Jahrhundertwende gegründete Unternehmen begann einst als Weizenmühle, stellte später verschiedenste Verbrauchsgüter her und verwandelte sich schließlich in einen Vertreiber von Nahrungsmittelprodukten anderer Hersteller, wozu beispielsweise auch der Export von Hühnerteilen nach Russland gehörte.

Desolat war der Zustand des Unternehmens sowohl in finanzieller als auch in strategischer Hinsicht. »Die Bilanz war eine Katastrophe«, sagt Costley. »Das Unternehmen achtete ausschließlich auf die operativen Erträge. Das Kapital wurde völlig vernachlässigt; das Nettoumlaufvermögen wuchs mit unglaublicher Geschwindigkeit.« All dies zusammen veranlasste Costley, der seit langem ein Anhänger des wertorientierten Managements war, die Zustimmung des Board of Directors zu einem EVA-Programm zur Vorbedingung für seine Übernahme des CEO-Postens zu machen. Zwei Monate später, im März 1997, kam William Trubeck als CFO hinzu. Trubeck, der den Posten bis März 2000 bekleidete, hatte denselben Job zuvor bei SPX gemacht, wo er bei der Einführung von EVA maßgeblich beteiligt war. Nach zwei Jahren gelang dem Duo der Turnaround des Unternehmens, aber schon vorher legte die Aktie, die im Jahr 1996 um 15 US-Dollar gependelt hatte, um drei US-Dollar zu, als Costley bestellt wurde, erreichte 21 US-Dollar, als Trubeck hinzukam, stieg auf rund 25 US-Dollar in dem Frühjahr, als die Einführung des EVA-Programms verkündet wurde, und kletterte schließlich auf 32 US-Dollar.

Die Frage lautet: Wie spielen sich solche Turnarounds ab – wie wirkt die Magie von EVA? Es ist eine Magie ohne Geheimnis. Ein EVA-Programm beinhaltet im Prinzip drei Dinge: ein Messsystem zur Zustandserfassung, ein Incentivesystem, das die Beschäftigten zu Partnern der Aktionäre macht, und ein Finanzmanagementsystem, das es erlaubt, Kapital nach logisch-ökonomischen Prinzipien einzusetzen. In der Performancemessung orientiert sich EVA in erster Linie an den Kapitalkosten, also den Kosten des in das Unternehmen, eine Abteilung, eine Filiale oder ein Produkt investierten Kapitals. Und Kapital umfasst selbstverständlich Eigenkapital ebenso wie Fremdkapital; Eigenkapital gibt es nicht umsonst. Wie in Kapitel 2 beschrieben, erhalten wir den EVA, wenn wir die Kapitalkosten vom NOPAT (Geschäftsergebnis, also nach Steuern – und bereinigt um bestimmte Buchhaltungswerte zwecks besserer Wiedergabe der ökonomischen Realität) abziehen.

Der EVA wächst, wenn der NOPAT zunimmt, entweder durch eine Kürzung der Betriebsaufwendungen, oder durch einen stärkeren Anstieg der Bruttoerträge im Vergleich zu den Aufwendungen. EVA steigt auch bei einer Verminderung des eingesetzten Kapitals. Bei Hermann Miller betont das EVA-Trainingsprogramm die »60/11-Regel« – ein in den Ausgaben eingesparter US-Dollar erhöht den EVA um 60 Cent (solange die effektive Unternehmenssteuer 40 Prozent beträgt), während ein beim Kapital eingesparter US-Dollar den EVA um 11 Cent erhöht (denn das Unternehmen schätzt seinen Kapitalkostensatz auf 11 Prozent). Das sind die Gewinne, die sich ergeben, wenn, wie häufig bei der ersten Implementierung eines EVA-Programms erforderlich, der Verschwendung ein Riegel vorgeschoben wird. Langfristiges EVA-Wachstum resultiert jedoch aus einer Vergrößerung des Geschäftsvolumens – entweder durch die Ausweitung bestehender Aktivitäten oder durch den Erwerb neuer, und zwar jeweils mit der gebührenden Kapitaldisziplin. Die EVA-Analyse wird zu einem integralen Bestandteil aller Entscheidungen betreffs Kapitalinvestitionen, Akquisitionen, Unternehmensveräußerungen sowie des Verhältnisses zwischen Eigen- und Fremdkapital.

Als treibende – motivierende und verstärkende – Kraft dahinter dient das EVA-Incentivesystem, das die Boni der Beschäftigten an Zuwächse beim EVA koppelt. Auf diese Weise haben die Manager ein persönliches finanzielles Interesse, das mit dem der Aktionäre harmoniert, die sich von einer Erhöhung des wahren ökonomischen Gewinns eine Erhöhung der Aktienkurse erhoffen dürfen. (Kapitel 2 beschreibt den Zusammenhang zwischen MVA (Market Value Added) und EVA.

EVA entfaltet seine magische Wirkung über eine Reihe von teils harmlosen, teils einschneidenden Unternehmensinitiativen, die alle dazu dienen, das Unternehmen auf die Orientierung am wahren ökonomischen Gewinn neu auszurichten. Nehmen wir das Beispiel des inflationären Einsatzes von Betriebskapital, ein Problem, das International Multifoods, Manitowoc und viele andere Unternehmen schwächte, bevor sie in den letzten Jahren EVA-Programme adoptierten. Als Costley und Trubeck Multifoods übernahmen, stellten sie fest, dass der am schnellsten wachsende Beitrag zu den Betriebsgewinnen aus dem Export von dunklem Hühnerfleisch nach Russland stammte, wo eine große Nachfrage herrschte. (In Russland fehlt das nötige Getreide, um eine eigene Hühnerindustrie zu unterhalten.) Aber obwohl der Hühnerhandel nach Maßgabe der Erträge pro Aktie profitabel war, war er »aus der EVA-Perspektive gesehen ein wirtschaftliches Desaster. Es war ein klassischer Fall«, sagt Costley.

Dieser Geschäftsbereich schluckte große Mengen Betriebskapital. Jede Schiffsladung mit Hühnerfleisch, die von New Orleans aus in See stach, belastete die Bilanzen des Unternehmens sechs Wochen lang, bis sie am Bestimmungsort ankam und verkauft wurde. Als Costley die Kosten für das in diesen Hühnerschenkeln gebundene Kapital – die er wegen des involvierten Risikos auf 18 Prozent ansetzte – abzog, lösten sich die nominalen Gewinne in Luft auf. So schnell er konnte, zog er sich aus dem Hühner- sowie allen übrigen internationalen Geschäften zurück, wozu der Export von Hühnerfüßen nach China und von gebrauchten Telefonkabeln in Dritte-Welt-Länder gehörte.

Im Fall von Manitowoc war es die Kapitaldisziplin von EVA, die den CEO Butler zuerst überzeugte. Manitowoc ist ein stark diversifiziertes Unternehmen, das seinen Hauptsitz in der Stadt gleichen Namens in Wisconsin hat. Es stellt Gefrier- und Eiswürfelgeräte her, produziert Kräne für die Bauindustrie und besaß damals eine Werft in Sturgeon Bay, Wisconsin (mittlerweile hat es zwei weitere gekauft) – eine merkwürdige Mischung, die die Kontrolle des Kapitalflusses nicht gerade einfacher machte, da jeder Geschäftsbereich seine eigenen Tücken hatte.

Butler erkannte, dass das Unternehmen mit der Reduzierung der Kapitalausgaben durch Veräußerung überflüssigen Anlagevermögens und mit der Reduzierung des Betriebskapitals nicht nur seine EVA-Zahlen verbessern, sondern auch wieder wachsen könnte. EVA-Verbesserungen treiben schließlich nicht nur die Aktienkurse in die Höhe, sondern verbessern auch die Kreditwürdigkeit. Dieser Prozess ging nicht schmerzlos vonstatten. Die meisten Menschen sind Veränderungen gegenüber negativ eingestellt – außerdem gingen Arbeitsplätze verloren. Gleich zu Anfang wurden zwei Fabrikationsstätten für Baukräne in Raynosa, Mexico, und McAllen, Texas, geschlossen und der Betrieb in eine andere Fabrik in George-town, Texas, verlagert. Im Jahr 1995 fand in Manitowoc, dem Standort der beiden größten Kranfabriken des Unternehmens, eine noch größere Konsolidierung statt. Die Zusammenlegung der beiden Anlagen erforderte eine Investition von 17 Millionen US-Dollar, aber eine EVA-Analyse hatte gezeigt, dass die Einsparungen die Kosten innerhalb von zwei Jahren amortisieren würden. Durch Produktivitätsverbesserungen und Outsourcing wurde gleichzeitig der Output verdoppelt, obwohl die Belegschaft von 1100 auf 650 schrumpfte.

Eine unternehmensweite Kampagne wurde gestartet, die die Reduzierung des Betriebskapitals durch die Reduzierung der Lagerbestände und einen strikteren Umgang mit Außenständen und Verbindlichkeiten zum Ziel hatte. In den ersten zwei Jahren nach der EVA-Einführung wurden die Lagerbestände drastisch reduziert – um 50 Millionen US-Dollar, von 84,3 Millionen auf 34,2 Millionen. Die Schiffswerft in Sturgeon Bay entledigte sich überschüssiger Teile im Wert einer halben Million US-Dollar. Manitowoc Ice, der damals von Terry Growcock geführte Eiswürfelmaschinenhersteller, war vergleichsweise schlank, hatte aber einen Überschuss an Halbfabrikaten, den Growcock schnellstmöglich abbaute. Er instruierte zudem seine Einkaufsabteilung, bei den Zulieferern häufiger kleinere Mengen zu bestellen und auf diese Weise zusätzlich Kapital einzusparen.

Noch größere Einsparungen gab es in Manitowocs großem Krangeschäft, das sich anfangs gegen die Veränderungen wehrte. »Im Jahr 1993 hatten wir unsere große Kranfirma endlich soweit, dass man uns zuhörte«, sagt Butler. »Wir mussten einen Berater hinzuziehen und den Leuten ordentlich zusetzen, damit sie die überschüssigen Lagerbestände eliminierten, die wir verkauften, versteigerten oder einfach verschrotteten – es ging um Bestände im Wert von vielen Millionen US-Dollar.«

Dass die Umstellung in der Eiswürfelabteilung schneller vonstatten ging, lag an Growcocks Entschlossenheit und Einsatz. »Einer meiner ersten Tätigkeiten bei Manitowoc war die Ausweitung des EVA-Programms auf die Eisabteilung«, erzählte Growcock. »Damals waren nur sechs Manager am EVA-Programm beteiligt, heute sind es 90 Prozent aller außertariflichen Mitarbeiter. Um unmittelbar ein Zeichen zu setzen, tat ich eines: Ich setzte die Vorarbeiter auf EVA.« Warum die Vorarbeiter? »Sie hatten es dadurch schwerer. Sie mussten die Lagerbestände besser im Auge behalten.« Sie hatten jetzt persönlich ein Interesse an den Zahlen. »Mit der Zeit probierten sie alle erdenklichen Methoden aus, um den Materialfluss gerade auf dem richtigen Niveau zu halten und keine zusätzlichen Kosten durch unnötige Lagerhaltung zu erzeugen.«

In anderen Einheiten war es manchmal schwierig, hinter dem, was sich abspielte, eine Logik zu erkennen. Das Unternehmen hatte eine kleine Einheit namens Manitowoc Remanufacturing, die gebrauchte Baukräne kaufte, überholte und wieder verkaufte. Die Einheit kaufte beispielsweise einen Kran für 300 000 US-Dollar und vermietete ihn solange, bis in der Reparaturwerkstatt Platz frei war. Die Kosten des Krans reduzierten sich um die Miteinnahmen – sagen wir 100 000 US-Dollar –, was es erleichterte, nach dem Verkauf des umgebauten Krans einen Gewinn nachzuweisen. »Das Problem«, sagt Butler, »war nur, dass es sich um vorgetäuschte Erträge handelte.« Die Kosten des in dem Kran gebundenen Kapitals und die übrigen Kosten, die bei seiner Überholung entstanden, wurden von der Miete und dem Scheingewinn bei seinem Verkauf nicht gedeckt. Die Unternehmenszentrale – oder sollten wir besser sagen: EVA – verlangte eine realistischere Buchführung.

Manager, die sich nicht an die neuen Vorgaben hielten, bekamen dies in ihrer Geldbörse zu spüren. So wirken sich die EVA-Incentives aus, wenn jemand es nicht schafft, seine Leute zur entsprechenden Verhaltensänderung zu motivieren. Beim Tochterunternehmen Femco in Pennsylvania, das Teile für die Reparatur der Kräne herstellt, wurde im Januar 1995 ein Überschussbestand an unnötigen Teilen im Wert von 800 000

US-Dollar festgestellt, aber die Mitarbeiter von Femco zeigten keine Eile und zögerten den Abbau des Bestands bis zum Dezember hinaus. Die zwölfmonatige Bindung von unnötigem Kapital in Höhe von 800 000 US-Dollar hatte zur Folge, dass die Einheit keinen EVA-Bonus erhielt. Butler zeigte sich taub gegenüber allen Appellen, über diesen »Schönheitsfehler« hinwegzusehen und einen Bonus zu gewähren. »Ich sagte Nein; die Formel war von Anfang an klar«, erinnert er sich.

Quer durch das Unternehmen hat sich aus der Handhabung von Außenständen und Verbindlichkeiten eine wahre Kunst entwickelt. Das Ziel besteht natürlich darin, Kundenzahlungen so bald wie möglich einzutreiben und eigene Zahlungen an Zulieferer so lang wie möglich hinauszuschieben. »Früher kümmerte sich Manitowoc wenig um das Bargeld«, sagt Greg Matczynski, der für Manitowoc Cranes als Controller arbeitet. »Wir hielten uns einfach an die Usancen der Lieferanten. Jetzt haben wir einen Standard von 45 Tagen.« Diese Umstellung ließ sich leicht bewerkstelligen; das Unternehmen hatte ausreichend Druckinstrumente. Eine EVA-Analyse zeigte, wann es geraten war, schnelle Bezahlung mit einer Ermäßigung zu belohnen. Matczynski sagt, dass das Unternehmen durch das neue Vorgehen jedes Jahr 80 000 US-Dollar einspart.

Manitowocs Werftenabteilung konnte bei Großaufträgen Abschlagszahlungen aushandeln. Bei dem einen Auftrag ging es um einen Selbstladekahn zum Preis von 14 Millionen US-Dollar – der erste Schiffsneubau der Sturgeon-Bay-Werft seit 1985; ein anderer Auftrag betraf den Umbau eines Lastkahns mit einem Auftragsvolumen von zehn Millionen US-Dollar. In beiden Fällen wurden monatliche Abschlagszahlungen vereinbart, die den Bedarf an Betriebskapital entscheidend verringerten. »Wenn wir im ersten Monat drei Millionen US-Dollar für Stahl bezahlten, bekamen wir sie augenblicklich erstattet«, sagt Controller Doug Huff. Auch Manitowoc Cranes handelte mit Kunden, die Spezialanfertigungen bestellten, Abschlagszahlungen aus. Das Unternehmen erhält eine zehnprozentige Anzahlung sowie regelmäßige Abschläge für anfallende Labor- und Materialkosten. Dadurch verlagerte sich ein Großteil der Kapitalkosten von Manitowoc auf die Auftraggeber. Warum lassen sich die Käufer darauf ein? In manchen Fällen fallen die Geldsummen, um die es geht, für die Käufer kaum ins Gewicht, während die addierten Einsparungen aus den verschiedenen Aufträgen für Manitowoc eine spürbare Entlastung darstellen.

Auch bei Herman Miller macht man sich viele Gedanken um die Reduzierung des Betriebskapitals. Im Bemühen um eine beschleunigte Begleichung von Außenständen reduzierte das SQA-Tochterunternehmen die durchschnittliche Zahl der Außenstandstage um 33 Prozent, von 45 Tagen im Jahr 192 auf 30 Tage im Jahr 1997. Dieses Ziel wurde nicht durch mehr Druck auf die Kunden, sondern durch Konzentration auf die eigene Verlässlichkeit erreicht, denn der häufigste Grund für die verspäteten Zahlungen waren unvollständige Lieferungen. Wenn ein oder zwei Komponenten fehlen, dann wartet der Kunde in der Regel mit der Bezahlung, bis die gesamte Bestellung eingetroffen ist – und ist das nicht sein gutes Recht? Wie würden Sie handeln?

Am anderen Ende des Geldkanals veränderten auch die Einkaufsagenten ihren Ansatz. In der Vergangenheit, sagt General Manager Dave Guy von Zeeland Operations, »ignorierten unsere Einkaufsleiter gewissermaßen die Zahlungskonditionen. Sie waren an Preisnachlässen interessiert, weil sie damit ihre Materialkosten senken konnten.« Ihre Performance wurde nach den tatsächlich bezahlten Preisen gemessen, ohne Rücksicht auf die Kapitalkosten einer schnellen Bezahlung. Das ist vorbei. Guy erwähnt als Beispiel eine Analyse der Ausdehnung der Zahlungsfristen bei drei Aluminiumlieferanten. In dem einen Fall brachte die Entscheidung für die 30- statt der 15-Tagefrist eine EVA-Verbesserung von 14 174 US-Dollar bei einem Einkaufswert von 3,1 Millionen US-Dollar. In drei solchen Beispielen, in denen es insgesamt um Aluminiumkäufe im Wert von 6 658 238 US-Dollar ging, verbesserte sich der EVA um 27 746 US-Dollar. Jedes Bisschen zählt.

Quer durch das Unternehmen führte EVA zu einer neuen Betonung der »schlanken« Produktion – mit geringen Lagerbeständen sowohl an Ausgangs- als auch an Endprodukten. Anstatt Unmengen versandfertiger Büromöbel auf Verdacht zu horten, ist das Ziel jetzt, die Produktion auf die tatsächlichen Bestellungen abzustimmen. Einen Besucher, der vor ein paar Jahren in die Fabrik in Zeeland kam, machte der damalige Fabrikmanager stolz auf die großen freien Flächen entlang der Wände aufmerksam, die früher vom Boden bis zur Decke mit Ausgangsmaterial gefüllt gewesen waren. Jetzt hatte man die Regale entfernt. Über den Zeitraum eines Jahres wurde das in der Lagerhaltung gebundene Kapital von acht auf 6,2 Millionen US-Dollar reduziert. Er verwies auf Schilder, die überall in der Fabrik angebracht waren, und auf denen ein Zitat von Shigeo Shino, einem führenden Verfechter der schlanken Produktion, zu lesen war: »Lagerhaltung ist wie Rauschgift – wer sie zulässt, gerät bald in einen Abhängigkeitszustand und benötigt immer größere Mengen, um sich sicher zu fühlen.«

Mit der Verbesserung der Lagerverwaltung und dem gewissenhafteren Umgang mit Außenständen und Verbindlichkeiten kommt ein Unternehmen noch nicht allzu weit. Wichtiger ist auf die Dauer die Vermittlerrolle der EVA-Analyse bei allen Entscheidungen, die mit Kapitalinvestitionen zusammenhängen, sei es dem Kauf einer Maschine, der Erweiterung der Fabrikfläche, dem Erwerb einer neuen Fabrik oder eines neuen Geschäftsbereichs oder der Aufgabe eines alten.

Der neue Entscheidungsfindungsansatz wird häufig sehr schnell begriffen, und sei es auch nur, weil die Vergütung der Manager damit gekoppelt ist. Ein simples Beispiel für die Wirkung von EVA stammt von David Sussman, dem Chairman der südafrikanischen JD Group, einer Kette von über 500 Geschäften für Möbel, Einrichtung und Unterhaltungselektronik. Die Gruppe dehnte EVA bis auf die untersten Ebenen aus – das heißt, es bewertete die EVA-Performance jeder Filiale und belohnte die Manager entsprechend. Sussman erzählte später auf einer EVA-Konferenz: »Auf der Ebene dieser Filialleiter fand ein beachtlicher Kulturwandel statt. Früher kauften die Filialleiter neue Lastwagen, sobald die älteren Beulen bekamen. Inzwischen können sie solchen Versuchungen widerstehen. Heute erzählen sie uns: ›Hören Sie, wir brauchen keinen neuen Wagen. Wir können den vorhandenen herrichten lassen. Damit kommen wir aus.‹ Und nicht jede Filiale muss komplett renoviert werden. Eine Schicht Farbe reicht schon aus. Natürlich sind damit auch gewisse Risiken verbunden, aber wir glauben, dass die Gruppe die nötigen Kontrollmechanismen hat. Die Filialleiter können die Größe ihrer Geschäfte nicht reduzieren, es sei denn, dies geschieht in einer mit uns abgestimmten Form.«

SPX, der höchst erfolgreiche diversifizierte Hersteller mit Hauptsitz in Muskegon, Michigan, hat eine ähnlich phänomenale Geschichte von der wundersamen Wirkung der EVA-Kapitaldisziplin zu erzählen. Die Manager von Contech, einer der Abteilungen von SPX, trugen sich mit dem Gedanken, zwei Roboter zu kaufen. Die Kosten von zwei Millionen US-Dollar waren keine Kleinigkeit, aber es bestand akuter Bedarf. Dennoch zögerten sie. »Sie waren besorgt wegen der Auswirkungen auf ihre Vergütung«, sagt CEO John Blystone mit einem Augenwinkern. Eine Untersuchung offenbarte die Alternative: zwei Vorführmodelle waren zu haben. Sie brauchten lediglich einen neuen Farbanstrich. Der Hersteller erklärte sich bereit, die übliche Garantie zu gewähren. Der Preis betrug eine Million US-Dollar, und man wurde handelseinig.

Aber es besteht kein Anlass für Zynismus. Bei diesen Entscheidungen geht es um mehr als um persönliche Incentives. Ist das EVA-Modell erst einmal begriffen, lenkt es das Denken und Planen häufig mühelos in neue Bahnen. Zumindest bei den meisten Menschen; von Ausnahmen war bereits die Rede. Und der neue Ansatz kann schnell Früchte tragen. Im Herbst 1995 wandte sich eine Abteilung von Herman Miller namens IMT (Integrated Metal Technology) an Brian Walker und meldete Bedarf an einer neuen Fabrik zwecks Kapazitätserweiterung an. Die Unterredung fand vor der offiziellen EVA-Einführung statt, als die Konzepte jedoch bereits ausführlich von den Top-Managern diskutiert wurden. Walker reagierte positiv, auch wenn die Kosten von vier Millionen US-Dollar keine Kleinigkeit waren. Aber es verstrichen Wochen, ohne dass von IMT eine formale Eingabe an die Konzernspitze kam. Irgendwann entdeckte Walker, dass man sich bei IMT für eine Alternativlösung entschieden hatte – das Produktionssystem von Toyota. Dazu gehörte, dass die Produktionsanlagen neu geordnet wurden, um die Arbeitsflächen zu verkleinern, und dass die Materiallager drastisch reduziert wurden, bis sie gerade noch den Bedarf für eine Tagesproduktion fassten. Jetzt gab es genug freie Flächen, und eine neue Fabrik wurde nicht mehr benötigt.

Bei Herman Miller hat die EVA-Perspektive auch zu einer veränderten Haltung in der ewigen Frage geführt, ob alte Anlagen umgebaut oder neue angeschafft werden sollen. »In der Vergangenheit«, sagt Matt Campbell, Senior Project Engineer in der Fabrik in Zeeland, »haben wir regelmäßig alte Anlagen umgebaut. Wir hielten das für die kostengünstigste Lösung. Im Rückblick zeigt sich, dass es in einigen Fällen besser gewesen wäre, die Anlagen zu ersetzen.«

Er nennt zwei Beispiele. Beim ersten ging es um eine Bohrmaschine, die mechanisch noch einwandfrei arbeitete, deren Computersteuerung jedoch streikte. Der für das Projekt verantwortliche Ingenieur hielt es anfangs für das Beste, die Maschine durch eine neue zum Preis von 325 000 US-Dollar zu ersetzen, anstatt sie mit einer neuen Steuerung zum Preis von 80 000 US-Dollar nachzurüsten. Eine neue Maschine hätte eine Verlässlichkeit von nahezu 100 Prozent gehabt, das verjüngte Gerät nur von 90 Prozent. Aber nach Berücksichtigung aller Faktoren stellte sich heraus, dass eine Nachrüstung billiger war. Die Bohrmaschine wurde unabhängig betrieben; wenn sie ausfiel, kam nicht gleich die ganze Fertigungsstraße zum Stehen. Trotz der Kosten für die Ausfallzeiten war es deshalb billiger, die alte Maschine zu behalten. Anders sah es bei einer Hochgeschwindigkeitsfräse aus. Wenn sie ausfiel, musste die gesamte Fertigungsstraße gestoppt werden. Die EVA-Kalkulation bewies, dass die neue Maschine mit ihrer 100-prozentigen Verlässlichkeit die billigere Variante war.

Das folgende Beispiel illustriert, wie die EVA-Analyse einer vorgeschlagenen Kapitalinvestition funktioniert. Es stammt von Centura Banks, Inc., Rocky Mount, North Carolina, einer aggressiven und höchst erfolgreichen Bankholding. Vor etlicher Zeit ging es um die Frage, ob es besser sei, eine neue Telekommunikationsanlage zu kaufen oder zu leasen. Der Kaufpreis betrug 134 000 US-Dollar, während ein fünfjähriger Leasingvertrag jährlich 34 000 US-Dollar kostete. Die Lebensdauer des PBX-Systems wurde auf zehn Jahre geschätzt. Bei den Rechnungen wurde ein Kostensatz für Eigenkapital von 15 Prozent, für Fremdkapital von 8,75 Prozent sowie ein Grenzsteuersatz von 44,04 Prozent zugrunde gelegt. Das Ergebnis war ein kumulativer Gegenwartswert von 121 000 US-Dollar für das geleaste System und 109 000 US-Dollar für das gekaufte. Deshalb entschloss man sich zum Kauf.

Ein andermal ging es um die Frage, ob es lohnte, eine Bankfiliale mit einer eigenen Zufahrtstraße zu versehen. Die Gesamtkosten für Bau und Leasing beliefen sich auf 1,1 Million US-Dollar. Das jährliche Geschäftsergebnis nach Steuern würde den Erwartungen zufolge innerhalb von fünf Jahren von 32 705 auf 67 353 US-Dollar ansteigen. Nach Abzug der Kapitalkosten resultierte für die ersten zwei Jahre ein negativer, für die folgenden Jahre ein positiver EVA. Die Addition über die fünf Jahre ergab einen kumulativen EVA-Wert von 7178 US-Dollar. Nach Diskontierung betrug der gegenwärtige EVA-Kapitalwert (NPV) Null. Ein verschwindender EVA bedeutet immer noch grünes Licht, denn das heißt, dass die Rendite gerade ausreicht, um den Aktionären eine angemessene Entschädigung für das eingegangene Risiko zu garantieren.

Seit dem Jahr 1994 ist EVA ein wichtiger Faktor bei der Bewertung möglicher Akquisitionen. Viele zum Kauf angebotene Banken schienen einen attraktiven Preis zu haben, während der wichtigste Beschränkungsfaktor für Centura im Umfang der Kapitalverwässerung bestand, die das Unternehmen vernünftigerweise zulassen konnte. Eine EVA-Analyse ergab jedoch, dass mehrere der Kandidaten zu teuer angeboten wurden; die Differenz lag natürlich in den Kapitalkosten begründet. In zwei Fällen im Jahr 1995 gelang es dem Unternehmen jedoch, dieses Problem damit zu umgehen, dass es die Anbieter überredete, Preise zu akzeptieren, die unter dem lagen, was andere Bieter zu zahlen bereit gewesen wären. Centura bezahlte 16,4 Millionen US-Dollar für die Cleveland Federal S&L in Shelby, North Carolina, und 59,4 Millionen für die First Southern S&L in Asheboro, North Carolina. Die beiden Banken akzeptierten die niedrigeren Angebote vermutlich deshalb, weil sie von den günstigen Zukunftsaussichten von Centura überzeugt waren, zumal der Kauf in Stammaktien getätigt wurde.

Unternehmensveräußerungen funktionieren nach demselben Prinzip wie Akquisitionen. Wenn die von Centura gekauften Sparbanken (»Savings and Loan«, bausparkassenähnliche Institute) EVA-Unternehmen gewesen wären, hätten sie eine ähnliche Prozedur absolviert; sie hätten den erwarteten zukünftigen EVA auf den Gegenwartswert diskontiert und mit dem von Centura angebotenen Preis verglichen. Im Kern ist EVA von einer bestechenden Einfachheit.

6 EVA auf allen Ebenen

Der Schauplatz war ein karg möblierter Sitzungssaal in der Fabrik von Briggs & Stratton in Wauwatosa, Wisconsin. Ungefähr 30 Leute hatten sich versammelt, um sich die Präsentation eines Verbesserungsteams bestehend aus sieben Arbeitern der Belegschaft und zwei Vorgesetzten anzuhören, die sich mit dem Problem auseinander gesetzt hatten, wie die Lagerhaltungsverluste in der Abteilung für Spezialprodukte reduziert werden könnten. Mehrere Manager waren zugegen, von der Fabrikebene bis zur Unternehmensleitung, darunter CEO Fred Stratton. Der Teamkoordinator, ein ehemaliger Arbeiter namens Leo Duehning, führte den Vorsitz und erntete Heiterkeit mit der Bemerkung, solche Sitzungen würden normalerweise mit einem Witz eröffnet – »aber ich kenne keinen einzigen«.

Sodann umriss er die Aufgabe des Teams: die Reduzierung der Lagerhaltungsverluste der Abteilung im Jahr 1997 von 253 000 US-Dollar um 25 Prozent im folgenden Jahr. Er unterstrich die Kosten der Ungenauigkeit – Stillstandszeiten, wenn Teile, die im Lager hätten vorrätig sein sollen, nicht verfügbar waren, und Überstundenkosten, wenn die fehlenden Teile rasch nachproduziert werden mussten. Das Team fand heraus, dass die meisten Probleme aus fehlerhaften Zählungen sowie zu hoch oder zu niedrig gegriffenen Überschlägen resultierten. Normalerweise wurden die Teile in Behältern gewogen und aus dem Gewicht auf die Anzahl geschlossen. Die Schwierigkeit war, dass niemand mit Sicherheit wusste, was die Behälter wogen. Ein Teil der Lösung bestand in der Installation mechanischer Zähler an den Produktionsmaschinen. Mancherorts wurden auch »Standardladungen« verwendet – Behälter, die in gefülltem Zustand eine bestimmte Menge Teile fassten. Selbstverständlichkeiten, könnte man meinen, aber das Management hatte sie irgendwie übersehen.

Die durch diese Änderungen bewirkte Verbesserung übertraf die anvisierten 25 Prozent; der Lagerhaltungsverlust in Höhe von 253 000 US-Dollar verschwand sogar vollständig – und der EVA der Abteilung profitierte spürbar. Duehning merkte bescheiden an, dass die Ehre nicht nur seinen Mitarbeitern gebühre – auch andere Gruppen waren den Lagerhaltungsverlusten zuleibe gerückt –, aber er bekam großen Applaus.

Das Interessante an diesem Beispiel war, dass sämtliche Teammitglieder freiwillig daran teilnahmen, und dass alle auf Stundenlohnbasis Beschäftigten unter ihnen gewerkschaftlich organisiert waren. Die einfachen Arbeiter in der Wauwatosa-Fabrik (heute 1800 an der Zahl) unterliegen einem Bonusplan, der mit ihrer Gewerkschaft ausgehandelt wurde. Briggs & Stratton gehören zu den Vorreitern einer Ausdehnung von EVA auf alle Ebenen, wie im Übrigen Herman Miller, SPX und Centura Banks.

Der Betrieb von Briggs & Stratton in Wauwatosa mit seinen Produktionsverbesserungsteams ist mittlerweile sogar zu einer Art Vorbild für die Zusammenarbeit zwischen Gewerkschaften und Unternehmensleitung geworden. Diesem glücklichen Zustand gingen jedoch etliche Zerwürfnisse voraus – Ausstände, zermürbende Bummelstreiks, eine »Kampagne« gegen das Unternehmen und ein endloses Tauziehen mit dem National Labor Relations Board. Briggs Fabriken in den Vororten von Milwaukee waren seit Jahrzehnten gewerkschaftlich organisiert, vergleichbar anderen Industrien im Mittleren Westen, die von den großen Gewerkschaftsbewegungen der 30er und 40er Jahre betroffen gewesen waren. Milwaukee war ein besonders gewerkschaftsfreundlicher Ort; er zeichnete sich unter anderen großen Städten durch die lange Regierungszeit seiner sozialistischen Bürgermeister aus, die von 1912 kontinuierlich bis 1940 reichte und sich in den 50ern fortsetzte. Briggs & Strattons Arbeiter wurden über lange Zeit von den Allied Industrial Workers vertreten, einer unabhängigen Gewerkschaft, die später in der United Paperworkers International Union (im Gewerkschaftsdachverband AFL-CIO) aufging.

116

Die Beziehungen zwischen Gewerkschaft und Unternehmensleitung waren vergleichsweise harmonisch – oder zumindest nicht übermäßig von Auseinandersetzungen bestimmt, bis die Ortsgruppe im Jahr 1983 eine militante Liste von Funktionären wählte, die sich den Klassenkampf alten Stils auf die Fahnen geschrieben hatten. Die Auseinandersetzungen verschärften sich, bestehendes gegenseitiges Vertrauen wurde zerstört, und die Gewerkschaftsvertreter schienen im Management lediglich raffgierige Kapitalisten zu erkennen, die bereit waren, für höhere Gewinne das Wohl der Beschäftigten zu opfern.

Zum Höhepunkt in den Auseinandersetzungen kam es in den Jahren 1993–1994, nachdem das Unternehmen im Juli 1993 in einem Schreiben an den Präsidenten der Ortsgruppe der Gewerkschaft Verhandlungen vorgeschlagen hatte, um bis zum Ende des Jahres zu einer neuen Übereinkunft zu gelangen. Die Gewerkschaft konnte frühen Verhandlungen nichts abgewinnen, vermutlich weil sie wusste, was folgen würde – eine Verlautbarung des Unternehmens im August über eine geplante Restrukturierung und die Einrichtung neuer »Schwerpunktfabriken« im Umkreis von Milwaukee, in denen jeweils nur ein Produkt oder eine geschlossene Gruppe von Produkten hergestellt werden sollte. Diese Initiative hatte einen Investitionsumfang von 20 Millionen US-Dollar und zielte auf eine Verbesserung der Produktivität und eine Stärkung der Wettbewerbsfähigkeit von Briggs und Strattons Aktivitäten in der Region Milwaukee ab; das Unternehmen hatte sich immer noch nicht von dem Tief erholt, in das es 1989 gefallen war. Die Errichtung der neuen Fabriken bedeutete aber eine Neuklassifizierung von Arbeitsplätzen, die Umschichtung von Arbeitskräften und die Eliminierung unproduktiver Tätigkeiten – lauter Managementinitiativen, die von den Gewerkschaften stets als Bedrohung empfunden wurden, denn sie untergraben den Schutzschild, den die Gewerkschaften ihren Mitgliedern zu geben versuchen.

Die Gewerkschaft protestierte dementsprechend lautstark. Ein Funktionär verkündete: »Wir werden das Unternehmen in die Knie zwingen.« Als Waffe diente nicht der Ausstand, der nach den existierenden Verträgen illegal gewesen wäre, sondern ein wochenlanger Bummelstreik, der nicht ganz so eindeutig gegen das Gesetz verstieß und dem Unternehmen Verluste von vielen Millionen US-Dollar bescherte. Ende Oktober 1993 suchte das Unternehmen ein weiteres Mal den Dialog mit der Gewerkschaft über Schwerpunktfabriken und deutete an, dass es, sollte keine Vereinbarung zustande kommen, einen Teil der Produktion in Gebiete außerhalb Milwaukees verlagern würde. Die Gewerkschaft verweigerte sich weiterhin dem Gespräch und setzte den Bummelstreik fort. Am 8. November beendete ein Bundesgericht den Streik mit einer gerichtlichen Verfügung, und das Unternehmen entließ ein paar Tage später drei Rädelsführer. Einige Monate danach stellte ein Schlichter fest, dass die Unternehmensleitung im Rahmen ihrer Befugnisse gehandelt hatte, als es die Abteilungsdefinitionen im Sinn der neuen Schwerpunktfabriken änderte. Dieser Schritt »basierte eindeutig auf legitimen geschäftlichen Erwägungen«, erklärte der Schlichter.

In der Zwischenzeit hatte die Gewerkschaft eine verbissene Kampagne gegen Briggs & Stratton gestartet – so etwas wie eine PR-Kampagne mit dem Ziel, das Unternehmen vor der Öffentlichkeit, seinen Aktionären, Banken und Kunden zu denunzieren. Gewerkschaftsaktivisten griffen Briggs & Stratton auf der jährlichen Aktionärsversammlung an und versuchten erfolglos, einen ihrer Kandidaten in den Vorstand zu bringen. Auch bei den Jahrestreffen von Banc One und der Wisconsin Energy Corporation, in deren Vorständen CEO Fred Stratton vertreten war, traten sie als Störenfriede auf. Sie versuchten sogar, wenn auch vergeblich, auf die Kartellbehörden Druck auszuüben, damit diese die Bankenfusion Firstar/First Southwest untersagten, weil zwei Direktoren von Briggs auch im Board von Firstar vertreten waren.

Der erste große Coups in dieser Kampagne war eine gegen Briggs gerichtete Titelgeschichte im *National Catholic Reporter* vom 2. Dezember 1994 unter dem Titel »Adios American

Dream«. Der NCR ist eine unabhängige Publikation mit einem linksliberalen Tenor, aber das Attribut »katholisch« in seinem Titel kann dem Uneingeweihten fälschlicherweise suggerieren, es handele sich um ein kirchliches Sprachrohr oder es komme darin zumindest so etwas wie die vorherrschende katholische Meinung zum Ausdruck. Daraus erklärt sich der Stachel, den die Führer von Briggs empfanden, als ein Editorial zu dem Artikel behauptete, sie seien »entweder menschenverachtend oder moralisch verblendet.« Die Entlassungen in den Milwaukee-Werken zeugten von »einer neuen profitorientierten Managementstrategie [offensichtlich ein Hinweis auf die EVA-Disziplin] und dem Diktat des freien Marktes«. Und so weiter. Das Unternehmen versuchte, seine Sichtweise der Ereignisse in der Zeitschrift darzustellen, aber die Herausgeber waren nur zu einer stark verkürzten Version bereit, die für das Unternehmen nicht annehmbar war. Daraufhin ging das Unternehmen mit einer Verleumdungsklage vor Gericht.

Allem verursachten Aufruhr zum Trotz schlief die Kampagne mit der Zeit ein, als ihre Unterstützer zunehmend die Ideologie und die Ziele ihrer Architekten durchschauten. In der Zwischenzeit richtete das Unternehmen vier neue Schwerpunktfabriken an anderen Standorten ein – in Rolla, Missouri; Auburn, Alabama; Statesboro, Georgia; und Ravenna, Michigan. Als die United Paperworks International Union von all dem Tumult und dem Verlust von Arbeitsplätzen in der Gegend von Milwaukee genug hatte, unterstellte sie den Lokalverband von Briggs & Stratton einer treuhänderischen Verwaltung. Die lokalen Funktionäre wurden abgesetzt und stattdessen ein Treuhänder ernannt, der die Geschäfte führte. Das Tarifabkommen wurde neu aufgerollt, verändert und ratifiziert. Darin waren Teams mit Mitarbeiterbeteiligung und andere Initiativen vorgesehen, die helfen sollten, die Produktivität des Herstellungsbetriebs in Milwaukee zu verbessern. Als die Treuhandschaft aufgehoben und Wahlen für die Funktionärsposten im Regionalverband durchgeführt wurden, wurde eine moderatere Gruppe gewählt.

Die neuen Führer des Regionalverbands unterstützten uneingeschränkt die Produktivitätsteams mit Vertretern aus allen Unternehmensebenen. Die Verleumdungsklage gegen den *National Catholic Reporter* wurde außergerichtlich beendet. Ein Antrag des NCR auf Abweisung der Klage wurde im Oktober 1997 von einem Bundesrichter abgelehnt, der sich der Argumentation des Unternehmens anschloss. Das Unternehmen sah sich dadurch hinreichend rehabilitiert und zog daraufhin die Klage zurück.

EVA ist inzwischen in Briggs' Fabrik in Wauwatosa als variable Komponente in der Entlohnung der Fabrikarbeiter fest implementiert. Wenn das Unternehmen seine EVA-Ziele erreicht, erhalten die Arbeiter einen dreiprozentigen Bonus auf ihre Jahresgehälter. Der Bonus ist nach oben hin offen; der Prozentsatz wächst in dem Maß, wie das Unternehmen über seiner Zielmarke liegt; der Bonus kann theoretisch sechs und mehr Prozent erreichen, was jedoch in der Praxis bislang nicht vorkam. In den Schwerpunktfabriken in Missouri und dem Süden basiert die Incentivevergütung auf EVA-Treibern wie beispielsweise Produktivitätssteigerungen.

In der Fabrik von Wauwatosa war es die Abteilung für Spezialerzeugnisse, die die Initiative in Sachen Verbesserungsteams ergriff – aus einem zufälligen historischen Grund. Die Abteilung war zuvor etliche Kilometer weiter in Menomonee Falls, Wisconsin, untergebracht gewesen, und diese geografische Abgeschiedenheit hatte bewirkt, dass die Arbeiter weniger involviert waren in die bitteren Auseinandersetzungen zwischen Gewerkschaft und Unternehmensleitung in den Jahren 1993 und 1994. Später, um das Jahr 1996, verkaufte Briggs das Fabrikgebäude an Harley Davidson und verlegte die Abteilung nach Wauwatosa, wo die Auslagerung von Teilen der Produktion in die Schwerpunktfabriken für freie Raumreserven gesorgt hatte. Die Neuankömmlinge hatten weniger Probleme mit der neuen Zusammenarbeit zwischen Gewerkschaft und Unternehmensmanagement als ihre Kollegen von der Fabrik in Wauwatosa.

Die Verbesserungsteams haben eine Vielzahl von Problemen bearbeitet, die jedes für sich genommen unspektakulär bis nebensächlich waren. Aber gerade diese Beschäftigung mit den Details birgt das größte Potenzial für Produktivitätsgewinne. Eine Gruppe in Abteilung 770 befasste sich mit der Reduzierung der Produktionskosten von Nockenstößeln – den Übertragungsstangen zwischen Nocken und Ventilen. Die Abteilung verlor bei vielen dieser Stößel Geld; das Team ortete das Problem in der übertriebenen Stärke des Drahtes, der für die Herstellung verwendet wurde, mit der Folge, dass das Metall länger erhitzt werden musste. Von einem Übergang zu einem dünneren Draht und kürzeren Erhitzungszeiten erwartete sich das Team jährliche Einsparungen in Höhe von 221 896,96 US-Dollar.

In einem anderen Bereich der Fabrik ging die Montage von Auspufftöpfen zu langsam vonstatten; im Geschäftjahr 1996 bewältigten zwei Arbeiter in einer Achtstundenschicht durchschnittlich 4597 Einheiten. Angestrebt wurde eine Erhöhung dieses Zahl auf 5800 bis 6400. Nach eingehender Untersuchung durch das Team wurden einige Veränderungen im Montageprozess vorgenommen – wie beispielsweise die Anbringung von Gleitrollen im Waschbehälter, um Staus zu vermeiden, und die Veränderung der Neigung des Transportbands, mit dem die Teile aus dem Becken geholt wurden, um ihr Zurückrutschen zu verhindern. Paletten wurden mit Magneten versehen, damit die Teile nicht herunterfallen konnten, und so weiter – kleine Verbesserungen, die zusammen eine große Effizienzverbesserung ergaben. In den ersten acht Monaten des Geschäftsjahrs 1998 erhöhte sich die durchschnittliche Zahl der pro Schicht montierten Einheiten auf 5844. Mit einem Aufwand von 2425 US-Dollar erreichte das Team Einsparungen von 37 837 US-Dollar.

Eine andere Gruppe kümmerte sich um die Verkürzung der Zeit, die benötigt wurde, um eine Metallprägemaschine für eine neue Aufgabe vorzubereiten, was zahlreiche Anpassungen erforderte. Als das Team sich daran machte, das Problem zu untersuchen, brauchten zwei Beschäftigte fast 22 Stunden, um die Umrüstung zu bewerkstelligen. Nach einer Reihe von Änderungen, darunter der Verlegung der Maschine an einen geeigneteren Ort, konnte diese Zeit auf eine Stunde und 52 Minuten reduziert werden, was einer jährlichen Einsparung von 64 659 US-Dollar entsprach.

Die Eisengießerei von Briggs in der kleinen Stadt Ravenna in Michigan war in den vier Jahren vor ihrem Verkauf im Jahr 1999 ein interessantes Versuchsobjekt als autarker EVA-Betrieb. Der Bonus für die Arbeiter hing ausschließlich von den eigenen Ergebnissen der Gießerei ab und wurde in keiner Weise von der unternehmensweiten Performance beeinflusst – im Unterschied zu Wauwatosa, wo sich der gesamte Bonus für die Arbeiter nach der Gesamtperformance des Unternehmens richtete. Der Grund für das andere Vorgehen in Ravenna war, dass es sich um ein 1995 neu gegründetes Start-up-Unternehmen handelte (die Fabrik war von der SPX Corporation erworben und anschließend umgebaut worden). Sein Betrieb war autark und die Belegschaft klein genug (anfangs 100, später 150 Leute), damit jeder Arbeiter einen Zusammenhang zwischen seiner persönlichen Performance und der Fabrikleistung erkennen konnte. Rund 60 Prozent der in Ravenna hergestellten Gussteile wurden an externe Kunden in der Autoindustrie verkauft, die übrigen 40 Prozent gingen an andere Einheiten von Briggs & Stratton.

Die Arbeiter wurden vor Ort rekrutiert und von Anfang an in EVA geschult. Es wurden attraktive Löhne angeboten – die Arbeiter erhielten 25 000 bis 30 000 US-Dollar Jahreslohn –, und zusätzlich lockte der Bonus. Keine Gewerkschaft war beteiligt, weshalb das Unternehmen den Plan flexibler gestalten konnte als in Wauwatosa. Der Plan sah einen Bonus von sechs Prozent vor, falls alle Zielmarken für das Jahr erreicht wurden, und proportional weniger, falls die Ergebnisse dahinter zurückblieben. Falls die Zielmarken übertroffen wurden, konnte der Bonus bis auf zwölf Prozent klettern, wo er gekappt wurde.

Multiple Ziele waren Teil des Plans. Die Gießerei hatte ein Jahresziel für die EVA-Verbesserung, das den Bonus der Arbeiter jedoch nur zu 80 Prozent bestimmte. Die übrigen 20 Prozent hingen von Zielen in drei anderen Bereichen ab – Formeffizienz, Ausschussreduzierung und Anwesenheitsgrad. Die Effizienz, mit der die Gussteile hergestellt wurden, und die Reduzierung des Ausschusses trugen selbstverständlich zur Gesamtproduktivität bei, aber auch die Verminderung der Abwesenheitszeiten war wichtig, weil ein regulärer Beschäftigter effizienter arbeitete als eine Aushilfe. Die Arbeiter hatten die volle Kontrolle über diese Dinge, und jeden Monat wurden Erfolgsberichte ausgehängt. Ed Bednar, der damalige General Manager der ganzen Gießereiabteilung, machte jedoch auf einen anderen Punkt aufmerksam: »Was die Beschäftigten nicht allein kontrollieren konnten, war die Unberechenbarkeit einiger von uns bedienter Märkte. Wir hielten es darum nicht für fair, ihren Bonus zu 100 Prozent an dem EVA-Resultat der Fabrik auszurichten, denn die Umsatzerträge konnten aus Gründen, die außerhalb ihrer Kontrolle lagen, sprunghaft steigen oder fallen, was sich unweigerlich auf die Motivation und die Moral der Beschäftigten ausgewirkt hätte.« Erfolge bei den drei Zielen, die die Arbeiter direkt in ihrer Hand hatten, konnten zu einem gewissen Grad Rückschläge beim Umsatz und somit beim EVA der Fabrik ausgleichen.

Der Plan unterschied sich auch vom Standardplan für die Managervergütung, weil er keine Bonusbank vorsah. Bednar dazu: »Das Bankkonzept eignet sich besonders auf höheren Managementebenen ... ich denke jedoch, dass die Beschäftigten der unteren Ebenen das Bankkonzept nicht verstehen würden und darin lediglich einen Vorwand für das Management sähen, ihnen den verdienten Bonus vorzuenthalten.« Nicht alle Arbeitgeber pflichten ihm darin bei, wie wir sehen werden, wenn wir uns mit dem Sirona-Plan in Deutschland befassen werden.

Der Plan sorgte für ein hohes Engagement der Arbeiter, wenngleich der Bonus niemals sechs Prozent erreichte. Im Geschäftsjahr 1997 beispielsweise betrug er 1,43 Prozent, was bedeutete, dass ein Arbeiter mit einem Jahreslohn von 25 000 US-Dollar einen Bonus von 375,50 US-Dollar erhielt – nicht gerade das große Los, aber immerhin etwas.

Und die konkreten Verbesserungen? Paul Duvendack, der in den Jahren 1997 und 1998 Fabrikmanager war, berichtet von so mancher Errungenschaft der von ihm im Oktober 1997 eingerichteten »Einsatztruppe gegen Ausfallzeiten«. In ihr waren neben Duvendack Mitarbeiter aus beiden Schichten der Schmelz- und Gießabteilung – den wichtigsten Produktionsabteilungen – sowie Leute von der Wartung vertreten. Von Zeit zu Zeit gesellten sich ein oder zwei Vorarbeiter dazu, aber die Gruppe wurde im Wesentlichen von den einfachen Arbeitern getragen. Die Mitglieder trafen sich regelmäßig, um Ideen auszutauschen und nach Lösungen zu suchen, und machten mehrere nützliche Vorschläge, auf die das Management nicht gekommen war.

In der Gießerei in Ravenna musste das Eisen aus drei großen zylindrischen Hochöfen zu den Gussformen transportiert werden. Das geschmolzene Eisen wurde in riesige teekannenförmige Behälter abgefüllt, deren jeder über zwei Tonnen fasste, und über eine in Deckennähe verlaufende Rollschiene zu den Fertigungsstraßen transportiert, wo es in die Gussformen gegossen wurde. Es gab jedoch ein Problem, wenn der Gießvorgang angehalten werden musste, weil beispielsweise die Gussform verändert werden musste oder es zu einer Stockung kam. »Die Verständigung mit der Schmelzabteilung war ein wenig unzuverlässig und basierte auf diversen Handsignalen«. Wenn die Schmelzabteilung die Nachricht nicht bekam, reichten 15 Minuten, damit eine Zwei-Tonnen-Ladung erkaltete und nicht mehr zu gebrauchen war; das geschah allzu häufig. Die Gruppe schlug nun vor, ein Ampelsystem mit einem roten und einem grünen Signal zu installieren, damit die Schmelzabteilung jederzeit wusste, wann es Zeit war, das nächste Eisen auf den Weg zu schicken. Dadurch ergaben sich wöchentliche Einsparungen von 3960 US-Dollar – rund 200 000 US-Dollar im Jahr.

Duvendack wartete mit weiteren Beispielen auf: »Die Bediener der Gießmaschinen mussten die Einfüllstutzen ihrer Maschinen einmal stündlich von Sandansammlungen befreien. Das bedeutete Verschwendung von Zeit und Mühe für Aktivitäten, die keine direkte wertsteigernde Funktion hatten. Wurden die Stutzen nicht ausgekratzt, drohten Verstopfungen, die für Stillstandszeiten von 30 bis 40 Minuten pro Woche verantwortlich waren. Die Gruppe versah nun die Sandeinfüllstutzen mit einer Auskleidung aus Polyäthylen, an denen sich der Sand nicht festsetzte. Dadurch konnten die Notwendigkeit des Auskratzens und die damit verbundenen Stillstandszeiten vermieden werden, was sich in wöchentlichen Einsparungen von über 640 US-Dollar ausdrücke.

»Die Spezialgießbehälter neigen zum Verschlacken und Verschmutzen. Dadurch kommt es zu Schwierigkeiten beim Gießen. Früher musste der gesamte Behälter gereinigt werden, wozu 20 Minuten und vier Arbeiter benötigt wurden. Heute entfernen wir die Verunreinigungen mit einem Sauerstoffbrenner, was nicht länger als sechs Minuten dauert. Die Ersparnisse betragen 1370 US-Dollar pro Woche.«

Und so weiter.

Wir wenden uns jetzt Herman Miller, Inc., zu, einem Unternehmen, das für viele Dinge berühmt ist, nicht nur für seine Eames Klubsessel und seine schnittigen Büromöbel (das Büro von Joel Stern ist ausschließlich mit Produkten von HM eingerichtet), sondern auch für seine Philosophie des partizipatorischen Managements, die es sich bereits vor Jahrzehnten zu Eigen gemacht hat und die in den letzten Jahren eine erfolgreiche Verbindung mit der EVA-Disziplin eingegangen ist.

Das in der kleinen Stadt Zeeland, Michigan, beheimatete Unternehmen offenbart zudem eine faszinierende Mischung aus Hochherzigkeit und Lebensfreude. Wer durch den Jahresbericht von HM aus dem Jahr 1996 blättert, entdeckt auf Seite 35 ein umwerfendes Schauspiel – Fotos mehrerer Hula-Hoop-Reifen schwingender Top-Manager des Unternehmens. Wir sehen Mike Volkema, wie er einen Reifen um seine Hüfte wirbelt, während CFO Brian Walker zwei Reifen fachmännisch um seine ausgestreckten Arme kreisen lässt. In der Bildunterschrift heißt es: »Trotz der großen Verantwortung, die auf ihren Schultern ruht, können sie ab und zu loslassen. Sie verstehen sich auf Bilanzen ebenso wie auf Hula-Hoops, den Modesport der 50er Jahre.« Ebenso überraschend ist ein Satz in roter Schrift: »Auch nach einem guten Jahr – einem wirklich guten Jahr – müssen sie sich von Zeit zu Zeit noch beweisen.« (Was sie in der Folge taten.)

Ehrfurchtslosigkeit und Verspieltheit dieser Art sind für das Unternehmen kennzeichnend. Miller ist informell, unverkrampft und mit Nachdruck egalitär. Jeder Tag ist Casual Friday. Ein Besucher im Zweiteiler hat das deutliche Gefühl, fehl am Platz zu sein. Näher an der Kleiderordnung sind da schon zwei Manager von einer Filiale, die in Kordsamthose, Sweater und Windjacke erscheinen und aussehen, als seien sie soeben der Fahrerkabine eines Sattelschleppers entstiegen. In Millerland käme niemand auf die Idee, einen Boss anders als mit Vornamen anzureden; es gibt in der Fabrikhalle keine Vorarbeiter, sondern stattdessen »Teamleiter«, und der gewöhnliche Arbeiter heißt hier »Beschäftigter und Eigentümer« (die meisten besitzen Firmenanteile). Das alles gehört zu dem seit Jahrzehnten praktizierten partizipatorischen Managementstil.

Herman Millers Anfänge waren nicht besonders vielversprechend. Das Unternehmen wurde 1905 gegründet, als »einige Einwohner von Zeeland eine ehemalige Konservenfabrik an der Hand hatten und es für das Naheliegendste hielten, Möbel für ihre eigenen Häuser herzustellen«, schrieb der spätere CEO Hugh DePree in seiner Unternehmensgeschichte »Business as Unusual«. Möbelhersteller gab es schließlich zuhauf in diesem Teil Westmichigans, dessen größte Stadt Grand Rapids bald weniger als ein geografischer Ort denn als Synonym für Kitsch bekannt war. Die Star Furniture Company taufte sich im Jahr 1923 nach einem ihrer wichtigsten Aktionäre und dem Schwiegervater des Gründers D. J. DePree in Herman Miller, Inc., um. Das Unternehmen produzierte

Heimmöbel und tat sich kaum hervor unter den Möbelher-stellern der Zeit, bis es Mitte der 30er Jahre auf Initiative des Designers Gilbert Rohde begann, sich von den traditionellen Formen zu lösen und stattdessen moderne Möbel herzustellen. Der Charakter des Unternehmens lässt sich am besten mit den Worten Hugh DePrees wiedergeben, mit denen dieser seinen Vater und damaligen CEO »D. J.« beschrieb: »D. J. fand es unehrlich, alte Möbel zu kopieren und ihre Oberfläche so zu manipulieren, dass sie wie Antiquitäten aus der Alten Welt aussahen.«

Moderne Möbel waren nicht nur ehrlicher, sondern sie ver-kauften sich auch gut und erreichten große Stückzahlen. De-Pree schreibt: »Wir hatten erkannt, dass wir mit dem moder-nen Programm mehr Möbel für dasselbe Geld liefern konnten. Wir waren zudem überzeugt, dass ein gutes modernes Design eine längere Lebenszeit haben würde und deshalb die Lösung darstellte für den Traum eines jeden Herstellers von der stän-digen Wiederverwendung derselben Komponenten.« Das Un-ternehmen eröffnete im Jahr 1941 in New York einen Ausstel-lungsraum und machte sich alsbald mit der Eleganz seines Designs und der Qualität seines handwerklichen Könnens einen Namen. In den Jahren nach dem Zweiten Weltkrieg engagierte sein neuer Design Director George Nelson mehrere neue Designer, darunter Charles Eames, Alexander Girard und Isamu Noguchi.

Herman Miller, Inc., war noch ein kleiner Betrieb mit nur 120 Beschäftigten, als das Unternehmen 1950 den Scanlon-Plan implementierte, der mit seinem Konzept einer engen Ko-operation zwischen Management und Fabrikarbeitern eine natürliche Anziehungskraft auf Manager ausübte, deren ethi-sches Empfinden an der »Fälschung« antiker Möbel Anstoß nehmen würde. Sowohl D. J. DePree als auch sein Sohn Hugh bewiesen eine fürsorgliche Achtung für ihre kleine Belegschaft von zumeist langjährigen Mitarbeitern, von denen viele vom Schlag jener Holländisch-Reformierten waren, die sich ein Jahrhundert zuvor in dieser Gegend niedergelassen hatten. Im

Jahr 1949 hatten beide DePrees einen Vortrag von Dr. Carl Frost von der Michigan State University zum Thema »Enterprise for Everybody« gehört. Sie waren sofort überzeugt. Der von Frost beschriebene Plan ging ursprünglich auf den einstigen Arbeiterführer Joseph Scanlon zurück. Sein wichtigstes Element war die institutionalisierte Beteiligung der Belegschaft an der Gestaltung des alltäglichen Unternehmensbetriebs zwecks Erhöhung der Produktivität, deren Früchte mit den Arbeitern geteilt werden sollten. Die DePrees beauftragten Frost mit der Ausarbeitung eines solchen Plans für ihr Unternehmen.

Hugh DePree schreibt: »Jack Frost erklärte uns die Hauptbestandteile dieses Plans: Jeder einzelne Mitarbeiter des Unternehmens stellt eine wertvolle Ressource dar, insofern als er helfen kann, die Ziele der Organisation zu verwirklichen... Die Mitarbeiter müssen deshalb die Möglichkeit erhalten, sich zu engagieren, Fragen zu stellen, Initiativen zu ergreifen und innovativ zu sein... Die Mitarbeiter müssen fair behandelt werden; deshalb benötigt Herman Miller ein verständliches Prinzip, wie die finanziellen Früchte des Einsatzes der Mitarbeiter an diese weitergegeben werden sollen.«

»Und so«, fährt DePree fort, »begann ein Veränderungsprozess, der ebenso befriedigend wie irritierend, ebenso lohnend wie frustrierend war; und der uns alle näher zusammenbrachte.«

Es wurden Komitees gegründet, die nach Verbesserungsmöglichkeiten im Produktionsprozess suchten und Vorschläge aus den Reihen der Arbeiter sichteten. Viele dieser Vorschläge wurden umgesetzt, und der Plan wurde zu einem integralen Bestandteil der Unternehmenskultur von HM, wozu auch beitrug, dass der Bonus in den ersten zehn Jahren durchschnittlich zehn Prozent des Gehalts ausmachte. Daran änderte sich nicht viel, bis 1979 ein revidierter Plan implementiert wurde, der die Ausdehnung des Unternehmens auf viele Standorte außerhalb Zeelands, unter anderem in Europa, berücksichtigte. Auch die Zusammensetzung der Belegschaft hatte sich inzwischen geändert. Im Jahr 1950 waren 90 Prozent der in Zeeland Beschäftigten Fabrikarbeiter gewesen; inzwischen war die Organisation auf 2500 Leute angewachsen, von denen viele eine Bürotätigkeit ausübten. Auf der Grundlage der Untersuchungen eines Komitees mit Vertretern aus der Fabrikbelegschaft wurde der Scanlon-Plan umgestaltet. Für die verschiedenen Segmente des Unternehmens wurden unterschiedliche Ziele festgelegt, und die Bonusformeln wurden verfeinert. Die vierteljährliche Bonuszahlung wurde beibehalten.

Im Jahr 1996 implementierte das Unternehmen schließlich ein umfangreiches EVA-Programm mit dem traditionellen Incentive-Vergütungsplan für die Top-Manager. Für die unteren Ebenen war dieser Plan jedoch weniger geeignet. Nach Jahrzehnten der vierteljährlichen Boni war ein ganzes Jahr als Wartezeit zu lang; zudem garantierten die vierteljährlichen Zahlungen eine engere Verknüpfung zwischen Engagement und Belohnung. Die vierteljährlichen Zahlungen wurden also übernommen, nur dass sie jetzt auf denselben EVA-Zielen basieren wie der Managementplan. Wenn das Unternehmen die erwartete EVA-Verbesserung verwirklicht, erhalten die Beteiligten einen Bonus, der sieben Prozent ihres Gehalts entspricht, und entsprechend mehr, wenn die Zielmarke übertroffen wird.

Wenngleich wir nicht länger vom Scanlon-Plan sprechen, so bleibt dennoch das partizipatorische Management das zentrale Konzept. Eine Besonderheit des Programms ist, dass die Manager zusätzlich zum traditionellen EVA-Incentiveplan vierteljährliche Bonuszahlungen erhalten, bei denen allerdings nur ein Gehaltsanteil von 42 900 US-Dollar berücksichtigt wird. Warum die doppelte Austeilung? »Es gibt einen psychologischen Aspekt«, sagt Dave Guy. »Der gleichzeitige Erhalt der Schecks verbindet. Manche Bereiche haben ihre Rituale.« Und der alte Scanlon-Plan hatte für alle gegolten.

Der neue EVA-Plan mit vierteljährlichem Bonus war von Anfang an ein Erfolg. Die Auszahlung lag im dritten Quartal des Geschäftsjahres 1997 bei über 30 Prozent und blieb auch danach im zweistelligen Bereich; der Spitzenwert betrug

31,3 Prozent im vierten Quartal des Geschäftsjahres 1998. Um das Interesse wach zu halten, gibt das Unternehmen monatliche Berichte zum EVA-Ergebnis des Unternehmens heraus und veranstaltet Workshops, von denen im nächsten Kapitel die Rede sein wird.

Auch eine Bank in North Carolina hat EVA bis in die untersten Ebenen implementiert und dabei unter allen Banken auf der Welt den innovativsten Gebrauch von EVA gemacht. Centura Banks, Inc., führte EVA im Jahr 1994 ein und berücksichtigte von Anfang an sämtliche Mitarbeiter, deren Zahl mittlerweile 3500 beträgt. Die drei Dutzend Top-Manager haben einen um einen Aktienoptionsplan ergänzten Standard-Bonusplan. Die auf Gehaltsbasis Beschäftigten haben einen Plan mit einem Bonus von bis zu zehn Prozent ihres regulären Gehalts, je nach der EVA-Performance der Bank. Die 500 Kundenberater haben den ausgetüfteltsten Plan von allen – ein EVA-basiertes Provisionssystem. Jeder Kundenberater erhält ein Gehalt und kann sich zusätzlich für einen Bonus qualifizieren, der sich nach seiner »Wertschaffung« richtet. Der Plan funktioniert folgendermaßen: Jedes der circa 56 von der Bank angebotenen Produkte hat eine Wertschaffungskomponente, die sich ergibt, wenn alle mit ihm verbundenen Kosten abgezogen werden – die Kapitalkosten natürlich inbegriffen. Jeden Monat erstellt die Bank einen Bericht, der die Umsätze und die Nettowertschaffung für alle Produkte einzeln auflistet. Jeder Kundenberater bekommt ein Exemplar dieses Berichts zusammen mit einem anderen, der im gleichen Schema die Monatsperformance und die summierte Nettowertschaffung dieses Kundenberaters enthält. Von der Gesamtsumme werden das Gehalt, die Lohnzusatzleistungen, andere Auslagen und ein Teil der Overheadkosten abgezogen. Nach einigen weiteren Korrekturen steht schließlich unterm Strich die Wertschaffung. Der Kundenberater erhält von diesem Betrag je nach dessen Größe zehn oder zwölf Prozent als Bonus. Dieser wird vierteljährlich ausgezahlt und stellt einen nicht unwesentlichen Teil der Gesamtbezüge dar.

Obwohl das EVA-Prinzip auch auf den unteren Unternehmensebenen praktikabel und effektiv ist, hat es sich bislang nicht zu einem Massenphänomen entwickelt. Viele Unternehmen beginnen ihre EVA-Bonusprogramme auf der oberen Managerebene und weiten sie anschließend auf die übrigen Managementebenen und die festbezahlten Angestellten aus. Die auf Stundenlohnbasis Beschäftigten bleiben in der Regel außen vor, manchmal wegen des Widerstands der Gewerkschaften, manchmal aber auch, weil die Unternehmensleitung den Zusammenhang zwischen EVA-Incentives und Performance am Arbeitsplatz nicht erkennt. Dieser Sichtweise zufolge fehlt den Fabrikarbeitern die nötige Entscheidungsfreiheit, um auf die EVA-Incentives effektiv zu reagieren, jedoch wird dabei das gewaltige Wissenspotenzial bezüglich des Produktionsprozesses übersehen, das sich über die Einbeziehung der Arbeiter in das EVA-Programm erschließen ließe.

Häufig werden wir gefragt: »Wie lässt sich ein EVA-gestütztes Vergütungsprogramm im Rahmen der Tarifgespräche mit einer organisierten Belegschaft aushandeln?« Die Gewerkschaftsführer neigten in der Vergangenheit zu der Überzeugung, »Fairness« sei gleichbedeutend mit »Gleichheit«, weshalb jedes leistungsbasierte Vergütungssystem ihren Argwohn hervorrief. Außerdem sind Gewerkschaften naturgemäß auf Konfrontation eingestellt. Jede Verhandlungssituation, selbst unter Einzelpersonen, ist konfrontativ, zumindest bis man sich handelseinig wird; Gewerkschaften sind jedoch häufig erst nach einer harten Auseinandersetzung zu einer Einigung bereit. Wie lässt sich also die Zustimmung der Gewerkschaften zu einem Incentivesystem erreichen, das auf vergleichsweise komplizierten mikroökonomischen Prinzipien basiert?

Hier gibt es zwei Antworten. Wenngleich Konflikte im Verhandlungszusammenhang unweigerlich vorprogrammiert sind, existiert in den Vereinigten Staaten ebenso wie in anderen demokratischen Ländern eine Tradition der gewerkschaftlich-unternehmerischen Kooperation. Viele Gewerkschaften haben verstanden, dass die Prosperität ihrer Arbeitgeber – die

Vergrößerung des zu verteilenden Gesamtkuchens – auch ihren Schützlingen zugute kommt, und sind deshalb bereit, produktivitätsfördernde Maßnahmen ihrer Chefs zu unterstützen. Die zweite Antwort lautet, dass das Management sich direkt mit der Belegschaft ins Einvernehmen setzen kann. Eine gelungene Überzeugungsarbeit auf allen Unternehmensebenen ist unter Umständen der entscheidende Schlüssel zum Erfolg eines die gesamte Belegschaft einbeziehenden EVA-Programms. Viele Unternehmen versäumen es, mit ihren gewerkschaftlich organisierten Mitarbeitern effektiv zu kommunizieren, weil sie sich vor den rechtlichen Konsequenzen eines möglicherweise ungesetzlichen Vorgehens fürchten. Es stimmt zwar, dass das US-amerikanische Arbeitsrecht ein direktes Aushandeln von Löhnen, Zusatzleistungen und sonstigen Arbeitsbedingungen untersagt, dennoch gibt es eine große Bandbreite von Themen, über die die Unternehmensleitung unmittelbar mit den Arbeitern reden kann.

Die Unternehmen können sich also mit ihren Beschäftigten über die Vorteile von EVA als Performancebewertungsmaßstab unterhalten. Sie dürfen ihre Beschäftigten in die EVA-Grundlagen einführen und ihnen zeigen, wie sie die Strategien in ihren Arbeitsbereichen anwenden können. Und sie dürfen ihnen auch in regelmäßigen Abständen die EVA-Performance ihrer Abteilung bekannt geben und ihnen erklären, weshalb die Ergebnisse gut oder schlecht ausgefallen sind.

Die größte Sorge des gewerkschaftlich organisierten Beschäftigten ist vermutlich die Sicherheit seines Arbeitsplatzes. Alle Beschäftigten sollten also darauf aufmerksam gemacht werden, dass eine Fabrik oder eine Abteilung, die langfristig keine positive EVA-Perspektive hat, über kurz oder lang geschlossen werden muss. Die guten alten Tage, als die Unternehmen glaubten, sie könnten es sich leisten, Wert vernichtende Geschäftsbereiche mit den Gewinnen der wirtschaftlicheren Bereiche zu subventionieren, sind vorbei. Zugleich müssen die Unternehmen ihren Beschäftigten auch erzählen, mit welchen Maßnahmen, wie schmerzhaft auch immer, die

Chance besteht, die einzelnen Tätigkeitsbereiche EVA-positiv zu machen.

Für die meisten Gewerkschaftsmitglieder ist der Wertschaffungsprozess ein undurchschaubarer Vorgang. Sie sind nur selten mit der Wertdisziplin des Unternehmens, seinem Betriebsmodell und den theoretischen Grundlagen ihres Tätigkeitsbereichs vertraut. Sie misstrauen dem Management, weil sie nicht wissen, was es vorhat – sie fürchten, dass sie das nächste Opfer sein werden. EVA kann helfen, den auf Stundenlohnbasis Beschäftigten die Zusammenhänge zu erklären, die bislang außerhalb ihres Begriffsvermögens lagen. Und weil das Verhalten der Menschen von ihren Überzeugungen und ihre Überzeugungen von den Informationen abhängen, über die sie verfügen, können Sie über die Weitergabe von Informationen beginnen, eine Belegschaft zu schaffen, die in der Lage ist, am EVA-Prozess mitzuwirken. Nehmen Sie sich die Zeit und erklären Sie Ihren Beschäftigten Ihre Wertdisziplin und warum Sie sich dafür entschieden haben. Beschreiben Sie Ihr Betriebsmodell, und geben Sie all Ihren Beschäftigten die Möglichkeit, sich mit Vorschlägen und in Verbesserungsteams an seiner Verfeinerung zu beteiligen. Die beiderseitigen Vorteile sind von zweierlei Art. Die gewonnenen Einsichten und das Engagement werden sowohl bestehende Angst- und Hilflosigkeitsgefühle mildern als auch den Grad der Zufriedenheit mit der eigenen Arbeit erhöhen, sobald die Beschäftigten an der Entwicklung ihres eigenen Arbeitsumfelds mitwirken können.

Manche behaupten, auf Stundenlohnbasis Beschäftigte hätten nicht die nötige finanzielle Vorbildung, um die Funktionsweise des EVA-Prinzips zu verstehen. Wir halten diese Einstellung für arrogant und verfehlt. Wir sind einfachen Beschäftigen begegnet, die auf ihrer jeweiligen Ebene ein Verständnis für das Prinzip der Wertschaffung bewiesen, das so manchem studierten Betriebswirt fehlt. Wie die zuvor beschriebenen Beispiele zeigen, wissen die Besten und Klügsten unter ihnen sehr wohl, über welche Hebel sich Stückzeiten, Lagerbestände oder

Ausschussraten verringern lassen und dergleichen. Sie benötigen lediglich eine gewisse Vertrautheit mit den EVA-Konzepten, was natürlich Training voraussetzt, ein Thema, auf das wir im nächsten Kapitel näher eingehen werden.

Sobald es gelungen ist, die Belegschaft zu interessieren, wird es einfacher sein, die Gewerkschaftsführung zu überreden, EVA als Basis für eine Incentivevergütung zu akzeptieren. Aus Gewerkschaftssicht hält der EVA-Plan zwei attraktive Elemente bereit: (1) Die klaren Berechnungsformeln NOPAT und Kapital lassen die Sorge unbegründet erscheinen, die Unternehmensleitung könnte die Zahlen manipulieren, um die Höhe des gewährten Bonus zu verringern, (2) die elementare EVA-Kalkulation, auf deren Grundlage die Boni festgelegt werden, ist für alle Beschäftigtengruppen bis hin zum oberen Management dieselbe. Das ist der Inbegriff von Fairness.

Ein besonders überzeugendes Beispiel für die Einbeziehung auch der untersten Belegschaftsebenen in das EVA-Programm wurde in einem Artikel von Erik Stern und Johannes Schönburg unter der Überschrift »The Capitalist Manifesto: The Transformation of the Corporation-Employee Capitalism« beschrieben, der von Stern Stewart Europe, London, veröffentlicht wurde. Der Aufsatz setzt an mit einer Beschreibung des enormen Rückenwinds, den das partizipatorische Management seit einigen Jahren von den Regierungen der Europäischen Union erhält. Die regierenden Mitte-Links-Parteien Westeuropas haben sich längst vom Sozialismus verabschiedet – niemand beabsichtigt mehr, die »Schaltzentralen der Wirtschaft« zu verstaatlichen – und reden stattdessen von der Beteiligung der Beschäftigten an den Entscheidungsprozessen bei gleichzeitiger Beteiligung am Eigenkapital und/oder an den Gewinnen. In Deutschland gibt es natürlich seit langem Arbeiter- (sprich Gewerkschafts-)Vertreter in den Aufsichtsräten der Unternehmen, aber das spielte sich dennoch fern von den Fabrikhallen ab. Die neuen Initiativen zielen darauf ab, die Beteiligung im direkten Arbeitsumfeld zu verwirklichen, wie dies in den US-amerikanischen Unternehmen der Fall ist, die wir oben beschrieben haben.

Die Europäische Kommission veröffentlichte 1992 einen wegweisenden Bericht unter dem Titel »Förderung der Gewinn- und Betriebsergebnisbeteiligung der Arbeitnehmer« (»PEPPER-Bericht«), in welchem diverse Programme in verschiedenen Mitgliedsländern untersucht und im typischen Behördenjargon Empfehlungen formuliert werden: »Der Rat ersucht die Mitgliedstaaten, die Vorteile anzuerkennen, die eine umfassendere individuelle oder kollektive Anwendung sehr vielfältiger Systeme der Beteiligung der Arbeitnehmer am Gewinn und am Betriebsergebnis in Form einer Gewinn- oder Kapitalbeteiligung oder einer Kombination dieser beiden Varianten bringen kann.«

In Großbritannien haben sich die Einstellung der Labour-Regierung sowie die Haltung und die Rhetorik der Gewerkschaftsvertreter gegenüber der Kampfesrhetorik der Vergangenheit in beachtlicher Weise verändert. Im November 1998 verkündete Schatzkanzler Gordon Brown in einem Haushaltszwischenbericht an das Unterhaus: »Wie unsere Produktivitätsgespräche mit der Wirtschaft gezeigt haben, kann Großbritannien mehr tun, um Hindernisse zu beseitigen, damit der Einzelne seine Chancen ergreifen und seinem Ehrgeiz folgen kann ... Ich will über eine gezielte Steuerreform das langfristige Engagement von Arbeitnehmern belohnen, und ich will ein für allemal die alte Trennung zwischen ›uns‹ und ›den anderen‹ in der britischen Industrie abschaffen. Ich will die neue Unternehmenskultur der Teamarbeit fördern, in der jeder Einzelne seinen Beitrag leistet und ebenso vom Erfolg profitiert. Wir werden unseren Haushalt so gestalten, dass es für die Beschäftigten – und nicht nur für einige wenige unter ihnen – einfacher wird, Aktien ihrer Unternehmen zu erwerben.«

Im Mai 1999 veranstaltete der Gewerkschaftsverband TUC in London eine Konferenz zum Thema Partnerschaft mit der Industrie unter Teilnahme von Gewerkschafts- und Unternehmervertretern. In seiner Ansprache formulierte Premierminister Tony Blair eine Warnung an die Gewerkschaften: »Was ist eure Rolle? Warum braucht man euch? Wenn ihr beweisen könnt, dass ihr bei Themenbereichen wie Schulung, Altersversorgung und Sicherheit am Arbeitsplatz kompetente und konstruktive Ansprechpartner seid, werdet ihr in der zukünftigen Arbeitspartnerschaft eine Rolle finden. Wenn nicht, dann braucht ihr nicht überrascht zu sein, wenn der Zug ohne euch abfährt.«

Der TUC präsentierte der Konferenz einen Bericht mit dem Titel »Partners for Progress: New Unionism in the Workplace«, in welchem er unumwunden eingestand, wie weit das Ansehen der Gewerkschaften in der öffentlichen Meinung gesunken war. Weiter hieß es dort: »Die Gewerkschaften sollten als ein Teil der Lösung dieses britischen Problems in Erscheinung treten und nicht als ein zusätzliches Problem … Die alte Kampfesrhetorik … findet in der heutigen Arbeitswelt wenig Resonanz. Natürlich besteht ein wesentlicher Teil der Rolle der Gewerkschaften immer noch darin, den bösen Arbeitgeber bloßzustellen – den selbstherrlichen Chef, den diskriminierenden Chef, oder den Chef, der fundamentale Rechte missachtet. Aber die meisten Beschäftigten halten ihren Arbeitgeber keineswegs für einen schlechten Chef. Vielleicht attestieren sie ihren Arbeitgebern nicht die besten Managementqualitäten, und viele wünschen sich mehr Einfluss auf die Entscheidungen. Aber letztlich wollen die Menschen auf die Organisationen, für die sie arbeiten, stolz sein, und in vielen Fällen sind sie es auch … Arbeitnehmer, die sich nicht mit ihrem Arbeitsplatz identifizieren können, zeigen nicht die hohe Performance, die von den Arbeitgebern heute erwartet wird.«

Der Bericht enthält kurze Fallstudien von Partnerschaftsinitiativen in diversen Organisationen – unter anderem Cooperative Bank, Inland Revenue, Tesco (eine große Einzelhandelskette), British Gas und Unisys. Partnerschaften setzen voraus, dass Belegschaftsvertreter an Entscheidungen über Unternehmensstrategie, Arbeitnehmerschulung oder die Verbesserung von Produktionsprozessen einbezogen werden. Die Gewerkschaften erhielten Zugang zu vertraulichen Informationen, wie sie sie bislang noch nie zu sehen bekommen hatten. Bei

National Power beispielsweise beinhaltet das Partnerschaftsabkommen die Einsetzung eines National Business Review Committee, das obere Manager mit Vollzeitfunktionären und Arbeitervertreter der Gewerkschaften zusammenbringt. Auf den halbjährlichen Treffen des Gremiums werden die Pläne und strategischen Optionen des Unternehmens detailliert dargestellt, was die Möglichkeit bietet zu »echten Konsultationen auf einer aussagekräftigen Informationsbasis und zu einem Zeitpunkt, an dem ein Einfluss auf die Entscheidungen noch möglich ist.«

Für »The Capitalist Manifesto« machte Stern Stewart Anleihen bei der Website der European Trade Union Confederation, wo verschiedene Beispiele von finanziellen Incentives für Arbeitnehmer beschrieben werden, wie sie seit einigen Jahren in Kontinentaleuropa zu finden sind: »Die Audi AG führte 1998 die Gewinnbeteiligung für alle Arbeitnehmer mit einem festen Anteil je nach Beschäftigungsrang und einem gesonderten variablen Anteil ein. Die Privatisierung von Telecom Eireeann (Irland) wird dazu führen, dass 11 000 Arbeitnehmer in den Besitz von insgesamt 15 Prozent der Aktien kommen werden, und auch die Privatisierung von Eurocopter und dem französischen Stahlunternehmen Usinor sieht eine ähnliche Möglichkeit vor. Unternehmensweite Vereinbarungen existieren ferner bei BP Amoco, Shell, Mobil, Degussa und Rosenthal. Der deutsche Chemiesektor schließlich hat sich auf Vermögensbildungs- und Kapitalbeteilungsprogramme verständigt. Es gibt zahlreiche weitere Beispiele.«

Gewinn- und Kapitalbeteiligungspläne für Belegschaftsmitglieder sind ein großer Schritt nach vorn im Vergleich zu fehlenden finanziellen Incentives, aber das Stern-Stewart-Papier attestiert beiden Modellen gewisse Nachteile. Erstens gibt es im Fall ausbleibender Gewinne nichts zu verteilen – im Gegensatz zu den EVA-Bonusplänen, die die Teilnehmer auch dann für die Verbesserung des EVA belohnen, wenn dieser negativ ist (was noch nicht die Möglichkeit eines buchhalterischen Gewinns ausschließt). Zum anderen beziehen sich Gewinnbeteiligungspläne auf die Ergebnisse der Gesamtunternehmen, die in der Regel so groß sind, dass ein Zusammenhang mit dem Beitrag des einzelnen Mitarbeiters in seiner Einheit nicht nachvollziehbar ist.

Die Austeilung von Aktien oder Aktienoptionen hat den offensichtlichen Vorteil, dass die Beschäftigten ein persönliches Interesse an den Geschicken des Unternehmens entwickeln; als Incentive taugt sie jedoch nur bedingt, insofern als der Aktienkurs häufig von äußeren Kräften – allgemeine Wirtschaftsentwicklung, Zinsniveau, Inflation und/oder Zustand der betreffenden Branche – und nicht nur vom Erfolg des Unternehmens abhängt. Und ebenso wie bei der Gewinnbeteiligung besteht kein Zusammenhang mit der lokalen Performance. Abgesehen davon sind Gewinn- und Kapitalbeteiligung Einbahnstraßen – es gibt einen »Bonus«, wenn das Geschäft profitabel verläuft und die Aktien im Kurs steigen, aber es fehlt auf der anderen Seite das Risiko. In einem typischen EVA-Incentiveplan ist aufgrund des Instruments der Bonusbank zumindest für die obere Managementebene gewährleistet, dass die Teilnehmer einen Teil der ihnen zuvor gewährten Boni wieder verlieren, wenn die Performance entsprechend nachlässt.

In den Vereinigten Staaten wissen wir von keinem Plan, der den EVA-Bonus der Beschäftigten unter Risikovorbehalt stellt, Stern und Schönburg jedoch beschreiben einen interessanten Plan in Deutschland, der gleichzeitig hohe Belohnungen und ebensolche Risiken verspricht. Er wurde in der Sirona Dental Systems verwirklicht, einem Hersteller von Hightech-Dentalgeräten, den Siemens 1997 an private Investoren verkaufte. Im Jahr darauf installierte das Unternehmen mit Unterstützung von Stern Stewart einen umfassenden EVA-Plan für sämtliche 1200 Mitarbeiter, vom Chief Executive bis hinunter zum Wartungspersonal.

Die Belegschaft, die größtenteils aus Gewerkschaftsmitgliedern bestand, wurde zu 90 Prozent nach einem gemeinsamen Tarifvertrag bezahlt. Für diese Gruppe musste der EVA-Plan freiwillig sein und ein großes Risikoelement enthalten. Im November eines jeden Jahres (erstmals 1998) sollte jeder Beschäftigte entscheiden, welchen Anteil eines Monatsgehalts – zwischen 40 und 80 Prozent – im Folgejahr unter Risikovorbehalt gestellt werden sollte. Das Unternehmen schlug dann auf den vom Arbeitnehmer genannten Betrag 50 Prozent auf; die Summe stellte den Zielbonus des Beschäftigten dar. Wenn der Beschäftigte also 80 Prozent eines Monatsgehalts einsetzte, erhöhte der Arbeitgeber den Zielbonus auf 120 Prozent. Angenommen, ein Beschäftigter hatte ein Monatsgehalt von 5000 Mark; Dann betrug sein Zielbonus 6000 Mark. Die EVA-Performance wurde auf der Basis der Betriebseinheit gemessen (dasselbe System wie im Führungskräfteplan). Für die Beschäftigten gab es ebenfalls eine Bonusbank. Wenn die Ergebnisse die Zielmarke übertrafen, wanderten zwei Drittel des zusätzlichen Bonus in die Bank, und ein Drittel wurde ausgezahlt. In jedem Folgejahr wurde ein Drittel des positiven Bankguthabens ausgezahlt; all dies sind Elemente des typischen Führungskräfteplans.

Noch einmal: Die gewerkschaftlich organisierten Beschäftigten waren nicht zur Teilnahme gezwungen; alles war freiwillig. Wenn ein Beschäftigter beschloss, an dem Plan teilzunehmen, konnte er seine Entscheidung später revidieren und wieder aussteigen, ein erneuter Einstieg war dann jedoch ausgeschlossen. Der Grund: Es sollte verhindert werden, das Teilnehmer kamen und gingen, je nachdem, was sie für einen Eindruck von der Geschäftslage des Unternehmens hatten. Es gab für alle Beschäftigten ausgiebige Trainingseinheiten, und als die gewerkschaftlich organisierten Beschäftigten im November 1998 schließlich eine Entscheidung treffen mussten, votierten 87 Prozent für die Teilnahme – eine beachtliche Zahl, wenn man die Risiken bedenkt. Nicht weniger als 81 Prozent entschieden sich für den maximalen Einsatz – 80 Prozent eines Monatsgehalts.

Nachdem der Plan implementiert war, wurden verschiedene Initiativen unternommen, um die EVA-Performance zu verbessern; dazu gehörte ein landesweiter Plan zur Reduzierung der Lagerbestände. Nach Ablauf des ersten Jahres konnte Sirona mit einem EVA-Zuwachs von 125 Prozent aufwarten, mit Schwankungen von 104 Prozent bis 191 Prozent in den einzelnen EVA-Centers innerhalb des Unternehmens.

Kein Plan bietet jedoch eine für alle Situationen taugliche Vorlage. Jeder EVA-Plan muss gezielt an das konkrete Unternehmen angepasst werden. Es gibt aber bereits hinreichend viele EVA-Programme auf Beschäftigtenebene, die ihre Durchführbarkeit unter Beweis gestellt haben. Die Erfahrungen von Sirona zeigen ebenso wie die von Briggs & Stratton, dass Gewerkschaften bereit sind, EVA-Programme zu akzeptieren. Fortschrittliche Gewerkschaften in den Vereinigten Staaten – wie beispielsweise die United Auto Workers – haben gelegentlich Gewinnbeteiligungsmodellen zugestimmt. Wenn sich eine Gewerkschaft mit Gewinnbeteiligungsmodellen anfreunden kann, ist es kein großer Schritt mehr zu einem EVA-Programm. In Europa sind die Gewerkschaften freilich viel stärker, weshalb ihre Kooperation auch viel wichtiger ist, wenn EVA auf die gesamte Belegschaft ausgedehnt werden soll. Die in der Arbeit von Stern und Schönburg untersuchten Beispiele von Partnerschaftsinitiativen in Westeuropa lassen darauf schließen, dass der Augenblick gekommen ist, um offensiv mit den Gewerkschaften ins Gespräch zu kommen.

So gibt das Papier auch zum Ende folgende Empfehlung: »Die Einbeziehung der Beschäftigten in den Wertschaffungsprozess wird ihre Vorstellung von sich, ihren Kollegen, ihren Vorgesetzten und ihrem Unternehmen vollkommen verändern; sie werden wie Eigentümer denken und handeln ... EVA spornt sie an, den Kuchen zu vergrößern, von dem sie sich ihren Anteil verdienen.«

7 Die Botschaft verkünden: Schulung und Kommunikation

Kein Aspekt ist bei der Einrichtung eines EVA-Programms wichtiger als die Schulung der Beteiligten. EVA bedeutet einen entscheidenden Wechsel nicht nur in der Art und Weise, wie ein Unternehmen seine Performance misst und seine Mitarbeiter belohnt, sondern auch in allen anderen Aspekten des täglichen Geschäftsgeschehens. Wenn die EVA-Verbesserung zur neuen Richtschnur wird, müssen verschiedene althergebrachte Praktiken verändert werden, von Vergütungssystemen über die Budgetgestaltung bis zu den Produktionsprozessen in den Fabriken. Veränderungen – häufig drastischer Art – sind unvermeidlich, aber nur selten populär.

Der Veränderungsprozess kann auf eine Organisation verjüngend wirken, aber für die Betroffenen, die den Prozess nicht selbst vorantreiben sondern sich von ihm getrieben fühlen, erscheint das Neue und Unbekannte häufig als Bedrohung. Angst erzeugt Widerstand. Man kann die Proteste natürlich einfach ignorieren, aber solange eine Kooperation bei den Veränderungsbemühungen angestrebt wird, ist der autoritäre Managementstil nicht zu empfehlen. Die Betreffenden sollten vielmehr aufgeklärt und überzeugt werden. Wenn die Beschäftigten über die zu erwartenden Veränderungen und die Gründe dafür klar und detailliert informiert werden, wird ihre Angst sehr viel geringer sein.

Für Beschäftigte ist es hilfreich, wenn sie einmal mit dem für sie ungewohnten Blick »von außen« auf das Unternehmen konfrontiert werden. Man muss ihnen verständlich machen, dass die Notwendigkeit von Veränderungen im Wettbewerbsumfeld oder in der schlechten Performance der Unternehmensaktien begründet liegt, und dass ohne diese Veränderungen das langfristige Überleben der Organisation gefährdet ist. All dies sollte Teil des Trainingsprogramms sein, das bei einem so komplexen Thema wie EVA unerlässlich ist. Deshalb ist Stern Stewart seit einigen Jahren dazu übergegangen, Firmen bei der Implementierung durch ein firmenspezifisch zusammengestelltes Konzept mit Bausteinen wie Einzeltraining bis hin zum Einsatz von computergestützter Lernsoftware (CBT) zu unterstützen. Eine aktuelle INSEAD-Studie* über Value-Based Management belegt: 82 Prozent aller erfolgreichen Unternehmen schulen mehr als die Hälfte aller Mitarbeiter. 62 Prozent trainieren sogar über drei Viertel der Belegschaft. Das Basistraining besteht in der Regel aus drei inhaltlichen Bausteinen: (1) Wie berechnet man die ökonomische Wertschaffung (EVA), (2) wie bestimmt und entwickelt man die Hauptwerttreiber und (3) wie interpretiert man die Ergebnisse. Damit werden alle Mitarbeiter in die Lage versetzt, aktiv zur Wertsteigerung beizutragen. Wir stellen hier zwei alternative Trainingsansätze vor. Der erste wurde von Briggs & Stratton gewählt, wo man, wie in Kapitel 3 beschrieben wurde, EVA im Zusammenhang mit einer strategischen Neuausrichtung des gesamten Unternehmens implementierte. Der zweite stammt von Herman Miller, wo die EVA-Disziplin 1996 eingeführt wurde, ohne dass gleichzeitig über die jährliche Modifikation des Marktangebots hinausgehende Veränderungen an der Unternehmensstrategie oder den Produkten vorgenommen wurden. EVA bewirkte zwar viele Veränderungen, aber im Fall von Herman Miller gab es keine strategische Neuausrichtung wie etwa bei Briggs & Stratton. In dieser Hinsicht stehen die Erfahrungen von Herman Miller beispielhaft für viele andere EVA-Unternehmen.

Bei Briggs & Stratton begann das Training der Angestellten und Arbeiter im Umkreis von Milwaukee im Jahr 1994 und dauerte drei Jahre; 2000 Beschäftigte absolvierten die von Judy Whipple, Manager of Corporate Training, geleiteten

---

* Getting the Value out of Value-Based Management – Findings from a Global Survey of Best Practices. July 2001. HBR RESEARCH REPORT. Fares, Boulos und Noda, Tomo.

Kurse. Die Beschäftigten hatten bereits erste Informationen über EVA einem detaillierten, in Frage-und-Antwort-Form gehaltenen Artikel im Unternehmens-Rundbrief (siehe Abb. 7.1 auf den Seiten 144 f.) entnehmen können, und die Angestellten hatten in ihren vierteljährlichen Versammlungen eine kurze Einführung erhalten, die aber bei weitem nicht ausreichte. In Gruppen zu 16 bis 20 Teilnehmern nahmen die Angestellten vier und die Fabrikarbeiter zwei Stunden lang an Wipples »Managing for Value Creation Workshops« teil. Diese Sitzungen waren populär. Sie befriedigten nicht nur die Neugier, sondern wurden auch als Arbeitszeit angerechnet.

Whipple begann jede Sitzung mit einem fünfminütigen schriftlichen Test zum Vorwissen der Teilnehmer über EVA. (Zum Abschluss wiederholte sie den Test, um, wie sie es formulierte, festzustellen, wie erfolgreich ihr Unterricht gewesen war.) Daraufhin beschrieb sie die strategische Neuausrichtung von Briggs & Stratton, die mit dem Jahr 1989 begann, als das Unternehmen zum ersten Mal seit Jahrzehnten Verlust machte. Mit Flipchart-Diagrammen und Diaprojektionen veranschaulichte sie die Rückkehr des Unternehmens zu seiner ursprünglichen Strategie einer kostengünstigen Massenproduktion von Vielzweckmotoren und den Verzicht auf die unrentable Abteilung zur Herstellung kostenintensiver Spezialmotoren mit geringen Stückzahlen. Das Unternehmen wollte in Zukunft seine Aktivitäten im letzteren Bereich nur noch im Rahmen von Jointventures mit Partnern fortsetzen, die für die Herstellung kleiner Losgrößen besser ausgerüstet waren.

Im Anschluss an diese Darstellung gab Whipple detaillierte Erläuterungen zu Briggs & Strattons »Straßenkarte der Wertschaffung« (siehe Kapitel 4) und zu den Synergien zwischen den einzelnen Teilen des Diagramms. Es folgten eine Darlegung der Gründe, die für das EVA-System sprachen, eine Beschreibung seiner Bestandteile und eine Demonstration (anhand des hypothetischen Beispiels eines Unternehmens mit einem monatlichen Umsatz von 100 000 US-Dollar), wie der NOPAT berechnet, die Kapitalkosten angesetzt und schließ-

Wertsteigerndes Management bei Briggs & Stratton

Der Erfolg von Briggs & Stratton in den letzten Jahren lässt sich nicht zuletzt auf die Freisetzung von Wert durch eine Kombination aus EVA-Performancemessung, strategischer Neuausrichtung, organisatorischer Feinjustierung und maßgeschneiderten Incentives zurückführen. John Shiely, der neu gewählte President & Chief Operating Officer von Briggs & Stratton, erklärt die neue Art, ein Unternehmen zu betrachten und zu erkennen, ob es Wert erzeugt oder seine Ressourcen vergeudet.

Frage: Sie haben gesagt, unsere grundlegende Philosophie sei »wertsteigerndes Management«. Was ist darunter zu verstehen, und was hat das mit EVA zu tun?

Antwort: Management hat letztlich immer das Ziel, die sechs Stakeholdergruppen eines Unternehmens effektiv zu managen: Aktionäre, Kreditgeber, Beschäftigte, Kunden, Zulieferer und die Gesellschaft. Wertsteigerndes Management heißt, dass wir den ersten beiden Stakeholdergruppen (den Aktionären und Kreditgebern) einen legitimen Anspruch auf eine angemessene Rendite für das Kapital zugestehen, das sie dem Unternehmen zur Verfügung stellen. Das sind die so genannten »Kapitalkosten«. Wir sehen zudem eine Verpflichtung, über diese Kapitalkosten hinaus für unsere Aktionäre Wert zu schaffen. Dies kann nur über eine hohe Wertschaffung gelingen. Wirkliche Wertschaffung erfordert einen integrierten Prozess zwecks Management der vier Stakeholder-Gruppen, die kein Kapital beisteuern (Beschäftigte, Kunden, Zulieferer und Gesellschaft) mit dem Ziel der Wertsteigerung. Wir haben versucht, diesen Ansatz in unserem »Wertschaffungsmodell« zusammenzufassen. EVA ist einfach ein *objektiver* Maßstab, um zu erkennen, ob wir Wert erzeugen.

Frage: Was sind die wichtigsten Methoden der Wertschaffung, und wie werden diese Methoden bei Briggs & Stratton angewandt?

Antwort: Die wichtigsten Methoden der Wertschaffung sind die strategische Neuausrichtung, die Rekonfiguration unserer Organisationsstruktur und Systeme, und die Neuausrichtung unserer Verfahren und Prozesse.

Wenn Sie von Strategien wie der Konzentration auf hochwertige Massenprodukte, von strukturellen Veränderungen wie einer verstärkten Eigenständigkeit der Geschäftsbereiche und Schwerpunktfabriken sowie von neuen Prozessen wie beispielsweise BIT-Teams und Zellenfertigung hören, sollten Sie wissen, dass all diese Maßnahmen die Wertschaffung zum Ziel haben. Wie diese Methoden speziell bei Briggs & Stratton zur Anwendung kommen, lässt sich aus einem detaillieren Diagramm ablesen. Wir müssen alle begreifen, dass hohe Wertschaffung nur möglich ist, wenn wir das, was wir tun, und wie wir es tun, verändern.

Frage: Welche wesentlichen Faktoren waren für die Entscheidung des Managements ausschlaggebend, ein Wertschaffungsprogramm zu entwickeln?

Antwort: Um das Jahr 1990 wurde klar, dass wir unser Kapital nicht besonders effektiv managten. Wir verwendeten dreimal so viel Kapital in Form von Betriebsvermögen wie in den 70er Jahren, um genauso viel Einkommen zu erzeugen. Die »alten« Methoden von Briggs & Stratton zur Sicherung einer soliden Wettbewerbsposition als Branchenführer, wie beispielsweise Überschusskapazitäten, hohe vertikale Integration, Chargenfertigung und ein beschränktes Produktangebot – alles einst Wettbewerbsvorteile – wurden zu Wettbewerbshemmnissen. Die Vorteile in Form von kombiniertem Betrieb, interner Kontrolle und Koordination, die diese Ansätze vor Jahren boten, sind wirkungslosen Incentives, belastendem Kapitalverbrauch, technologischem Isolationismus und einem Verlust von Leistungsorientierung auf der Seite der Humanressourcen gewichen. Unser Unternehmen war mit anderen Worten nicht »fit« für die 90er Jahre.

Der Wettbewerb ist heute global und intensiv, und es wurde deutlich, dass wir unser Unternehmen nicht länger so managen und lediglich alle Kostensteigerungen an die Kunden weitergeben konnten, wie wir es in den letzten Jahrzehnten praktiziert hatten. Ein mittlerweile auf wenige Großanbieter konzentrierter Markt machte uns dies schmerzlich klar. In einem solchen Umfeld müssen die Unternehmen Wert erzeugen, indem sie ihre Kosten in Grenzen halten, die Betriebseffizienz verbessern und Kapital behutsam einsetzen. Unternehmen, die das nicht tun, werden dem Wettbewerb nicht lange standhalten können.

Frage: Was ist EVA?

Antwort: EVA ist ein Instrument zur Performancemessung und berechnet sich einfach als die Cash-Erträge des Unternehmens abzüglich der Kosten des Kapitals, das benötigt wird, um diese Erträge zu erzeugen. Wenn ein Unternehmen ein Geschäftsergebnis oberhalb der Kapitalkosten produziert, schafft es aus ökonomischer Sicht Wert. Das bezeichnen wir als positiven EVA. Ein negativer EVA zeigt an, dass das Unternehmen von seinen Ressourcen zehrt.

Frage: Was meinen Sie mit »Kapitalkosten«?

Antwort: Wir gehen von der Prämisse aus, dass Kapital (Maschinen, Computer, Lagerbestand, Anlagen) Geld kostet. Die Kosten dieses Geldes hängen von dem Risiko ab, das unsere Aktionäre und Kreditgeber unserem Unternehmen beimessen. »Risikofreie« 30-jährige US-Schatzobligationen bringen gegenwärtig annähernd acht Prozent Zinsen. Die Aktien von Unternehmen mit einem durchschnittlichen Risiko bringen traditionell über den risikofreien Zinssatz hinaus zusätzliche sechs Prozent. Da Briggs & Stratton ein Unternehmen mit einem mehr oder weniger durchschnittlichen Risiko ist, kostet uns unser Eigenkapital ungefähr 14 Prozent. Da das Risiko bei Anleihen erheblich geringer ist, kostet unser Fremdkapital entsprechend weniger. Der gemittelte Wert über unsere Eigen- und Fremdkapitalkosten liegt für dieses Jahr bei 11,7 Prozent. Das sind unsere Kapitalkosten.

Frage: Welchem Zweck dient das EVA-Programm?

Antwort: Der Zweck des EVA-Wertmanagementprogramms besteht darin, die Performancemessung und die Incentives von Briggs & Stratton mit den Zielen unserer Kapitalgeber und der Eigentümer des Unternehmens in Einklang zu bringen. Wir sehen es als unsere erste Aufgabe an, für unsere Aktionäre und Kreditgeber Wert zu erzeugen, und wir tun das, indem wir für unsere Beschäftigten, Kunden, Zulieferer und die Gesellschaft Wert bereitstellen.

Frage: Wenn jemand niemanden unter sich hat, wie kann er dann wertsteigernd »managen«?

Antwort: Zum einen müssen Sie die wichtigste Person in diesem Prozess – sich selbst – managen. Sie müssen sicherstellen, dass alle Ihre Tätigkeiten auf Wertsteigerung ausgerichtet sind. Zum anderen managen viele Beschäftigte, auch wenn sie nicht viele Leute unter sich haben, sehr teures Kapital in Form von Maschinen in den Fabriken und Computern in den Büros. Außerdem haben die Beschäftigten über ihre Arbeitsweise möglicherweise Einfluss darauf, wie viel Kapital in Lagerbeständen gebunden ist.

Frage: Was können die Beschäftigten tun, um Wert zu erzeugen?

Antwort: Es gibt tausend große und kleine Dinge, die jeden Tag getan werden können, um Wert zu erzeugen, der in der Summe einen gewaltigen Einfluss auf den EVA hat. Ein Ingenieur kann einen neuen Auspufftopf konstruieren, der die Qualität erhöht, die Kosten um fünf Cent senkt und die teuren Maschinen, die gegenwärtig zu seiner Herstellung nötig sind, erübrigt.

Ein Büroarbeiter kann eine kreative Methode finden, wie er seinen gegenwärtigen Computer zur Erledigung einer neuen Aufgabe verwenden kann, sodass kein Kapital in neue Computer investiert werden muss. Ein Monteur kann sich eine bessere Methode ausdenken, wie er seinen Montageprozess neu strukturieren kann, um den Lagerhaltungsbedarf zu reduzieren oder die Effizienz zu verbessern. Wir sollten alles, was wir tun, als einen kleinen Geschäftsprozess betrachten, bei dem sich eine verbesserte Produktivität auf die Cash-Rendite auswirkt, und wenn wir unser Kapital kontrolliert einsetzen, verringern wir unsere Kapitalkosten, wodurch sich der Wert des Unternehmens erhöht. EVA ist, wie wenn Sie ein Milliardenunternehmen auf das Prinzip eines kleinen Lebensmittelgeschäfts reduzieren: Zu Anfang haben Sie in einer Zigarrenschachtel etwas Bargeld. Sie verwenden das Geld, um die Regale mit Waren zu füllen. Sie verkaufen die Waren, begleichen die Ausgaben inklusive der Kapitalkosten und legen das Restgeld zurück in die Zigarrenschachtel. Wenn zum Jahresende mehr Geld in der Zigarrenschachtel ist als zum Jahresanfang, haben Sie Wert erzeugt (das heißt, Sie hatten in diesem Jahr einen positiven EVA).

Frage: Wie hat das Unternehmen von dieser wertorientierten Restrukturierung profitiert?

Antwort: Der Nutzen der Restrukturierung ist beträchtlich: Verschlankung der Produktlinien, verbesserte finanzielle Verantwortungsverteilung, übersichtlichere Wechselbeziehung zwischen Arbeitskräfte- und Kapitalbedarf und die interne Entwicklung eines erfahrenen Operational General Managers.

Frage: Wie lassen sich die Ergebnisse der Wertsteigerungsbemühungen von Briggs & Stratton zusammenfassen?

Antwort: Wertsteigerndes Management hat zu einem Anstieg des Aktienkurses von Briggs & Stratton geführt. Und das ist nicht überraschend, denn der Markt beurteilt über den Aktienkurs die Fähigkeit eines Unternehmens, mit dem Kapital der Investoren sinnvoll umzugehen. Unser Kurs kletterte von rund 22 US-Dollar im Jahr 1992 auf mehr als 80 US-Dollar Ende 1993. Wir haben bewiesen, dass wir als Investition gut genug sind, um Kapital anzuziehen; und das Kapital ist der Treibstoff, der das Unternehmen in Bewegung hält. Zudem ist ein hoher Aktienkurs, wie Sie vielleicht wissen, die beste Verteidigung gegen jede Art von feindlicher Übernahme.

Frage: Wie übersetzt sich das in eine bessere Zukunft für das Unternehmen und seine Beschäftigten?

Antwort: Ein Unternehmen kann seinen Aktionären keinen hohen Wert bieten, solange es nicht alle seine Stakeholder-Gruppen in einer einzigen gemeinsamen Anstrengung vereint, die seinen Beschäftigten hochwertige Jobmöglichkeiten, seinen Kunden hochwertige Produkte, seinen Zulieferern hochwertige Partnerschaften und der Gesellschaft, in der das Ganze stattfindet, hochwertige Beziehungen sichert. Je besser wir wertsteigerndes Management betreiben, desto rosiger sieht die Zukunft für alle Beteiligten aus.

Abbildung 7.1: **Text eines Mitarbeiter-Rundbriefs von Briggs & Stratton**

145

lich der EVA abgeleitet wird. Um die Präsentation klar und verständlich zu halten, sparte Whipple die zusätzlichen Korrekturen an den Buchhaltungszahlen bei der Berechnung des NOPAT aus. Das würde die Buchhaltung erledigen, erklärte sie. Ebenso wenig versuchte sie, die Berechnung des Kapitalkostensatzes zu erklären. Das sei Sache von Bob Eldridge (dem damaligen CFO).

Hieran schloss sich eine lange Gruppendiskussion zu der Frage an, wie der EVA gesteigert werden könnte. Sie ließ die Gruppe Beispiele formulieren, anhand derer sie die drei grundsätzlichen Methoden der EVA-Verbesserung herausarbeitete: (1) Neues Kapital in Initiativen investieren, die eine Rendite oberhalb der Kapitalkosten versprechen, (2) die Rentabilität des bestehenden Geschäfts erhöhen, ohne weiteres Kapital zu binden und (3) Kapital von Aktivitäten abziehen, die den Erwartungen zufolge keine adäquate Rendite erzeugen. Zur Untermalung der Strategien verwies Whipple auf einige plakative Alltagsbeispiele – wie etwa die Isolierung eines Hauses zwecks Reduzierung der Heizkosten (Investitionsstrategie) oder den Verkauf eines alten Spritfressers (Deinvestitionsstrategie).

Nach einer Kaffeepause beschäftigte sich der Kurs mit einer EVA-Simulation am Beispiel der Führung eines Gemischtwarenladens:

»Das ›Jiffy‹-Geschäft liegt entlang einem Highway, der die Stadt Cashville mit mehreren großen Vororten verbindet. Sie sind der Besitzer und haben zwei Vollzeit- und zwei Teilzeitangestellte.

Ihr Geschäft hat von 6:00 Uhr morgens bis Mitternacht geöffnet, und Ihr Angebot beschränkt sich auf acht Artikel: Milch, Eier, Butter, Weißbrot, Vollkornbrot, Müsli, Konserven und Limonade. Sie haben durchschnittlich 100 Kunden am Tag, die für ungefähr 500 US-Dollar einkaufen. Den größten Kundenverkehr haben Sie frühmorgens und am frühen Abend (sagen wir zwischen 6:30 Uhr und 9:00 Uhr sowie zwischen 15:30 Uhr und 20:00 Uhr).

Derzeit haben Sie drei Kühlregale. Ihr größtes Regal ist in gutem Zustand und erfordert wenig Wartung. Eines der beiden kleineren Regale dient zur Lagerung überzähliger Milch-, Eier- und Buttervorräte. Das dritte Regal dient als Reservegerät, falls eines der beiden anderen ausfällt. Letztes Jahr benötigten Sie es einmal, als das kleinere Regal für einige Stunden ausfiel. Ihre Angestellten nutzen das Reserveregal für Limonade, Snacks und ihr Mittagessen. Es bleibt angeschaltet, denn wenn es erst einmal ausgeschaltet ist, dauert es sechs Stunden, bis es soweit abkühlt, dass Sie darin andere Waren aufbewahren können.

In dem großen Regal befinden sich acht Fächer für Milch; jedes Fach fasst 144 Liter. Die Gesamtkapazität beträgt also 1152 Liter. Sie lagern außerdem 1200 Eier und 200 Pfund Butter im großen Regal. In ihr kleineres Regal passen ungefähr 360 Liter Milch, 600 Eier und 350 Pfund Butter. Das dritte Kühlregal, das nicht besonders zuverlässig arbeitet, hat eine ähnliche Kapazität. Weiß- und Vollkornbrot lagern in speziellen Regalen, die jeweils ungefähr 250 Laibe fassen.«

Der Kurs bekam außerdem Zahlen genannt bezüglich Monatsumsatz, Kosten der verkauften Waren, Verwaltungsaufwendungen, Steuern, Cash-Korrekturen, eingesetztem Kapital und Kapitalkostensatz. Jeder Teilnehmer sollte für den Laden NOPAT und EVA berechnen. Anschließend bat Whipple um Vorschläge, wie der EVA des Ladens verbessert werden könnte. Die Vorschläge kamen reichlich – die Erweiterung um weitere Warengruppen (beispielsweise Zigaretten), die Abschaffung des dritten Kühlregals, die Verringerung der Öffnungszeiten und, falls Cashville in Nevada lag, die Aufstellung von Spielautomaten. Dieser letzte Punkt erregte allgemeine Heiterkeit.

Anschließend wurde darüber gesprochen, wie der EVA-Ansatz die Performance eines jeden Teilnehmers an seinem Arbeitsplatz verbessern könnte. Nachdem sich die Teilnehmer umgesetzt hatten, damit jeweils Leute aus ähnlichen Tätigkeitsbereichen zusammensaßen, dachten sie eine Weile über konkrete Verbesserungsideen nach. Einige erwiesen sich als höchst einfallsreich, auch wenn sich manche mehr Zeit und mehr Informationen bezüglich Kosten und Durchführbarkeit wünschten.

Im August 1999 wurde der aktuelle Auffrischungskurs in das Intranet des Unternehmens gestellt. Dort ist er für jeden Mitarbeiter zugänglich, der über einen PC verfügt. Dieser Kurs behandelt Briggs & Strattons »Straßenkarte der Wertschaffung« und vermittelt eine Einführung in die Theorie und Praxis von EVA. Zahlreiche hypothetische Übungen von unterschiedlicher Komplexität werden angeboten; der Beschäftigte bekommt Grunddaten und soll anhand der entsprechenden Berechnungen die Lösung finden. Anschließend kann er seine Lösung mit der korrekten Antwort vergleichen. Der Auffrischungskurs fand zwar keinen überwältigenden Anklang im Unternehmen, wurde aber in den ersten neun Monaten von durchschnittlich 85 Mitarbeitern pro Monat angeklickt. Er bildet eine effektive Ergänzung zum Grundtrainingskurs.

Der Vorteil des Systems von Briggs & Stratton ist, dass das Training für alle einheitlich war, denn es wurde von lediglich einer Schulungsleiterin und einem Assistenten durchgeführt. Dafür zog es sich lange hin. Bei Herman Miller, wie auch bei vielen anderen Unternehmen (zum Beispiel SPX), wurden stattdessen zuerst Ausbilder geschult. Unter Leitung von Ray Bennett, einem langjährigen Schulungsexperten, wurde ein Team von acht bis zehn Trainingsleitern zusammengestellt, die die Teamleiter (Herman Miller vermeidet den Begriff »Vorarbeiter«) einwiesen, die ihrerseits die von ihnen beaufsichtigten Mitarbeiter instruierten. Bennett betont, dass sich ein Themenbereich nicht besser erarbeiten lässt, als indem man es anderen zu erklären versucht. Das hilft fast so sehr, wie wenn man einen Aufsatz darüber zu verfassen hat. Außerdem hatte es HM einigermaßen eilig. Die Schulung begann im Oktober 1996 mit einem Kurs namens »EVA-Einmaleins«. Dieser Kurs musste allerdings bis zum 1. Dezember abgeschlossen sein, als der Bonusplan für die breite Belegschaft auf die EVA-Kalkulation umgestellt wurde. Insgesamt durchliefen in dieser Zeit rund 5000 Beschäftigte von Herman Miller North America das Training.

Auf den EVA-Grundkurs folgte später eine Aufbauschulung. Die Teamleiter erhielten ein ausführliches Handbuch mit dem Lehrplan für die Kurse, die sie halten sollten. Für die zweistündigen Sitzungen war ein strammer Zeitplan vorgesehen: fünf Minuten für »Begrüßung, Ausblick und Tagesordnung«; fünf Minuten für einen anfänglichen Wissenstest; 15 Minuten für eine Erörterung der Frage: »Warum EVA?«; rund 40 Minuten für EVA-Kalkulation, Terminologie und Definitionen; 15 Minuten für die 60/11-Regel und ihre praktische Anwendung; acht Minuten für ein Video mit Joel Stern; 20 Minuten für den Bonusplan; fünf Minuten für einen weiteren Wissenstest; und zehn Minuten für abschließende Fragen und einen Überblick über weiterführendes Trainingsmaterial.

Der folgende Auszug aus den »Antworten auf häufig gestellte Fragen« vermittelt einen Eindruck vom Stil der Präsentation:

»*Was ist EVA?* EVA steht für Economic Value Added oder ökonomische Wertschaffung. EVA ist eigentlich ein Maß oder eine Berechnungsweise für den Wert unseres Unternehmens ... sein Geschäftsergebnis (NOPAT) abzüglich eines Betrags, der die Kapitalkosten repräsentiert. Wenn wir das EVA-Konzept auf unser Unternehmen anwenden, erwarten wir eine jährliche Steigerung, worin zum Ausdruck kommt, dass der Wert von Herman Miller zunimmt.

Warum verwenden wir EVA? Wir verwenden EVA als Instrument, um sicherzustellen, dass Herman Miller den Wert für seine Aktionäre, Kunden und Beschäftigten vermehrt. Während der vergangenen zehn Jahre, von 1985 bis 1995, hatten wir eine schlechte Wertschaffungsbilanz. Für jeden US-Dollar, den unsere Aktionäre in das Unternehmen investierten, vernichteten wir Wert in der Größenordnung von zwei US-Dollar. Das ist, wie wenn wir 1000 US-Dollar auf ein Sparkonto einzahlen und ein Jahr später feststellen, dass unser Sparguthaben nur noch 500 US-Dollar wert ist. Wie glücklich wären Sie dann über Ihre Investition? Würden Sie mehr Geld auf dieses Konto einzahlen, oder würden Sie Ihr Geld nehmen und anderswohin tragen? Wenn die Herman-Miller-Aktie für unsere Aktionäre dasselbe leistet wie dieses Sparkonto für Sie … dann werden unsere Aktionäre ihr Geld von Herman Miller abziehen und anderswo investieren. Dass könnte sehr schlecht für uns sein. Es könnte das Unternehmen in ernste Schwierigkeiten bringen.

Wenn unser Unternehmen eine Zukunft haben soll, müssen wir stets den EVA im Auge behalten. Wenn der EVA zunimmt, ist anzunehmen, dass auch unser Marktwert zunimmt. Und wenn unser Marktwert zunimmt, wird Herman Miller ein gesunderes Unternehmen sein. Und Gesundheit des Unternehmens bedeutet mehr Nutzen und eine sicherere Zukunft für Beschäftigte und Aktionäre.«

Die Präsentation wurde etwas komplizierter, als es um die EVA-Terminologie, die EVA-Kalkulation und die »60/11-Regel« ging. Die verschiedenen Zahlen, aus denen schließlich der NOPAT errechnet wurde, gingen ziemlich ins Detail, was beispielsweise die Stückkosten, die Betriebsausgaben und die Overheadkosten betraf. Ebenso wie bei Briggs & Stratton wurden an den Buchhaltungszahlen keine Wertberichtigungen vorgenommen, mit Ausnahme der Kapitalisierung von Leasingverträgen. Auch auf die Ermittlung des Kapitalkostensatzes wurde nicht weiter eingegangen.

Detailliert wurde jedoch das Wesen des Kapitals behandelt, um auf dieser Grundlage sodann der Frage nachzugehen, wie sich Kapital erhalten lässt. Es wurde zwischen Investitionskapital und Betriebskapital unterschieden, und es wurden Begriffe wie Lagerbestand und Außenstände definiert: »Inwiefern handelt es sich dabei um eine Investition? Antwort: Wir schießen Geld für das Produkt vor, bis der Kunde uns bezahlt.« Verbindlichkeiten »sind gewissermaßen das Gegenstück zu Außenständen. Es geht um Geld, das wir unseren Lieferanten schulden; darum entspricht es negativem Kapital (wir verfügen über ihr Geld, wie wenn wir eine Kreditkarte verwenden und erst 30 Tage später bezahlen).« Das Handbuch vermied geflissentlich den Ratschlag, Zahlungen so lang wie möglich hinauszuschieben.

All dies bildet die Grundlage für eine Erörterung der Frage, wie sich der EVA mithilfe der »60/11-Regel« verbessern lässt: Wenn die Ausgaben um einen US-Dollar gesenkt werden, erhöht sich der EVA um 60 Cent (bei einem angenommenen Unternehmenssteuersatz von 40 Prozent). Wenn ein US-Dollar Kapital eingespart wird, bedeutet das eine jährliche Ersparnis von elf Cent (bei einem Kapitalkostensatz von elf Prozent). Vorausgesetzt wurde dabei freilich, dass alles Übrige unverändert bleibt – dass die Kostenersparnis von einem US-Dollar nicht durch Erhöhungen an anderer Stelle relativiert und dass das eingesetzte Kapital nicht erhöht wird. Der Teamleiter behandelt mit seiner Gruppe anschließend das eine oder andere Beispiel. Die Sitzung endet mit einer Diskussion zu der Frage, welche Auswirkung eine EVA-Verbesserung auf den Bonusplan hat.

Der EVA-Aufbaukurs, den Herman Miller North America im Februar 1997 startete, konzentrierte sich auf die Frage, wie sich Veränderungen in Herstellungs-, Lagerhaltungs- und Investitionspraxis auf den EVA auswirken; Ziel war es, den Zusammenhang zwischen dem, was der Beschäftigte an seinem Arbeitsplatz tat, und dem Endergebnis aufzuzeigen. Der Ausbilder stellte der Gruppe eine EVA-Situation vor und forderte die Kursteilnehmer anschließend auf, denkbare Situationsveränderungen daraufhin zu analysieren, ob der EVA wachsen oder schrumpfen würde.

Ein Beispiel: »Für die Herstellung eines neuen Produkts mussten wir für eine Million US-Dollar eine neue Maschine kaufen und 25 zusätzliche direkte und indirekte Produktionsarbeiter einstellen. Nach Berücksichtigung von Stückkosten, Betriebsausgaben und Steuern ermittelten wir einen NOPAT, der um fünf Millionen US-Dollar höher lag als ohne das Produkt.« War es richtig, in dieses Produkt zu investieren? Antwort: Der Umsatzzuwachs erzeugte einen positiven NOPAT, der die zusätzlichen Kapitalkosten für die Maschine und einen vermutlich etwas erhöhten Stand von Außenständen bei weitem abdeckte.« Somit legte auch der EVA zu.

Ein anderes Beispiel: »50 Rohlinge wurden auf die falsche Größe zugeschnitten. Sie sind nicht mehr zu gebrauchen. Antwort: Die Overheadkosten erhöhen sich, weil wir 50 Rohlinge wegwerfen mussten. Die direkten Arbeitskosten steigen in Abhängigkeit von der Produktionsauslastung und der Notwendigkeit, Überstunden anzusetzen, um die Rohlinge zu ersetzen. Das Kapital bleibt unverändert, weil die ursprünglichen Rohlinge als Overheadkosten verbucht und die Ersatzrohlinge aus dem Lagerbestand genommen wurden.« Also nimmt der EVA ab.

Auf diese Übungen folgte ein »Negativszenario« – ein Beispiel, wie ein Produktionsfehler den EVA drücken kann. In diesem hypothetischen Beispiel erhielt Herman Miller, Inc., einen Auftrag über 100 Stühle, die, wenn alles gut gegangen wäre, einen Nettoumsatz von 50 000 US-Dollar eingebracht hätten, woraus sich nach Abzug von 34 500 US-Dollar Stückkosten und 9000 US-Dollar Betriebsausgaben ein Geschäftsergebnis vor Steuern von 6500 US-Dollar beziehungsweise abzüglich 2600 US-Dollar Steuern ein NOPAT von 3900 US-Dollar ergeben hätte. Nach Abzug von 2255 US-Dollar Kapitalkosten hätte unterm Strich ein positiver EVA von 1645 US-Dollar gestanden.

Aber es kam anders. Die Stühle wurden mit dem falschen Stoff bespannt, was für den Kunden inakzeptabel war. Statt der vorgesehenen 50 000 US-Dollar brachten die Stühle als Discount-Ware in einer Herman-Miller-Filiale lediglich 28 124 US-Dollar ein, wovon noch einmal die Kosten für den Rücktransport abzuziehen waren. Angesichts unveränderter Stückkosten und Betriebsaufwendungen und einem Anstieg der Kapitalkosten um 500 US-Dollar (wegen der Zunahme bei den Außenständen und einer um drei Wochen verlängerten Lagerhaltung) resultierte schließlich ein negativer EVA von 12,581 US-Dollar. Wenngleich hypothetisch, so war das Beispiel doch eindrücklich.

All dies diente der Einführung in den EVA-Treiberbaum, wie er bei Herman Miller heißt – die stufenweise Ableitung vom Nettoumsatz bis zum EVA. In den anschließenden Übungen erhielten die Teilnehmer Angaben zu den Umsätzen, Stückkosten, Betriebsaufwendungen und so weiter eines hypothetischen Unternehmens und sollten dessen EVA berechnen. Dann mussten sie bestimmen, wie sich ein Umsatzzuwachs von 30 Prozent bei gleich bleibendem Verhältnis zwischen Umsatz und Ausgaben auf den EVA auswirken würde. In einer dritten Rechnung sollten sie feststellen, wie sich eine Produktionsverbesserung, die die Stückkosten um zwei Prozent senkt, im EVA niederschlägt. Hier war die EVA-Verbesserung viel ausgeprägter.

Die Teilnehmer wurden nun mit dem EVA-Treiberbaum von Herman Miller für das zweite Quartal des Geschäftsjahrs 1997 bekannt gemacht – einer großen Matrix miteinander verbundener Kästen, in dem jedes Glied der linearen Kette vom Nettoumsatz bis zu NOPAT und EVA detailliert festgehalten ist. Von den meisten Einträgen in dieser vertikalen Abfolge führen horizontale Linien zu Kästen, die die entsprechenden Komponenten repräsentieren. Der Nettoumsatz beispielsweise setzt sich aus konzerninternen Umsätzen und Nettoaußenumsatz zusammen, wobei letzterer wieder mit neun anderen Komponenten, wie beispielsweise Handelsrabatten oder Versandkosten, verbunden ist. Die Herstellungskosten gliedern sich in Materialien, direkte Arbeitskosten und Overhead. Der Zweck der Matrix ist es aufzuzeigen, wie Veränderungen in den einzelnen Zweigen des Baumes die Hauptverbindung vom Nettoumsatz bis zum EVA beeinflussen.

Ähnlich wie bei Briggs & Stratton endete auch hier der Kurs damit, dass die Teilnehmer Ideen für EVA-Verbesserungen an ihrem Arbeitsplatz entwickeln sollten. Dann sollten sie »unter ihren EVA-Verbesserungsideen die vielversprechendste auswählen und im Treiberbaum diejenigen Einträge markieren, deren Bestimmung nicht unmittelbar auf der Hand lag. Beispiel: Mit einer Ausweitung des Direktversands lassen sich nicht nur Lagerbestände reduzieren, es werden auch weniger Gebäude, Stauraum und Land gebraucht.« Die Teilnehmer wurden zudem an die Nützlichkeit der 60/11-Regel erinnert. Wenn jemand beispielsweise die Idee hatte, billigeren Leim zu verwenden, um auf diese Weise jährlich 1000 US-Dollar einzusparen, dann hatte er mit seinem intelligenten Einfall »persönlich den EVA um 600 US-Dollar erhöht«. Hinter diesem anspornenden Zuspruch stand die Überzeugung, dass es ein Fehler wäre, wenn die Manager das Wissens- und Fantasiepotenzial der Arbeiter hinter ihren Drechselbänken oder Tastaturen nicht nutzen würden.

Ebenso wichtig wie ein offizielles Training ist zu Beginn eines EVA-Programms die ständige Kommunikation mit der Belegschaft. Monatliche EVA-Berichte der Geschäftseinheiten sind in EVA-Unternehmen üblich, wenngleich die Informationen häufig nicht allzu umfangreich sind. Bei Briggs & Stratton werden in jedem der fünf Geschäftsbereiche monatliche Besprechungen für 15 bis 20 leitende Mitarbeiter abgehalten. Sie erörtern die EVA-Daten, die sie dann in gefilterter Form an die breite Belegschaft weitergeben. Vierteljährlich findet in der Unternehmenszentrale ein Treffen für alle Festangestellten statt, wo die EVA-Zahlen in einer ausführlichen Diashow detailliert dargelegt werden. Videoaufzeichnungen von der Veranstaltung werden an die verschiedenen B&S-Standorte im ganzen Land verschickt.

Das Vierteljahrestreffen vom 5. August 1999 bot die übliche Detailtreue in der Präsentation, fiel im Übrigen jedoch durch eine ungewöhnliche Fröhlichkeit auf, denn das am 30. Juni abgelaufene Geschäftsjahr 1999 war besonders erfolgreich gewesen. Die Umsätze waren gegenüber dem Vorjahr um 13 Prozent auf 1,5 Milliarden US-Dollar, und der Nettogewinn um 50 Prozent auf 106 Millionen US-Dollar gestiegen. Der EVA erreichte 39,7 Millionen US-Dollar, bei einer Zielvorgabe von 20,7 Millionen und einer Projektion von 33,4 Millionen US-Dollar. Der EVA-Performancefaktor des Gesamtunternehmens lag bei 1,70, was einem 70-prozentigen Extrabonus für die Unternehmenskomponente (50 Prozent des Gesamtbonus der Festangestellten; die übrigen 50 Prozent richteten sich nach den Ergebnissen in den jeweiligen Geschäftsbereichen) entsprach. Drei Bereiche – Spectrum, Stahlformguss und Spritzguss – hatten einen Performancefaktor von mehr als zwei. Obwohl einige kleinere Einheiten einen negativen EVA aufwiesen, war dies doch die beste EVA-Performance, die das Unternehmen jemals erzielt hatte, was im Wesentlichen auf höhere Stückzahlen und unerwartet niedrige Aluminiumpreise zurückzuführen war. (Motorengehäuse aus Aluminium sind ein wichtiger Posten bei Briggs.) Die Beschäftigten sollten ihre Schecks über den Jahresbonus am 17. August erhalten. Jeder konnte sich mit einem Bleistift ausrechnen, wie hoch sein Bonus sein würde. Und die Aussichten standen gut, dass das folgende Jahr eine noch bessere EVA-Performance ergeben würde.

Bei Herman Miller findet die Kommunikation mit der Belegschaft noch häufiger statt. Jeden Monat gibt das Unternehmen ein kommerziell hergestelltes Video von circa 15 bis 30 Minuten Dauer heraus. Lange Zeit war dafür David Guy, Vice President for Finance von Herman Miller North America, verantwortlich, bis er im April 1999 zum Senior Vice President von Herman Miller, Inc., und General Manager des Regionalbereichs Zeeland befördert wurde. In Form eines Interviews mit einer anderen Führungskraft von Miller, wie beispielsweise dem damaligen CFO Brian Walker (dem heutigen President von Herman Miller North America) erläuterte Guy

Herman Miller – Kontinentales Nordamerika

EVA-Treiberbaum – Ergebnisse
(in Tsd. US-Dollar)

EVA-Verbesserung = 143

Juni 99 (Monat)

Nettoumsatz	145 487	100 %
− Stückkosten	90 428	62,2 %
− Betriebsausgaben	37 739	25,9 %
+ Korrekturen	1398	1,0 %
− Steuern	6324	4,3 %
= NOPAT	12 394	8,5 %
− Kapitalkosten	4191	2,9 %
= EVA	8203	5,6 %

Juni 98 (Monat)

Nettoumsatz	128 048	100 %
− Stückkosten	79 632	62,2 %
− Betriebsausgaben	29 445	23 %
+ Korrekturen	941	0,7 %
− Steuern	8003	6,3 %
= NOPAT	11 909	9,3 %
− Kapitalkosten	3849	3,0 %
= EVA	8060	6,3 %

Abbildung 7.2: EVA-Treiberbaum: EVA-Verbesserung; Herman Miller, Juni 1998 und Juni 1999

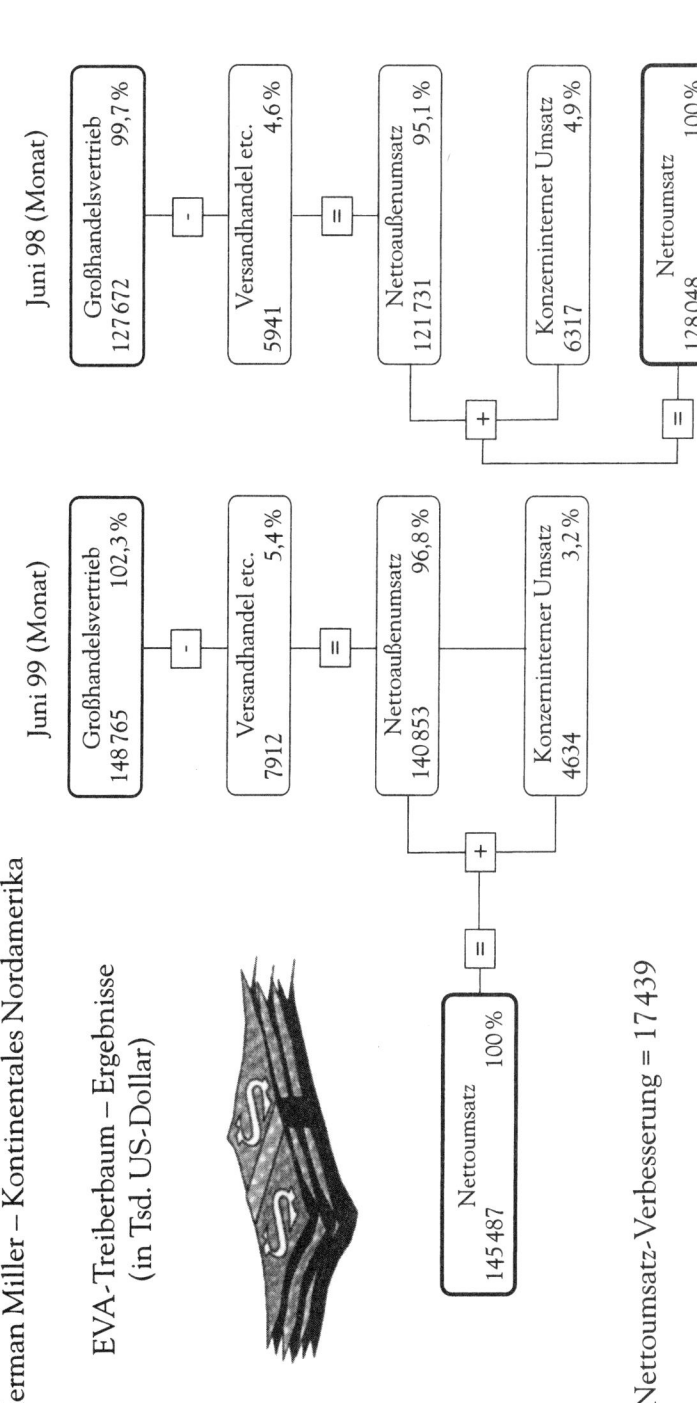

Herman Miller – Kontinentales Nordamerika

EVA-Treiberbaum – Ergebnisse
(in Tsd. US-Dollar)

Juni 99 (Monat)

| Großhandelsvertrieb | 102,3 % |
| 148 765 | |

| Versandhandel etc. | 5,4 % |
| 7912 | |

| Nettoaußenumsatz | 96,8 % |
| 140 853 | |

| Konzerninterner Umsatz | 3,2 % |
| 4634 | |

| Nettoumsatz | 100 % |
| 145 487 | |

Juni 98 (Monat)

| Großhandelsvertrieb | 99,7 % |
| 127 672 | |

| Versandhandel etc. | 4,6 % |
| 5941 | |

| Nettoaußenumsatz | 95,1 % |
| 121 731 | |

| Konzerninterner Umsatz | 4,9 % |
| 6317 | |

| Nettoumsatz | 100 % |
| 128 048 | |

Nettoumsatz-Verbesserung = 17 439

Abbildung 7.3: **EVA-Treiberbaum: Nettoumsatz-Verbesserung; Herman Miller, Juni 1998 und Juni 1999**

157

den EVA-Treiberbaum des betreffenden Monats – den vollen Bericht vom Nettoumsatz bis zum EVA mitsamt einer Beschreibung der Gründe für die gute oder schlechte Monats-Performance.

Der Rest des Videos war anderen Unternehmensnachrichten gewidmet, wie etwa dem Besuch einer Handelsmesse, auf der Herman Miller einen Preis zugesprochen bekam, oder einer Szene, wie Beschäftigte einen Beitrag zum Wiederaufbau im Kosovo leisten. Das Video für Juli 1999 enthielt die erfreuliche Nachricht, dass der Vierteljahresbonus entgegen allen Voraussagen, denen zufolge ein Nullbonus bevorstand, bei 9,1 Prozent liegen würde. Der Grund: Der Umsatz war im Juni unerwartet hoch gewesen, die internationale Abteilung hatte ein sehr gutes Geschäft gemacht, und die Bemühungen des Unternehmens um Kostenkontrolle waren erfolgreicher gewesen als erwartet. Und schließlich spielte noch ein kalendarischer Zufall mit hinein – der Juni 1999 hatte eine Woche mehr als der des Jahres 1998. Das Video endete mit einem humorvollen Sketch, wie sich grundlose Gerüchte in einer Organisation ausbreiten können. Den Beschäftigten wurde geraten, sich aus verlässlichen Quellen wie beispielsweise dem Intranet des Unternehmens zu informieren.

Diese Videos werden an alle Abteilungen des Unternehmens innerhalb der Vereinigten Staaten gesandt, und die Arbeiter verbringen mit ihren Teamleitern rund eine Stunde damit, in einem Konferenzraum das Video anzusehen und über seinen Inhalt zu diskutieren. Zusätzliche Informationen sind jeden Monat über das Intranet erhältlich, entweder am PC oder an einem der »elektronischen Kioske«, PC-Installationen in den Fabrikhallen, wie sie im Video vom Juli 1999 vorgestellt werden. Der vollständige monatliche Treiberbaum ist in einer zehnseitigen Druckfassung erhältlich. (Die ersten zwei Seiten für den Juni 1999 sind in Abb. 7.2 und 7.3 wiedergegeben).

Der Treiberbaum wird (vertikal) in diesem Format präsentiert. Die erste Seite für den Juni 1999 beispielsweise hat zwei Spalten, deren rechte die Vergleichszahlen vom Juni 1998 enthält: Nettoumsatz, summierte Stückkosten, Betriebsausgaben, Korrekturen, Steuern, NOPAT, Kapitalkosten und EVA. Wenn Sie auf Umsatz klicken, erscheint eine andere Seite, auf der die einzelnen Umsatzkomponenten für beide Monate aufgeführt sind. Wenn Sie auf die Stückkosten klicken, sehen Sie auf Seite 3 die Angaben zu Material-, direkten Arbeits- und Overheadkosten sowie Zahlen zur Betriebshandelsspanne und den in den Overheadkosten enthaltenen Bonuszahlungen für die beiden Monate. Noch mehr Details erfahren Sie, wenn Sie die Betriebsaufwendungen aufrufen, wo unter anderem die F&E-Aufwendungen der jeweiligen Monate aufgeführt sind.

Fürchtet Herman Miller nicht, dass diese Daten nach außen dringen und die Wettbewerbsposition des Unternehmens gefährden könnten? Ganz und gar nicht, wird uns geantwortet; das Unternehmen ist weit mehr um die ausreichende Information seiner Mitarbeiter besorgt. Diese Sorge scheint aber unbegründet zu sein.

8 EVA und Akquisitionen

Die Geschichte des amerikanischen Kapitalismus ist über weite Teile von Fusionen und Akquisitionen geprägt. In der Regel entwickeln sich neue Branchen mit einer Vielzahl von Akteuren. Später kommt es dann zu einer Konsolidierung, bei der die einen Unternehmen Schiffbruch erleiden, während andere von aggressiveren und finanzkräftigeren Wettbewerbern geschluckt werden. Seit dem 19. Jahrhundert wiederholte sich diese Geschichte in der Eisenbahn-, Öl-, Telefon- und Stahlbranche sowie im 20. Jahrhundert in der Autoindustrie, bei den Fluggesellschaften und den Flugzeugherstellern. Gegen Ende des 20. Jahrhunderts spielte sich derselbe Vorgang in den verschiedenen Zweigen der Computer- und Telekommunikationsbranche ab, obwohl deren Dynamik dafür sorgt, dass die Konsolidierung von Teilsegmenten stets von einer Flut von neuen Akteuren in anderen Teilsegmenten begleitet wird.

Zur Zeit der »Räuberbarone« – wie Matthew Josephson sie in den 30ern getauft hat – wurde Konsolidierung häufig mit dem Ziel verfolgt, eine Monopolstellung zu erringen. Wo sich dieses Ziel überhaupt erreichen ließ, waren die positiven Auswirkungen auf den Shareholder Value – der damals noch nicht diesen Namen trug – so offensichtlich, dass eine präzisere Begriffsbestimmung nicht erforderlich war.

In der heutigen Zeit sind Monopolstellungen selbst für große Unternehmen fast immer unerreichbar; oligopolistische Marktkonstellationen lassen sich angesichts eines globalen Wettbewerbs wie in der Autobranche oder eines technologischen Wandels wie in den Branchen Stahl, Telekommunikation und Computer ebenfalls immer schwerer aufrechterhalten. Als Akquisitionsmotiv bleibt deshalb nur Erzeugung zusätzlichen Wertes auf Seiten des akquirierenden Unternehmens – was sich natürlich in steigenden Aktienkursen niederschlägt.

(Die Aktionäre des Verkäufers erhoffen sich ebenfalls einen Wertzuwachs in Form eines Kursgewinns, es sei denn, der Verkäufer handelt aus der Not heraus.) Freilich wird das Ziel des Wertzuwachses nicht immer erreicht, und häufig handelt es sich dabei auch nur um eine vorgeschobene Begründung des akquirierenden Unternehmens, dessen Führer in Wirklichkeit lediglich nach einer Vergrößerung ihrer persönlichen Macht schielen. Wer über ein größeres Gebilde präsidiert, kann mit einem höheren Gehalt, mehr Extras und einem vergrößerten Ansehen rechnen.

Die EVA-Analyse stellt, wie wir sehen werden, eine ausgezeichnete Methode dar, um die Auswirkungen einer geplanten Akquisition zu berechnen – ob sie zu einem Wertzuwachs führt, und wenn ja, in welcher Höhe. Sie liefert jedoch keine außerfinanziellen Kriterien für oder wider eine Akquisition; sie dient nicht als Auswahlkriterium für eine Einkaufsliste von möglichen Akquisitionszielen. Dazu sind wir auf eine Vielzahl strategischer Überlegungen angewiesen.

Eine Strategie, die sich für die meisten Unternehmen als ungeeignet erwiesen hat, war die der Mischkonzerne, wie sie von den 50er Jahren bis in die Mitte der 70er Jahre populär waren. Seit den frühen 80ern wurden die meisten dieser Konglomerate wieder aufgelöst (oder, wie die Europäer sagen, entbündelt). Seither hat diese Organisationsform in den Ohren der Investoren einen derart schlechten Klang, dass sich die Chief Executives größte Mühe geben, um eine Belegung ihres Unternehmens mit dieser Charakterisierung zu vermeiden. Dabei sind einige der erfolgreichsten Unternehmen tatsächlich Mischkonzerne, und ihre Chief Executives stehen in hohem Ansehen – wie beispielsweise Jack Welch von General Electic, Warren Buffett von Berkshire Hathaway und Larry Bossidy von Allied Signal, die alle während der vergangenen 20 Jahre in großem Umfang Shareholder Value geschaffen haben. Auf die Liste der erfolgreichen Konglomerate gehören außerdem Minnesota Mining & Manufacturing, Litton Industries und Tyco.

Angesichts des ungebrochenen Erfolgs einiger weniger Ausnahmen drängt sich die Frage auf, was die ursprüngliche Beliebtheit der Mischkonzerne verursachte und warum so viele von ihnen seit 1980 wieder aufgelöst wurden. In den Jahren von 1950 bis 1970 wurden Mischkonzerne euphorisch gepriesen, und die Investoren ließen sich von Erwartungen auf Synergiegewinne, Kosteneinsparungen durch gebündelte Unternehmensführung, Managementvorteile durch Cross-Marketing und verringerte Kapitalkosten durch Diversifizierung verlocken. Man hoffte, dass sich die zyklischen Konjunkturbewegungen der verschiedenen Geschäftsbereiche komplementär ergänzten und auf diese Weise zu ausgeglicheneren Ertrags- und Cashflow-Kurven führten, die infolge des Unternehmenserfolgs mit Sicherheit ansteigen würden. Und die ersten Mischkonzerne bestätigten diese Erwartungen. Zu ihnen gehörten Litton Industries und von Litton-Ablegern gegründete Gruppen wie beispielsweise Teledyne und Walter Kidde.

Wo begannen also für die Mischkonzerne die Schwierigkeiten? Das Hauptproblem waren in den 60er Jahren die zahlreichen Neueinsteiger, die um alles in der Welt versuchten, sich in wahre Goliaths zu verwandeln und die Akquisitionspreise übermäßig in die Höhe trieben. Die Folge davon war ein Einbruch der Kapitalrentabilität, sobald der für die Übernahme entrichtete Preis auf der Bilanz des Käufers auftauchte. Viele Käuferunternehmen versuchten, die Extraausgaben mittels der »Pooling-of-Interest-Methode« zu vertuschen, bei der so getan wird, als ob das fusionierte Unternehmen immer schon bestanden habe und der Übernahmepreis niemals gezahlt würde. Dieser Taschenspielertrick verschleiert die Tatsache, dass es sich bei Akquisitionen um Investitionen handelt, und dass die Aktionäre des Käuferunternehmens das Kapital bereitstellen. In den frühen 70ern begannen die Investoren, das Akquisitionspuzzle zu durchschauen, und bis zur Mitte des Jahrzehnts war das Preis-Ertrags-Verhältnis auf einen Faktor von drei oder vier gefallen, nachdem dieser 1969 noch bei 20 bis 25 gelegen hatte. Die Investoren kamen allmählich zu der Einsicht, dass sie Diversifizierung billiger haben konnten, wenn sie sich ihr eigenes Aktienportfolio zu Marktkursen zusammenkauften.

Das Problem der Konglomerate bestand also im Wesentlichen darin, dass es ihnen nicht gelang, genügend Synergien oder finanzielle und betriebliche Effizienzen zu erzeugen, um damit die hohen Kosten ihrer Einrichtung wettzumachen. Die erwarteten Gewinne mussten zuvor bezahlt werden – und häufig mehr als das – wenn die Unternehmen miteinander um die Trophäe wetteiferten. Es gibt wie gesagt Ausnahmen. Dabei handelt es sich in der Regel um Mischkonzerne, die für die aufgekauften Unternehmen vertretbare Preise zahlten und wirkliche Integrationseffizienzen (Synergien infolge der Akquisition) erzielten. Die Lektion wurde demnach verstanden; fast jeder vermeidet Diversifikation und strebt stattdessen Synergien an. Synergien lassen sich jedoch häufig schwer fassen, und schon so mancher CEO fiel dem vergeblichen Bemühen um Synergien zum Opfer. Der Grund ist sicherlich, dass bei einer Fusion die Voraussage der ökonomischen Auswirkungen von Integrationseffizienzen und anderen Initiativen zur Verbesserung der Performance eher einer Kunst als einer Wissenschaft gleicht. H. Kurt Christensen von der J. L. Kellogg School of Management an der Northwestern University identifizierte in einer unveröffentlichten Arbeit mit dem Titel »Note on the Concept of Synergy« drei wiederkehrende Fehler bei der Synergieabschätzung:

»1. In der Regel wird der Bestimmung der potenziellen positiven Synergien weit mehr Aufmerksamkeit entgegengebracht als der Bestimmung der potenziellen negativen Synergien ...

2. Häufig entstehen unrealistische Erwartungen hinsichtlich der betrieblichen Verbesserungen nach der Akquisition, was insbesondere auf das Versäumnis zurückgeht,

164

gemachte Erfahrungen in ihre wichtigsten Kategorien zu zerlegen.

3. Der Prozess wird allzu häufig nur von der theoretischen Seite gesehen, während der praktischen Durchführbarkeit der Vereinigung zu wenig Beachtung geschenkt wird.«

Was den dritten Punkt betrifft, so beschreibt Andrew Parsons in seinem Artikel »The Hidden Value Key to Successful Acquisition« (*Business Horizons*, März/April 1984) das so genannte wissenschaftliche Modell des Akquisitionsprozesses, den traditionell von den Unternehmen verfolgten Ansatz.

Die wissenschaftliche Vorgehensweise, die besonders in den 70er und 80er Jahren populär war, beginnt mit der Bestimmung von Kriterien für eine Akquisition. Diese Kriterien beziehen sich häufig weniger auf die konkrete Analyse der Wertentwicklungsaussichten, als vielmehr auf die »Wunschliste« des für die Unternehmensentwicklung zuständigen Managers, dem es in erster Linie um die praktische Durchführbarkeit und um die Vermeidung von Risiken geht. Eine solche Kriterienliste könnte beispielsweise folgendermaßen aussehen: (1) Erträge in Höhe von 100 Millionen bis 500 Millionen US-Dollar; (2) Eine Zuwachsrate bei den akkumulierten Jahresgewinnen von mindestens 15 Prozent während der letzten fünf Jahre; (3) Ein Gebrauchsgüter produzierendes Unternehmen; (4) Gewerkschaftsfreie Produktionseinrichtungen; (5) Ein Montageunternehmen (»Schraubenzieherfabrik«), das anderswo hergestellte Bauteile endmontiert; (6) Branchenführende Position, das heißt mit einem Marktanteil von mindestens 30 Prozent; (7) Kapitalrendite von mehr als 20 Prozent.

Diese Parameter werden sodann in eine Datenbank Marke Compustat oder Mergex eingegeben, und das Ergebnis wird auf Branchenattraktivität hin gesichtet (möglicherweise unter Verwendung einer Michael-Porter-Analyse). Die potenziellen Akquisitionskandidaten werden selbst noch einmal in direkten Augenschein genommen, um eindeutige Ausreißer zu eliminieren. Nachdem schließlich die verbleibenden Kandidaten nach allen Regeln der Kunst durchleuchtet wurden, wird eine Endentscheidung getroffen und ein Handel geschlossen. Wenn die Akquisition unter Dach und Fach ist, nimmt sich das akquirierende Unternehmen ein paar Monate Zeit, um sich mit der Tätigkeit des aufgekauften Unternehmens vertraut zu machen, und nutzt dann seine überlegenen Managementfähigkeiten, um daraus eine Erfolgsstory zu machen.

Einen Prozess, der so diszipliniert durchgeführt und durch so viel quantitative Analyse untermauert wird, kann man wohl schwerlich kritisieren – oder? Falsch. Dieser Ansatz führt allzu leicht zur Identifizierung vieler scheinbar attraktiver Kandidaten, die in Branchen tätig sind, zu denen das akquirierende Unternehmen keinerlei Beziehung hat, und die kaum ein Potenzial für Integrationseffizienzen erkennen lassen. Wie Parsons bemerkt: »Bei dem ganzen wissenschaftlichen Auswahlprozess fehlte etwas.« Wir würden sagen, dass unter *etwas* die detaillierte Kenntnis der Kompetenzen und Ressourcen des potenziellen Übernahmekandidaten insbesondere im Hinblick auf die Fähigkeiten des akquirierenden Unternehmens zu verstehen sind.

Parsons behauptet mit Recht, dass ein Unternehmen die Erfolgsaussichten seines Akquisitionsprogramms am sichersten dadurch erhöhen kann, dass es sich zuerst auf die Analyse der eigenen Fähigkeiten, Wettbewerbsstärken und strategischen Zielvorstellungen konzentriert und die dabei gewonnenen Erkenntnisse anschließend zur Definition geeigneter Kriterien nutzt, mit denen sich die Menge der für eine finanzielle Prüfung infrage kommenden Kandidaten klar eingrenzen lässt.

Ein Unternehmen, das bereits das Konzept der wertschaffungsorientierten Unternehmensführung befolgt, hat hier einen klaren Vorsprung. Im Zuge der in Kapitel 4 beschriebenen Entwicklung einer Straßenkarte der Wertschaffung hat es nicht nur bereits seine relevanten Fähigkeiten definiert, sondern auch die zugehörigen Erfolgsstrategien, Organisationsstrukturen und wesentlichen Prozessanforderungen identifi-

166

ziert. Es wird anschließend Übernahmekandidaten auswählen, die eine gute Ergänzung zu seiner »Straßenkarte« darstellen. Erst an diesem Punkt sollte eine gründliche Überprüfung nach finanziellen und anderen Gesichtspunkten erfolgen. Wenn die Übernahme des ausgewählten Kandidaten schließlich perfekt ist, steht das akquirierende Unternehmen nicht vor einem Lernprozess, sondern es verfügt bereits über eine fertige Strategie für die neue Einheit.

Es sollte auf keinen Fall übersehen werden, dass ein erfolgreiches Akquisitionsprogramm auch erhebliches Verhandlungsgeschick erfordert. Die Identifizierung eines idealen strategischen Übernahmekandidaten nützt Ihnen wenig, wenn Sie es versäumen, die verborgenen und möglicherweise fatalen Unsicherheitsfaktoren zu erkennen – seien dies rechtliche, ökologische, Qualitäts- oder Technologieprobleme –, die mit einer besseren Durchleuchtungsmethode erkennbar wären. Ein gutes Verhandlungsgeschick trägt auch dazu bei, die Zahlung eines unnötig hohen Akquisitionspreises zu vermeiden, wobei der EVA-Kalkulation in diesem Verhandlungsprozess eine entscheidende Rolle zukommt.

Wir haben also für unseren Akquisitionsprozess ein klar definiertes Ziel und ein integratives Modell. Wie können wir unsere Aussichten, dass es uns gelingt, Synergien zu produzieren, analysieren? Die Antwort lautet, dass die Erfolgsaussichten im Wesentlichen von zwei Parametern abhängen: von der Art der von dem übernommenen Unternehmen hergestellten Produkte und Dienstleistungen und von der Natur der potenziellen Integrationseffizienzen. Das Zusammenspiel dieser beiden Parameter ist in Abb. 8.1 dargestellt.

Man bedenke, dass das größte Potenzial bei denjenigen Akquisitionen zu suchen ist, bei denen es um Produkte aus der bestehenden Produktpalette des akquirierenden Unternehmens mit klaren Aussichten auf betriebliche Synergien geht. Aber es handelt sich um ein Kontinuum, und auch noch sehr viel weiter unten im Synergiespektrum bestehen realistische Möglichkeiten einer Wertschaffung.

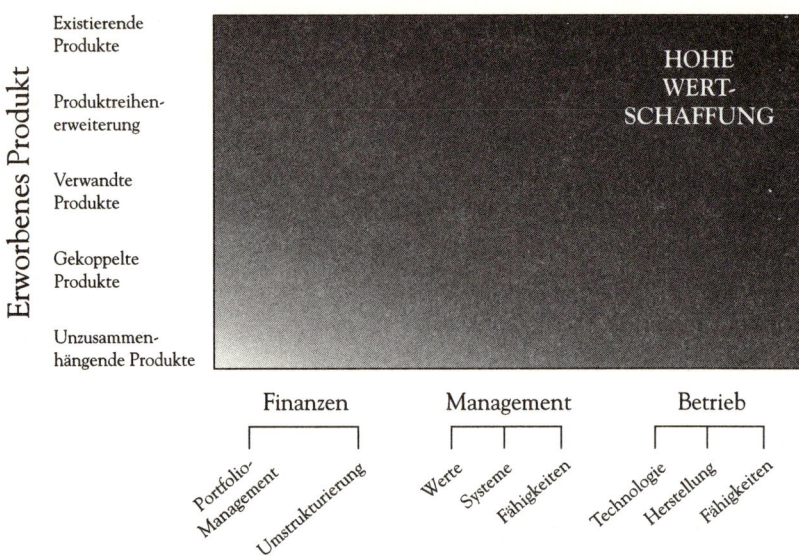

Abbildung 8.1: **Analyse der Aussichten, EVA-treibende Integrationseffizienzen zu erreichen**

Wir wollen uns zuerst der horizontalen Achse zuwenden, auf der ganz links die finanziellen Synergien eingetragen sind, was bedeutet, dass sie die geringste Aussicht auf eine Wertschaffung bieten (Christensen, a.a. O.). Portfolio-Management bezeichnet den Versuch, unterbewertete oder kapitalschwache Unternehmen zu identifizieren und sodann von dem übrigen Unternehmensportfolio Kapital abzuziehen oder umzulenken, je nachdem, wie die einzelnen Unternehmen ihren Wachstums- und Gewinnprofilen nach einzuordnen sind (das heißt, als »Dogs«, »Cash Cows«, »Stars« oder »Question Marks«). Selbst wenn Sie die Effizienz der Märkte skeptisch sehen, werden Sie doch sicherlich der Ansicht zustimmen, dass reine Kapitalsynergien begrenzt sind. Wenn Sie Ihre einzigen Wachstumsmöglichkeiten im Portfolio-Management sehen, wäre es vielleicht besser, sie würden Ihr Unternehmen wie Berkshire Hathaway umstrukturieren oder das überschüssige Kapital an Ihre Aktionäre zurückgeben.

Wer ein Unternehmen restrukturiert, geht einen Schritt weiter und unternimmt einige echte Anstrengungen, um performanceschwache oder strategisch uninteressante Einheiten abzustoßen und die Organisationsstruktur und die Ausrichtung der verbleibenden Einheiten zu verbessern. Weil es aber fast ebenso viele talentierte »Ausschlachter« wie auszuschlachtende Unternehmen auf dem Markt gibt, bietet diese Methode kaum mehr Möglichkeiten für Integrationseffizienzen als ein Portfolio-Management.

Die Chancen, mit einer Akquisition Wertquellen freizulegen, werden schon erheblich konkreter, wenn wir zur Kategorie der Managementsynergien vorrücken. Mit der Implementierung einer strengen Qualitätsdisziplin oder einer klaren Kundenausrichtung in dem erworbenen Unternehmen lässt sich der ökonomische Wert ebenso spürbar anheben wie mit der Einführung von effektiveren Systemen wie beispielsweise Informations- oder Zahlungssystemen. Gegebenenfalls kann die Übertragung von Spezialkenntnissen in Bereichen wie innerbetrieblicher Logistik, Beschaffungs- und Vertriebslogistik, Marketing und Betriebsarchitektur zu überdurchschnittlich guten Ergebnissen bei der ökonomischen Wertschöpfung führen. Ganz zu schweigen von den Vorteilen eines EVA-gestützten Managementsystems mit seinem Schwerpunkt auf den Kapitalkosten in allen Aspekten des Unternehmensbetriebs.

Den weitaus fruchtbarsten Boden für Wertschaffung im Zusammenhang mit einer Akquisition bietet der Bereich der betrieblichen Synergien, weil hier nicht nur ein entscheidendes Kosteneinsparungspotenzial gegeben ist, sondern weil sich durch die bessere Ausnutzung der Festkosten- und Kapitalbasis der verschmolzenen Unternehmen auch die Ertragslage verbessern lässt. Sobald die technologischen Fortschritte des einen Unternehmens auch durch das andere effektiv genutzt werden können, wird ebenso Wert erzeugt, wie in dem offensichtlichen Fall, dass redundante Produktionseinrichtungen konsolidiert und Größenvorteile genutzt werden können. Im Vertriebsbereich ergeben sich Integrationseffizienzen aus der

Zusammenlegung der Vertriebskanäle der verschmolzenen Unternehmen, einer breiteren Nutzung der von beiden Unternehmen eingebrachten Markennamen oder der Ausweitung der Serviceinfrastrukturen.

Wenn wir uns der vertikalen Achse zuwenden, entdecken wir das größte Potenzial für Integrationseffizienzen in der Akquisition von Unternehmen, die Produktreihen aufweisen, die mit denen des akquirierenden Unternehmens vergleichbar sind. Das akquirierende Unternehmen kennt sich mit den wettbewerblichen und betrieblichen Herausforderungen des betreffenden Bereichs in der Regel gut aus und kann in vergleichsweise kurzer Zeit Größenvorteile bei Produktion, Vertrieb und Produktentwicklung realisieren. Ein anderer Vorteil einer Akquisition dieser Art ist die eventuelle Möglichkeit, höhere Preise zu erzielen, woraus sich natürlich erklärt, dass die Akquisition eines konkurrierenden Unternehmens unter Umständen aufgrund kartellrechtlicher Erwägungen untersagt werden kann.

Aufkäufe von Unternehmen, deren Produkte die Produktreihen des aufkaufenden Unternehmens ergänzen, repräsentieren die nächste Stufe potenzieller Wertschöpfung. Akquisitionen dieser Art erlauben es dem Käuferunternehmen, sein Kerngeschäft auszuweiten, ohne sich allzu weit von seinem angestammten Gebiet zu entfernen. Das Käuferunternehmen muss allenfalls bescheidene Korrekturen an seiner strategischen »Straßenkarte« vornehmen.

Die nächste Stufe bildet die Akquisition eines verwandten Produkts. Nehmen wir als Beispiel die Akquisition eines Bewässerungssystems für Golfplätze durch ein Unternehmen, das, sagen wir, Mähmaschinen für Sportanlagen und Parkflächen herstellt. Das Käuferunternehmen setzt auf seine Kompetenz in Sachen Rasenpflege und seine bestehenden Beziehungen zu Rasenbesitzern, um auf diese Weise eine höhere Wertschaffung zu erreichen.

Gekoppelt heißen solche Produkte, die in völlig andere Produktfelder gehören, aber in technologischer, herstellungstechnischer oder vertrieblicher Hinsicht gewisse Verbindungen aufweisen. Als Beispiel mag der Fall dienen, dass ein Hersteller von kommerzieller Flugnavigationsausrüstung ein Unternehmen kauft, das GPS-gesteuerte Navigationssysteme für Autos herstellt – jene Geräte auf dem Armaturenbrett, die dem Fahrer die Position des Fahrzeugs auf einem Stadtplanausschnitt anzeigen und ihm vorschlagen, wie er sein Ziel am besten erreichen kann. Das Synergiepotenzial liegt in der Nutzung verwandter Technologien. Die Möglichkeiten für eine Wertschaffung sind jedoch offensichtlich in diesem Fall geringer, und nur mit einer außergewöhnlichen Organisation lässt sich der Transfer bewerkstelligen. Und als letzten Punkt halten wir fest, dass die Aussichten, mit der Akquisition völlig unzusammenhängender Produkte Synergien zu erzielen, außerordentlich gering sind.

Wir wollen die Anwendung dieser Analyse anhand einiger bekannter Beispiele von Akquisitionen demonstrieren. Vor einigen Jahren kaufte Sears das Brokerhaus Dean Witter in der Erwartung, dass das eigene ausgedehnte Einzelhandels-Distributionsnetz zum Wachstum des Brokergeschäfts von Dean Witter beitragen werde (betriebliche Synergien in einem unzusammenhängenden Tätigkeitsbereich). Die ökonomische Ernüchterung wäre nach unserem Modell vorauszusehen gewesen. Andererseits ermöglichte Sears' Vorstoß in das Kreditkartengeschäft mit der Übernahme der Discover-Card die erfolgreiche Nutzung von (betrieblichen) Synergien im Distributionsbereich. Die Partnerschaft, die im technischen Sinne keine wirkliche Akquisition war, zeigt jedoch, wie viel es bringt, wenn wir uns in unserem Synergiemodell zwei Schritte nach oben bewegen.

Ein hervorragendes Beispiel für optimale Synergien (betriebliche Integrationseffizienzen bei gleichzeitiger Produktübereinstimmung) bietet das Unternehmen Fiserv, Inc., das Datenverarbeitungsdienstleistungen für Banken und andere Finanzinstitute anbietet. Fiserv hat eifrig kleinere Unternehmen aus demselben Bereich aufgekauft und die resultierenden Größenvorteile zum Vorteil der Aktionäre effektiv zu nutzen gewusst.

Wir sollten noch einmal daran erinnern, dass die Synergieanalyse lediglich eines von vielen Puzzleteilen ist. Auch wenn sich Synergien realisieren lassen, stellen sie unter Umständen keine ausreichende Kompensation dar für einen überzogenen Akquisitionspreis, eine fehlerhafte Analyse der wettbewerblichen und betrieblichen Probleme des Übernahmekandidaten oder ungenügende Wachstumsaussichten. Die Erfahrungen, die Quaker Oats vor ein paar Jahren machen musste, können in diesem Zusammenhang lehrreich sein. Ohne Zweifel war die Übernahme von Gatorade durch Quaker (verwandte Produkte) und die Nutzung der (operativen) Synergien im Bereich der Einzelhandelsdistribution zwecks Stärkung von Gatorade unter Wertschaffungsgesichtspunkten ein großer Erfolg. Dieselbe Formel wurde anschließend auf Snapple übertragen, aber die EVA-Bilanz erwies sich als verheerend. Wenngleich sich Quakers Vertriebsmöglichkeiten im Falle eines Premium-Getränks wie Snapple möglicherweise weniger bewährten als bei Gatorade, so lag das Wertproblem wohl nicht so sehr in der mangelnden Realisierung von Synergien als vielmehr in einem überhöhten Kaufpreis und einer unrealistischen Wachstumseinschätzung für Snapple.

Wie kann ein überhöhter Akquisitionspreis vermieden werden? Wir wollen im Folgenden die Überlegungen wiedergeben, die die SPX Corporation im Jahr 1998 verleiteten, die General Signal Corporation zu kaufen. Das in Muskegon, Michigan, beheimatete Unternehmen SPX war seit langem als Zulieferer von Bauteilen an Autoproduzenten und als Hersteller von speziellen Instrumenten und Diagnosegeräten etabliert, die es teils an unabhängige Werkstätten, teils an Franchisenehmer verkaufte.

General Signal hingegen bestand aus 15 eigenständigen Geschäftseinheiten, von denen nur eine mit Autos zu tun hatte. Die anderen waren in Bereichen tätig wie elektrische Steuerungen, Pumpen verschiedener Art, Energiesysteme, Radiofrequenzübertragungssysteme und vieles mehr. Alle Tätigkeiten von General Signal bis auf eine standen also in keinem Zusammenhang mit den Produkten von SPX, was die Fusion am unteren Ende der vertikalen Achse in Abb. 8.1 platzierte. Auf der horizontalen Achse war die Fusion jedoch in der Mitte angesiedelt, denn man erwartete sich, was die finanzielle Seite und das Management betraf, erhebliche Effizienzgewinne – hauptsächlich wegen EVA sowie aufgrund der Eliminierung der Unternehmenszentrale von General Signal und anderer redundanter Aktivitäten. Das kombinierte Unternehmen würde mit einen Umsatz von 2,5 Milliarden US-Dollar starten, der gut zur Hälfte aus den von General Signal eingebrachten Aktivitäten stammen würde.

CEO John B. Blystone von SPX, der seine Position im fusionierten Unternehmen behalten sollte, kündigte an, dass »das Führungsteam von SPX beabsichtigt, unsere bewährten EVA-gestützten Managementtechniken dazu zu nutzen, um in den Tätigkeitsfeldern von General Signal ebenso Wert zu erzeugen, wie wir dies bei SPX bereits tun.« Das war der entscheidende Punkt in dem ganzen Plan. Obwohl es also in der Fusion keine nennenswerten Synergien gab, sollten nun auf die neue Organisation erbarmungslos dieselben EVA-Bewertungs-, -Incentive- und -Managementsysteme übertragen werden, die bei SPX zu einem dramatischen Turnaround beigetragen hatten, seitdem Blystone das abgewirtschaftete Unternehmen im Jahr 1995 übernommen hatte. Dasselbe sollte mit dem »Stretch«-Ansatz geschehen, für den Blystone mindestens ebenso berühmt war. Bei der »Stretch«-Methode werden besonders ehrgeizige Ziele gesetzt, die anscheinend unmöglich zu erreichen sind, weil sie jenseits der eingebauten Erwartungen eines EVA-Incentivesystems liegen. Diese Ziele, die von Managern gern gesehen sind, werden tatächlich selten erreicht, aber ihr Ansporn bewirkt eine Verbesserung der Performance über alle realistisch erscheinenden Erwartungen hinaus. Die Kombination von EVA und Stretch-Zielen hatte Ergebnisse gezeigt, die den Aktienkurs von SPX von 15,375 US-Dollar im Januar 1996, kurz nachdem Blystone das Ruder übernahm, innerhalb von 18 Monaten auf 70,8125 US-Dollar trieb. Dieser Rekord ließ die Übernahmeankündigung realistisch erscheinen.

Blystone hatte bei SPX in der Tat so hervorragende Arbeit geleistet, dass er schon bald nach möglichen Akquisitionen Ausschau hielt. Im Frühjahr 1998 gab er ein feindliches Übernahmeangebot für Echlin, einen großen Autoteilehersteller in Connecticut, ab, woraufhin allerdings die Dana Corporation ein besseres Angebot machte und die Trophäe erhielt. Die Situation hatte ihre ironischen Seiten. Blystone hatte geplant, Echlins Performance mit der Einführung eines EVA-Programms ähnlich dem von SPX zu verbessern. Er hatte übersehen, dass Echlin EVA bereits implementiert hatte.

Nach seinem Misserfolg bei Echlin weitete Blystone sein Suchfeld aus. Er erzählte einem der Autoren, dass er sich nicht nur für Autoteilehersteller interessierte. Für ihn kam jedes Industrieunternehmen mit ungenutzten Performancereserven infrage, das sich durch das Team, das er für SPX zusammengestellt hatte, sanieren ließ. Stillschweigende Voraussetzung war natürlich, dass der Preis stimmte.

Der Preis für General Signal betrug 45 US-Dollar pro Aktie, was eine Gesamtsumme von zwei Milliarden US-Dollar ergab, zuzüglich 335 Millionen US-Dollar Schulden, die SPX übernahm. Der Aktienkurs von 45 US-Dollar, der teils in SPX-Aktien und teils in Cash zu bezahlen war, bedeutete für die Aktionäre von General Signal einen 19,6-prozentigen Aufschlag verglichen mit den Aktienkursen der beiden Unternehmen vom vorausgegangenen Handelstag. Die Anteilseigner von General Signal hatten die Wahl, ob sie ihre Anteile gegen Cash, SPX-Aktien oder eine 60/40-Aktien-Cash-Kombination eintauschen wollten.

Wodurch war dieser 19,6-prozentige Aufschlag gerechtfertigt? Eine aufwendige, detaillierte Analyse durch Stern Stewart & Co. (die das vorgeschriebene »Fairness-Gutachten« für SPX erstellten) lieferte die finanzielle Begründung. Die bisherige Performance von General Signal wurde mit einer »Referenzgruppe« aus sechs Unternehmen verglichen, die zwar nicht exakt vergleichbar waren, aber unter den zur Auswahl stehenden Unternehmen die größten Ähnlichkeiten aufwiesen. General Signal hatte seit einiger Zeit in mehreren Messgrößen schlechter abgeschnitten als die Vergleichsunternehmen, nicht zuletzt bei der Gesamtrendite; das Unternehmen konnte auch nicht mit dem S&P 500 mithalten. Auch seine Zukunftsaussichten lagen nach Einschätzung mehrerer Analysten hinter denen der Referenzunternehmen zurück. Daraus folgte, dass der Akquisitionspreis zumindest nicht knauserig war.

Am eindrücklichsten fiel die Analyse der Aussichten des verschmolzenen Unternehmens für das nächste Jahrzehnt aus. Sowohl die erwarteten EVA-Verbesserungen als auch der projizierte freie Cashflow für diesen Zeitraum wurden auf ihren Gegenwartswert diskontiert. Beide Bewertungsmethoden ergaben dasselbe Ergebnis, wobei jedoch die EVA-Analyse den zusätzlichen Vorteil bot, dass sie die Wertschaffung für jedes Jahr getrennt aufzeigte. Der freie Cashflow kann je nach den getätigten Investitionen in einzelnen Jahren entweder positiv oder negativ sein. Der diskontierte Cashflow ist die traditionellere Methode, aber der EVA ist aussagekräftiger.

Die Ergebnisse der Übung: Auf die einzelne Aktie umgerechnet, betrug der Gegenwartswert des fusionierten Unternehmens 51,04 US-Dollar. Wenn der antizipierte Synergienutzen nach Steuern, der für 1999 18 Millionen und in den Folgejahren 31 Millionen US-Dollar betrug, in der Kalkulation berücksichtigt wurde, erhöhte sich der Wert pro Aktie auf 58,77 US-Dollar. Wenn hingegen die Synergieeffekte außen vor gelassen wurden und stattdessen eine langfristige Inflationsrate von einem Prozent zugrunde gelegt wurde, betrug der Wert pro Aktie 55,11 US-Dollar. Bei einer dreiprozentigen Inflationsrate lag dieser Wert (ohne Synergien) bei 67,37 US-Dollar.

Unter diesen Umständen erschien ein Preis von 45 US-Dollar pro Aktie äußerst fair gegenüber den Aktionären von SPX. Die Marge zwischen 45 US-Dollar und den diversen höheren Werten pro Aktie zeigte an, dass SPX keinen überhöhten Kaufpreis zahlen würde. Der Preis erschien aber auch gegenüber General Signal fair zu sein, wenn man die mangelhafte Performance des Unternehmens berücksichtigte. Es konnte nicht damit rechnen, alle auf zehn Jahre prognostizierten Verbesserungen einzukassieren, denn dann hätte SPX für seine Initiative keine Belohnung bekommen.

Unglücklicherweise reagierte der Markt auf den Zusammenschluss abweisend. Am letzten Handelstag vor der Ankündigung schlossen SPX mit 64,50 US-Dollar. (Das Allzeit-Hoch lag bei 79,06.) Nach der Ankündigung begann die Aktie eine stete Talfahrt und rutschte am 19. Oktober 1998 bis auf 36,06 US-Dollar ab. Das ließ nur die eine Erklärung zu, dass der Markt die Logik hinter dem Deal nicht zu kaufen bereit war. Vielen Beobachtern erschienen die beiden Unternehmen als zu verschieden, als dass sich die Erfolgsprognosen aufrechterhalten ließen, mochte sich Blystone noch so optimistisch geben. Aber es kamen noch andere Faktoren hinzu. Der gesamte Markt war rückläufig, und die Autoteilehersteller – darunter Federal-Mogul und Dana, und eben auch SPX – litten darunter stärker als üblich. Die Autoteilezulieferer sind besonders störanfällig, weil sie erstens einen hohen Fremdfinanzierungsanteil haben und zweitens von der zyklischen Entwicklung der Automobilbranche abhängen.

Schließlich gab es jedoch ein Happyend. Nach dem Oktober-Tief feierte die SPX-Aktie ein eindrucksvolles Comeback und erreichte am 21. Juli 1999 – ein Jahr und einen Tag nach der Fusionsankündigung – die Marke von 94 US-Dollar. Im späteren Verlauf des Sommers pendelte sich die Aktie dann auf einen Wert rund um die 85 US-Dollar ein. Offensichtlich bewertete der Markt die Fusion mittlerweile als Erfolg. Im Dezember verkündete SPX, dass die Untereinheit Inrange Technologies einen »Fibre Channel Director« für Speichernetzwerke (Storage Area Networks) eingeführt habe. Damit verursachte das Unternehmen erheblichen Wirbel unter Investoren, die die Entwicklung im Computerbereich verfolgten. Die SPX-Aktie stieg auf 122, bevor sie wieder zurückfiel; ihre Schlussnotierung erreichte im August 2000 die 180-US-Dollar-Marke und lag Mitte November wieder bei 118,94 US-Dollar.

Wir wollen uns jetzt der strategischen Allianz als Alternative zur Akquisition zuwenden. Akquisitionen können außerordentliche Möglichkeiten für eine Wertschaffung bieten, aber sie sind wegen des unvermeidlichen Kaufpreises tendenziell kostspielig. Außerdem umfasst der Deal häufig auch weniger attraktive Geschäftsbereiche, die im Paket gehandelt werden. Zudem gestaltet sich die Integration der neuen Unternehmensbereiche aufgrund unterschiedlicher Kulturen, Finanzsysteme, Vergütungspläne und so weiter in vielen Fällen sehr schwierig.

Was auf dem teuren Weg der Akquisition erreichbar ist, lässt sich häufig kostengünstiger über eine strategische Allianz verwirklichen. Die Analyse der Machbarkeit einer strategischen Allianz beginnt bei der Prämisse, dass zur Einführung eines neuen Produkts drei Dinge nötig sind: Man muss es entwerfen, herstellen und verkaufen. Viele Unternehmen gehen automatisch von der Annahme aus, dass sie alle drei Funktionen selbst ausfüllen werden. Das gilt insbesondere für Industrieunternehmen alten Stils, deren Integration traditionell vertikal verläuft.

Der analytische Ansatz sollte hingegen folgendermaßen lauten: Wie entscheidend ist es für uns als Unternehmen, all diese Funktionen zu kontrollieren? Kann eine dieser Funktionen möglicherweise von jemand anderem besser, schneller und mit weniger Kapital geleistet werden?

Abbildung 8.2 versinnbildlicht das Grundmodell für den Einsatz von Allianzen im Rahmen einer hochwertigen Geschäftsstrategie. Im mittleren Kreis befindet sich das Kerngeschäft. Strategische Allianzen und Drittherstellerprodukte bilden Ringe um den Kern. Allianzen und Drittherstellerprodukte können dazu verwendet werden, Lücken im Produktangebot zu schließen und das Kerngeschäft so zu erweitern, wie es der strategische Plan des Unternehmens vorsieht.

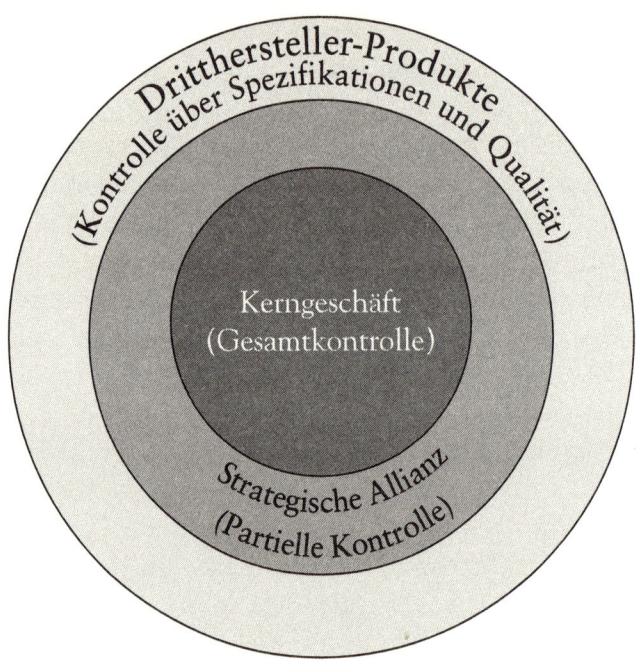

Abbildung 8.2: **Unternehmensstrategie**

Abbildung 8.2 zeigt verschiedene Kontrollstufen. Für das Kerngeschäft müssen Sie alle drei zuvor genannten Funktionen kontrollieren: Produktdesign, Herstellung und Verkauf. In strategischen Allianzen, die durch den inneren Ring repräsentiert werden, besteht eine partielle Kontrolle über diese Funktionen. Im äußeren Ring, der die Drittherstellerprodukte repräsentiert, beschränkt sich die Kontrolle auf die Spezifikationen und die Qualität der Produkte.

Je weniger ein Projekt mit Ihrem Kerngeschäft zu tun hat, desto weiter sollten Sie es in die äußeren Ringe verlegen. Wenn sich bestimmte Produkte in den äußeren Ringen als besonders erfolgreich erweisen, sollten Sie unter Umständen versuchen, sie weiter ins Zentrum zu ziehen, indem Sie entweder Ihren Partner aufkaufen oder auf andere Weise die Technologie und die Ressourcen erwerben, die Sie benötigen, um dieses Projekt unter größere Eigenkontrolle zu bringen.

Gelegentlich heißt es, Jointventures seien riskant. Das stimmt zwar, aber dennoch ist es häufig riskanter, den Weg allein zu gehen. Sich ausschließlich auf das interne Entwicklungspotenzial zu verlassen, ist grundsätzlich riskant. Es gibt komplexe technische Anforderungen, lange Entwicklungszyklen und enorme Kosten. Zudem kann sich in einem Unternehmen, das sich äußeren Einflüssen gegenüber verschließt, ein gefährliches »Not Invented Here«-Syndrom (eine Abwehrhaltung gegenüber externer Technologie) entwickeln. Zu den wichtigsten Vorteilen eines Jointventure gehört auf der anderen Seite, dass die Kapitalkosten mit einem anderen Unternehmen geteilt werden können, das besser in der Lage ist, das Risiko einer neuen Geschäftsunternehmung zu streuen – insbesondere, wenn es sich um ausländische Partner handelt. Die EVA-Analyse kann sich für die Quantifizierung dieser Vorteile als sehr hilfreich erweisen.

Strategische Allianzen haben, selbst im Fall ihres Scheiterns, häufig einen nicht zu verachtenden Nebeneffekt, indem sie die Partner an neue Märkte heranführen und mit kreativen und effektiven Methoden für diese Märkte vertraut machen. Es wird behauptet, dass die meisten Jointventures scheitern. Man sollte jedoch einen Schritt weiter gehen und fragen: In welchem Sinn scheitern sie? In vielen Fällen steht ein misslungenes Jointventure für eine Akquisition oder eine interne Initiative, die nicht unternommen wurden. Wenn Sie etwas nur mit Ihrem eigenen Kapital hätten machen können, und wenn es dann im Rahmen einer strategischen Allianz scheitert, dann haben Sie auf diese Weise einen größeren Kapitalverlust vermieden. Strategische Allianzen bieten mit anderen Worten mehr Möglichkeiten, Entwicklungschancen »auf Verdacht« zu verfolgen.

Verschiedene Formen strategischer Allianzen bieten sich an, um aus einem Projekt ein Kerngeschäft zu machen und auf diese Weise Wert zu erzeugen:

- Lizenzabkommen
- Auftragsentwicklung
- Auftragsproduktion
- Kommerzielle Vereinbarung (Partnerschaft ohne Kapitalbeteiligung)
- Jointventure mit Minderheitsbeteiligung
- Jointventure

Lizenzabkommen stellen eine billige und häufig effektive Methode dar, um die erste funktionale Voraussetzung für die Produkteinführung zu erfüllen: Produktdesign und Entwicklung. Auftragsentwicklung bedeutet, dass die Entwicklungsarbeit extern vergeben wird, entweder für ein konkretes Projekt oder auf kontinuierlicher Basis. Der Technologieaustausch stellt eine Variante des Lizenzabkommens dar, nur dass der Vorgang zweiseitig ist und zusätzlich zur Lizenzvergabe für die entsprechende Technologie ein Minimum an technischem Support umfasst.

Häufig ist es für Sie billiger und effektiver, wenn Sie bestimmte Dinge auf der Basis eines Produktionsabkommens von jemand anderem herstellen lassen. Kommerzielle Vereinbarungen ohne Kapitalbeteiligung sind ein flexibles Instrument. Häufig betreffen sie die dritte funktionale Anforderung – Verkauf und Vertrieb des Produkts –, und gelegentlich umfassen sie Elemente der Produktdesign- und Herstellungsfunktionen.

Beim Jointventure gehen Sie entweder eine Minderheitsbeteiligung beim Partnerunternehmen ein (beispielsweise im Rahmen einer Vereinbarung über die Zusammenarbeit bei Vermarktung und Vertrieb des Produktes), oder aber Sie beteiligen sich zur vollen Hälfte.

Lizenzabkommen

Durch ein Lizenzabkommen bekommen Sie Zugang zu bewährten Technologien, womit Sie Ihr finanzielles Engagement reduzieren und ihre Entwicklungsanstrengungen leichter in neue Richtungen lenken können, wenn sich der Markt ändert. Es hilft Ihnen, Ihre Produktreihen zu erweitern. Die Nachteile liegen auf der Hand. Die Technologie gehört Ihnen nicht, und Sie können die Kontrolle verlieren. Ihre Lizenzpartner können sich in eine ganz andere Richtung entwickeln, und es kann mangels Spezialwissens zu Problemen bei der Anwendung der Technologie kommen. Gelegentlich wird das Lizenzabkommen um eine Vereinbarung zum Know-how-Transfer erweitert, womit sich das Anwendungsproblem in der Regel effektiv lösen lässt.

Auftragsentwicklung

Wenn das eigene Unternehmen nicht über das nötige Talent verfügt oder die gegenwärtige F&E-Abteilung überlastet ist, besteht die Möglichkeit, F&E auf der Basis einer Auftragsentwicklungsvereinbarung einzukaufen. Das ist eine ideale Lösung für Unternehmen, die häufiger vor technologischen Schwierigkeiten stehen. In diesem Fall ist der Aufbau eines guten Netzes externer F&E-Quellen eine wunderbare Möglichkeit, Wert zu erzeugen. Der wichtigste Nachteil der Auftragsentwicklung ist, dass sie aufgrund ihrer eingeschränkten Kontrollierbarkeit schwer zu managen ist, und dass sie keinen unmittelbaren Zugang zu Anwendungserfahrungen bietet. Außerdem wirft sie Fragen zur Vertraulichkeit auf und trägt im Übrigen nicht zur Entwicklung des unternehmensinternen Talents bei.

Auftragsherstellung

Auftragsherstellung wird häufig von Sportschuh- und Spielzeugherstellern eingesetzt, die, wenn sie eigene Produktionsanlagen verwenden würden, in Kapitalkosten für unkalkulierbare und manchmal äußerst kurzlebige Produkte wie beispielsweise Michael-Jordan-Sneakers und Cabbage-Patch-Dolls versinken würden. Die Vorteile sind offensichtlich: Vermeidung unerschwinglicher Kapitalkosten, verminderter Kapitalbedarf, Zugang zu Herstellern mit anderen Betriebskapazitäten und verringerte Lohnkosten. Solche Tätigkeiten finden häufig in Entwicklungsländern wie Mexiko und den Emerging Markets Asiens statt, wenngleich die Bekleidungsindustrie in den Vereinigten Staaten und Europa bereits seit langem auf Auftragsherstellung zurückgreift. Häufig hat ein Partnerunternehmen Fähigkeiten, die dem eigenen Unternehmen fehlen, oder es kann verschiedene Tätigkeiten kombinieren, die sich saisonal oder konjunkturell ergänzen, oder es kann die Overhead- und Kapitalkosten effektiver absorbieren. Die Nachteile bestehen in einem Verlust von eigenen Herstellungsfähigkeiten, die möglicherweise einen Wettbewerbsvorsprung bedeuten würden, und in einer verminderten Kontrolle über den Herstellungsprozess. Es besteht auch das Risiko eines Public-Relations-Problems, wenn sich beispielsweise einem Vertragsunternehmen aus der Dritten Welt inhumane Arbeitsbedingungen nachweisen lassen.

Kommerzielle Vereinbarungen

Bei Projekten, die im Rahmen einer kommerziellen Partnerschaft gemeinsame Anstrengungen zu Produktentwicklung und Marketing vorsehen, vereinbaren die Partner häufig eine Aufteilung der Zuständigkeiten für Produktdesign, Entwicklung, Herstellung und Marketing, ohne dass nennenswerte Kapitalinvestitionen getätigt werden. Beispiele bieten die Kreditkarten-Kooperationen zwischen Visa, AT&T und verschiedenen Fluglinien. Im Prinzip versuchen Sie dabei, ohne nennenswerten Kapital- und Arbeitskräfteaufwand von den potenziellen Integrationseffizienzen Ihres Partners zu profitieren. Dies kann auch ein effektives Vehikel für den Verkauf eines unrentablen Produktionszweigs ohne kompletten Kontrollverlust sein. Die Nachteile liegen auch hier im Bereich Kontrolle und Exklusivität.

Wir wollen die Funktionsweise einer kommerziellen Allianz ohne Kapitalengagement anhand eines Beispiels aus der Geschichte von Allen-Bradley/Rockwell Automation demonstrieren. Es ging um eine kommerzielle Allianz zwischen Allen-Bradley und IBM zwecks Herstellung eines robusten PCs, der sich für den Einsatz in Fabrikhallen eignete. Wie Sie vielleicht wissen, ist Allen-Bradley/Rockwell Automation weltweit führend in der Fertigungsautomatisierung. PCs von IBM repräsentierten den Standard für Bürocomputer.

Bereits Anfang der 80er Jahre verbreitete sich der PC in den Fabrikhallen. Die damalige PC-Generation war jedoch nicht besonders widerstandsfähig, was die Betriebsbedingungen in den Fabriken betraf. IBM hatte bei PCs einen guten Namen; Allen-Bradley war in den Fabrikhallen zu Hause. Eine eigenständige PC-Entwicklung hätte für Allen-Bradley ungeheure Kapitalkosten bedeutet. Deshalb kam man auf die Idee, ein existierendes IBM-Modell für den Fabrikeinsatz nachzurüsten und anschließend als Co-Branding von IBM und Allen-Bradley zu verkaufen.

Allen-Bradley war in der Lage, beinahe ohne Kapitaleinsatz ein handelstaugliches Produkt zu entwickeln, langfristig jedoch blieb der Markt für Industrie-PCs hinter den Erwartungen zurück. Das hatte mehrere Gründe. Die Geräte waren zu teuer, weshalb einige Anwender stattdessen billige PCs kauften und sie nach ein oder zwei Jahren ersetzten. Im Übrigen wurden die Standard-PCs mit der Zeit widerstandsfähiger; und als schließlich die Netzwerke aufkamen, war man in der Lage, die PCs in weniger strapaziösen Umgebungen aufzustellen. Allen-Bradley/Rockwell konnte jedoch durch die Kooperation mit IBM hohe Kapitalkosten vermeiden – und lernte eine Menge über das Vermarkten von Industrie-PCs als Teil eines integrierten Automationssystems.

Jointventures mit Minderheitsbeteiligung

Bei dieser Form der Allianz investieren Sie in das Partnerunternehmen und vereinbaren eine Art von gemeinsamer Produktvermarktung. So kommt es beispielsweise häufig vor, dass ein großes Industrieunternehmen einem Tante-Emma-Laden mit seinem Kapital unter die Arme greift und dafür das Recht zugestanden bekommt, seine Produkte exklusiv zu vermarkten. Die Kapitalinvestition ist in der Regel erforderlich, weil die meisten dieser Unternehmen jung sind und chronisch unter Kapitalmangel leiden.

Die Vorteile: Sie erhalten rasch Zugang zu Technologien, ohne so viel zu bezahlen wie bei einer Akquisition. Sie können verschiedene Strategien ausprobieren; zum Preis einer Akquisition können Sie mehrere Versuche unternehmen. Und wenn sich die Technologie durchsetzt, können Sie sie näher zum Zentrum ziehen, indem Sie zusätzliches Kapital investieren oder den Partner aufkaufen. Minderheitsbeteiligungen kommen häufig dann zum Einsatz, wenn sich ein florierendes Unternehmen mit exzellenten Vertriebsmöglichkeiten mit einem jungen Technologieunternehmen zusammentut. Die Nachteile betreffen auch hier die Kontrolle. Außerdem können die Interessen der beteiligten Seiten mit der Zeit divergieren.

Wir können die Funktionsweise des Jointventures mit Minderheitsbeteilung ebenfalls anhand der Erfahrungen von Allen-Bradley/Rockwell demonstrieren. Mitte der 80er Jahre gab es in den Fabriken ein wachsendes Interesse am Einsatz von so genannten Color Graphic Panels. Dabei handelt es sich um interaktive Kontrolltafeln mit Monitoren, die Einzelheiten zum augenblicklichen Fabrikgeschehen darstellen. Gould Modicon, ein Wettbewerber von Allen-Bradley/Rockwell, kündigte für die nahe Zukunft ein neues Color Graphic Panel an. Allen-Bradley prognostizierte einen Kapitalbedarf von mindestens 2,5 Millionen US-Dollar für die Eigenentwicklung eines vergleichbaren Produkts.

Allen-Bradleys Strategie, um auf die Bedrohung seitens des Wettbewerbers zu reagieren und sich gleichzeitig eine Option zu öffnen, sah nun so aus, dass sich das Unternehmen mit einem anderen zusammentat, das bereits im Geschäft war, sich exklusive Verkaufs- und Vertriebsrechte sicherte und auf Kooperationsbasis die zweite Generation der Color-Graphics-Produkte entwickelte. Dazu erwarb es eine 25-prozentige Beteiligung an der in Vancouver ansässigen Dyanpro Systems, Inc., einem etablierten Branchenvertreter. Allen-Bradley/Rockwell war im März 1999 dann sogar in der Lage, das gesamte Unternehmen zu kaufen. Dies erwies sich als der Beginn einer ungeheuer erfolgreichen Geschäftsunternehmung, die heute unter dem Namen Rockwell Automation bekannt ist. Das Unternehmen veröffentlicht keine segmentspezifischen Daten, aber Schätzungen zufolge übersteigt der jährliche Umsatz von Rockwell Automation im Bereich Datensichtgeräte mittlerweile die 50-Millionen-US-Dollar-Marke, und dieses Produkt bietet eine ausgezeichnete Rendite für Rockwells lukratives Systemgeschäft.

Jointventures

Zu den Vorteilen eines echten Jointventure mit voller Kapitalbeteiligung gehören: die volle Teilhabe am Technologie-Know-how; Markteintritt und Anwendungs-Know-how; hohe Anlagenauslastung; sowie Integrationseffizienzen mit dem Partner. Der entscheidende Nachteil ist der hohe Managementaufwand. Man muss in der Lage sein, zwei manchmal sehr unterschiedliche Kulturen miteinander zu verschmelzen, wenn man ein echtes Jointventure errichten will, und das ist in der Tat eine schwierige Aufgabe.

Der Nachteil des Jointventure ist, dass man sich den Gewinn teilen muss. Die strategischen Interessen der Partner können divergieren, und wenn die Partnerschaft nicht die beabsichtigten Resultate bringt, kann es schwierig sein, sie wieder rückgängig zu machen. Um diesen Nachteilen vorzubeugen, empfiehlt es sich, von Anfang an effektive Vorkehrungen für den Fall einer Auflösung zu treffen.

Anhand des Jointventures von Briggs & Stratton in China können wir Einblick in die Elemente eines wertsteigernden Jointventures gewinnen. Seit Mitte der 80er Jahre ging in den Vereinigten Staaten die Nachfrage nach massiven gusseisernen Motoren – einer veralteten Technologie – zurück. In den Entwicklungsländern hingegen war die Nachfrage ungebrochen. In China dominierte bis dato im Außenbereich der Dieselmotor, und Briggs & Stratton versuchte, den chinesischen Markt stärker für die Benzinmotorentechnik zu gewinnen. Das Unternehmen hatte in Milwaukee sämtliche benötigten Produktionsanlagen zur Herstellung von gusseisernen Motoren, und der Bürgermeister und Parteichef von Chongqing in China war sehr interessiert an einem gemeinsamen kommerziellen Motorenprojekt. Die Strategie bestand darin, die betreffenden Betriebsanlagen von Milwaukee nach Chongqing zu schaffen. Das Jointventure würde 10- und 16-PS-Motoren herstellen, die in China und weltweit von Briggs & Stratton verkauft würden.

Dieses Jointventure wurde mit einer Beteiligungszusammensetzung von 52, 24 und 24 Prozent verwirklicht, wobei es sich bei den Partnern um die Puling Machinery Works von Chongqing und um Yimin, ein großes Zulieferunternehmen aus dem Rüstungssektor, handelte. Weil man, wenn man in China etwas erreichen will, die Kontrolle nicht vernachlässigen sollte, behielt sich Briggs & Stratton vorsichtshalber ein paar zusätzliche Prozente vor.

Bis zur Asienkrise 1997/1998 konnten sich die EVA-Resultate sehen lassen. Briggs & Stratton erzielte bei einer Kapitalinvestition von rund vier Millionen US-Dollar eine jährliche Dividende in harter Währung von rund 1,6 Millionen US-Dollar, und ein Großteil dieses Kapitals bestand im Transfer von Anlagen, für die ohne das Jointventure keine Verwendung bestanden hätte.

Entwurf und Implementierung von strategischen Allianzen erfordern noch einige grundsätzliche Anmerkungen. Es heißt, dass die meisten dieser Allianzen erfolglos enden. Das mag stimmen. Beim Würfelspiel würfeln Sie auch die meiste Zeit, ohne den großen Gewinn zu machen. Wenn Sie den Würfel aber bei einem hohen Gewinnpotenzial und einem Minimum an Kapitaleinsatz beharrlich genug werfen, können die EVA-Gewinne beträchtlich sein.

Unser Bekannter, der für Pillsbury Partnerschaften aushandelte, erzählte uns einmal, Jointventures seien wie Ehen, nur ohne Sex zur Entladung der Spannung. Sie sind nichts für Ungeduldige und Kontrollfetischisten. Man sollte hinsichtlich möglicher Integrationseffizienzen realistische Erwartungen haben und sich Partner mit ähnlichen Werten und Überzeugungen suchen. Sie dürfen Ihren Partner nicht zu hart anfassen. Häufig müssen Sie auch die Dynamik eines kleineren Partners mit den Launen eines schwerfälligen Fortune-500-Unternehmens unter einen Hut bekommen; das lässt sich nur im Einzelfall lösen. In jedem Fall jedoch können die EVA-Vorteile strategischer Allianzen gewaltig und so manchen diplomatischen Kraftakt wert sein.

9 EVA-Incentives

Die Wirkungsweise von EVA-Management- & -Incentivesystemen

Wir wenden uns jetzt einem Thema zu, das wir in Kapitel 2 bereits kurz gestreift haben. Kaum etwas, so darf behauptet werden, ist für eine erfolgreiche EVA-Implementierung wichtiger als ein sorgfältig entworfenes EVA-Incentiveprogramm. Ein EVA-Messsystem ohne einen vergleichbaren Incentiveplan ist auf die Dauer zum Scheitern verurteilt, denn die Beschäftigten werden für das Erreichen von Zielen belohnt, die möglicherweise den EVA-Zielen widersprechen. Wenn Sie die Unternehmensperformance über EVA messen, aber die Führungskräfte beispielsweise nach Ertrag pro Aktie belohnen, resultiert daraus ein Konflikt. Nicht nur sind Erträge pro Aktie wegen buchhalterischer Verzerrungen ein ungeeignetes Messinstrument, sie lassen sich auch so manipulieren, dass sie selbst dann noch rosige Resultate vorgaukeln, wenn die Lage mit EVA-Augen betrachtet alles andere als rosig aussieht. Dennoch wissen wir von einem großen EVA-Unternehmen im Mittleren Westen, das seinen Führungskräftevergütungsplan zur Hälfte auf EVA und zur Hälfte auf Erträge pro Aktie stützt.

Wir haben auch gezeigt, dass Kapitalrendite und Gesamtkapitalrendite, die häufig als Grundlage für die Führungskräfteboni dienen, kein verlässliches Kriterium sind. Es macht also längerfristig keinen Sinn, ein Unternehmen auf EVA umzustellen, die Führungskräfte aber weiterhin nach Incentiveplänen zu belohnen, deren einziger Verdienst es ist, dass sie althergebrachter Sitte entsprechen. Viele Bonuspläne basieren auf Verbesserungen bei den Betriebsgewinnen. Ein solches Verfahren ist besonders nachteilig, weil die Betriebsgewinne die Kapitalkosten überhaupt nicht berücksichtigen. Eine sichere Methode, die Betriebsgewinne zu erhöhen, besteht etwa darin, mit massiven Investitionen und ohne Rücksicht auf die EVA-Folgen Umsatz und Marktanteil zu erhöhen. Bei all diesen Plänen sehen sich die Führungskräfte hin- und hergerissen, ob sie nun den eigenen finanziellen Interessen oder der Verbesserung des durch EVA repräsentierten Shareholder Value dienen wollen.

Gelegentlich ist es dem Top-Management wichtig, EVA zu implementieren, bevor es opportun erscheint, einen entsprechenden EVA-Vergütungsplan einzuführen. Das war beispielsweise der Fall, als Fred Butler im Jahr 1991 bei Manitowoc die EVA-Disziplin einführte. Wie in Kapitel 5 dargelegt, war es sein Ziel, dem allzu großzügigen Umgang mit Kapital endlich einen Riegel vorzuschieben. Zwar gelang ihm das mit der Überzeugungskraft seiner eigenen Person, aber ihm schien, dass es zu früh war, den Board of Directors für einen EVA-Incentiveplan zu gewinnen, insbesondere weil erst kurz zuvor ein neuer Bonusplan eingeführt worden war.

Die neue Kapitaldisziplin funktionierte, weil Butler seine ganze Autorität in die Waagschale warf. Der Board zeigte sich beeindruckt und votierte binnen kurzem für einen EVA-Bonusplan. Solch eine zweistufige Vorgehensweise ist jedoch nur selten empfehlenswert. Manchmal entstehen Befürchtungen, dass der neue EVA-Plan zu einer unmittelbaren Kürzung der Bezüge der Führungskräfte führen könnte, was sich negativ auf die Einsatzbereitschaft auswirken würde. In diesem Fall kann das Unternehmen den EVA-Bonus des ersten Jahres unter Verwendung der alten Formel absichern. Diese Lösung stellt kein großes Unglück dar, solange sie auf ein Jahr beschränkt bleibt.

Herkömmliche Incentivepläne haben abgesehen von ihrer Ausrichtung an den falschen Kriterien noch andere Nachteile. Typischerweise basieren sie auf der Erreichung finanzieller Ziele für das Folgejahr, die in einem umständlichen Verhandlungsverfahren festgelegt werden. Die Manager versuchen, die

Ziele innerhalb eines Rahmens zu halten, der ihnen »realistisch« erscheint – mit anderen Worten, nicht übertrieben ehrgeizig und klar innerhalb der Fähigkeiten ihrer Gruppe. Ihre Vorgesetzten versuchen sie zu höheren Zahlen zu überreden, und es kommt zu einem zähen Tauziehen. Wenn die Zahlen feststehen, achten die Manager in der Regel darauf, sie nach Möglichkeit nicht zu überschreiten, um nicht den Verdacht aufkommen zu lassen, die Ziele seien von vornherein zu tief angesetzt gewesen. Zudem sind die Boni häufig nach oben beschränkt, mit der Folge, dass kein Anreiz besteht, sich über ein bestimmtes Maß hinaus anzustrengen.

EVA-Incentivepläne funktionieren völlig anders. Sie werden nicht jährlich neu ausgehandelt, sondern auf der Grundlage von Untersuchungen, die auf höchster Unternehmensebene – in aller Regel unter Hinzuziehung externer Spezialisten – stattfinden, für eine Periode von drei bis fünf Jahren im Voraus festgelegt. Die EVA-Boni sind zudem unbeschränkt, sodass sie im Fall, dass das Unternehmen erfolgreich ist, einen viel höheren Anteil an der Gesamtvergütung erreichen können als unter herkömmlichen Bonusplänen. Offensichtlich ist der Leistungsanreiz ein anderer, wenn man eine realistische Chance hat, sein Gehalt um 50 oder 60 Prozent zu erhöhen, im Vergleich zu den 10 oder 15 Prozent unter einem herkömmlichen Plan. Nach wie vor besteht jedoch in den meisten US-amerikanischen Branchen (und erst recht in der übrigen Welt) das Problem, dass der Anteil des festen Bestandteils an der Gesamtvergütung viel zu hoch ist. In solch einem System werden Innovation und Risikobereitschaft nicht belohnt.

Die Stärke des EVA-Incentiveplans ist, dass er das Ziel der Steigerung des Shareholder Value unterstützt, auf das auch das Bewertungsprogramm und das gesamte EVA-Managementsystem ausgerichtet sind. Als Zielmarke dient die jährliche »erwartete EVA-Verbesserung«, deren Erreichung gerade mit 100 Prozent des »Zielbonus« belohnt wird. Dieser Zielbonus wiederum errechnet sich als ein bestimmter prozentualer Anteil am Jahresgehalt des Beschäftigten, der von 100 Prozent für den CEO bis zu üblichen zehn Prozent für die Beschäftigten der untersten im Programm vertretenen Ebene reicht. Der Vorteil des »unbeschränkten« Plans ist, dass sich der Bonus über den Zielbonus hinaus erhöht, sobald die EVA-Verbesserung die Zielmarke um einen festgelegten Betrag überschreitet, der auch als »Intervall« bezeichnet wird. Wenn wir also ein EVA-Verbesserungsziel von 100, einen Intervall von 50 und ein tatsächliches Ergebnis von 150 haben, resultiert ein Bonus in doppelter Höhe des Zielbonus. Wenn das erreichte Ergebnis 200 beträgt, verdreifacht sich der Bonus.

Es gibt jedoch auch ein Risiko in der umgekehrten Richtung. Wenn das EVA-Ergebnis hinter der Zielmarke für das betreffende Jahr zurückbleibt, wird der Zielbonus gekürzt. Bleibt die erzielte EVA-Verbesserung um 50 hinter dem EVA-Verbesserungsziel von 100 zurück, führt dies bei einem Intervall von 50 zu einem Null-Bonus; jeder Rückstand auf die Zielmarke führt also zu einer linearen Reduzierung des Zielbonus. Dabei kann der errechnete Bonus sogar negativ ausfallen.

Aber wie lässt sich mit negativen Boni umgehen? Die Antwort liegt in einem Treuhandkonto, das wir als Bonusbank bezeichnen. Davon gibt es zwei Varianten. Bei der einen wird der Zielbonus ausgezahlt, wobei allerdings ein Drittel des »Extrabonus« – des Betrags, der den Zielbonus überschreitet – einbehalten und in der Bonusbank deponiert wird; in späteren Jahren wird das Bankguthaben immer dann belastet, wenn der errechnete Bonus negativ ist, gleichzeitig wird jedoch jedes Jahr ein Drittel des aktuellen Bankguthabens ausgezahlt. Daraus folgt, dass die Manager stets riskieren, etwas von dem, was sie zuvor bekommen haben, wieder zu verlieren. Damit soll ihnen jeder Versuch verleidet werden, mit dem System zu »spielen« und die Ergebnisse des einen Jahres auf Kosten der Zukunft aufzublähen. All diese Vorkehrungen dienen dazu, das langfristige Denken zu fördern.

Bei der anderen Variante wird der gesamte Bonus in der Bank deponiert, wobei jedes Jahr ein Drittel des aktuellen

Guthabens ausgezahlt wird; wieder führt ein rechnerisch negativer Bonus zu einer Belastung des Guthabens. Dieses System hat den Vorteil, dass die Teilnehmer von vornherein ein größeres Risiko eingehen – der gesamte Bonus und nicht nur der Anteil oberhalb des Zielbonus steht auf dem Spiel. Wenn also im ersten Jahr der Zielbonus erreicht wird, wird statt der ganzen Summe lediglich ein Drittel ausbezahlt. (Der Plan umfasst eine Vorfinanzierung, damit es schon zu Anfang etwas zu verteilen gibt.) Wenn dann im zweiten Jahr wieder der Zielbonus erreicht wird, wird auch wieder ein Drittel ausbezahlt, welches sich jedoch bereits auf ein größeres, angewachsenes Bankguthaben bezieht – und so weiter für die folgenden Jahre. Das umgekehrte Risiko ist aus einem anderen Grund ebenfalls größer: Wenn die Resultate des ersten Jahres negativ sind, ist auf der Bank bereits ein Guthaben, das belastet werden kann. Bei der anderen Variante der Bonusbank gibt es lediglich keine Einzahlung.

Fallstudie 1:
Briggs & Stratton – EVA-Management- & -Incentivesystem in den USA

Um die Funktionsweise des EVA-Incentivesystems zu illustrieren, wollen wir den seit 1993 von Briggs & Stratton verwendeten Plan daraufhin betrachten, welche Verhaltensweisen das Programm fördern sollen. Der Plan legt jährliche Performanceziele – die erwartete EVA-Verbesserung – und Zielboni fest, die zusammen die jährlich gezahlten Boni bestimmen. Die Zielboni für die wichtigsten Führungskräfte betragen je nach Position zwischen 20 und 80 Prozent des Grundgehalts. Der tatsächliche Bonus einer Führungskraft kann über oder unter dieser Zielmarke liegen, aber die Endsumme hängt im Wesentlichen davon ab, inwieweit die EVA-Performanceziele für das Gesamtunternehmen und für den Geschäftsbereich der betreffenden Führungskraft erreicht wurden. (Die Boni der für das Gesamtunternehmen zuständigen Führungskräfte richten sich ausschließlich nach den Ergebnissen des Gesamtunternehmens.)

Für eine typische Führungskraft in einem der Geschäftsbereiche von Briggs & Stratton richten sich 50 Prozent seines Incentive-Bonus nach dem unternehmensweiten EVA-Performancefaktor, 40 Prozent nach dem Performancefaktor des Geschäftsbereichs und zehn Prozent nach dem individuellen Performancefaktor. Der individuelle Performancefaktor ist eine Zahl zwischen 0 und 1,5 und basiert auf der Erreichung eines bestimmten Ziels im Zuständigkeitsbereich der betreffenden Führungskraft. Bei einer für Qualitätskontrolle zuständigen Führungskraft kann das bedeuten, die Zertifizierung für eine bestimmte Fabrik oder Abteilung zu erhalten; bei einem Einkaufsleiter geht es möglicherweise um die Erreichung eines bestimmten Kostenreduzierungsziels bei den eingekauften Teilen. Die folgende Kalkulation illustriert die Funktionsweise des Systems.

Annahmen

Teilnehmer: Divisional General Manager (Zielbonus: 35 Prozent des Grundgehalts)
Grundgehalt: 100 000 US-Dollar
Unternehmensweiter Performancefaktor (UPF): 1,1 (leicht über der Zielmarke)
Geschäftsbereichsrelevanter Performancefaktor (GPF): 0,9 (leicht unter der Zielmarke)
Individueller Performancefaktor (IPF): 1,5 (maximaler Wert)

Berechnung

EVA-Bonus = (Gehalt x Zielbonus % x UPF) x 50 %
(Gehalt x Zielbonus % x GPF) x 40 %
(Gehalt x Zielbonus % x IPF) x 10 %

$$= (\text{US\$ } 100\,000 \times 35\,\% \times 1{,}1) \times 50\,\%$$
$$(\text{US\$ } 100\,000 \times 35\,\% \times 0{,}9) \times 40\,\%$$
$$(\text{US\$ } 100\,000 \times 35\,\% \times 1{,}5) \times 10\,\%$$
$$= \text{US\$ } 19\,250 + \text{US\$ } 12\,600 + \text{US\$ } 5250$$
$$= \text{US\$ } 37\,100$$

Nach dem Plan von Briggs & Stratton wird der Teil des Bonus, der 125 Prozent des Zielbonus überschreitet, in der Bonusbank deponiert. (Dieser Schwellenwert ist je nach Plan verschieden.) Und wie in den meisten Plänen mit dieser Art von Bank wird jedes Jahr ein Drittel des Bankguthabens ausgezahlt. In jedem Jahr mit einem »negativen Bonus« wird das Bankguthaben mit dem entsprechenden Betrag belastet.

Abgesehen von den EVA-basierten Boni ist ein nicht unerheblicher Teil der Gesamtvergütung der wichtigsten Führungskräfte von Briggs & Stratton direkt an die Aktien-Performance gekoppelt. Dabei handelt es sich um Leveraged Stock Options (kreditfinanzierte Aktienbezugsrechte), die wir in Kapitel 2 bereits erwähnt haben. Sie werden in der Regel an Mitglieder des oberen Führungskreises (Senior Executives) – zumeist aus dem Führungsstab des Gesamtunternehmens – vergeben, die für die Gesamtergebnisse des Unternehmens verantwortlich sind, und sind so gestrickt, dass diese wichtigen Führungskräfte dann belohnt werden, wenn die Aktien des Unternehmens eine gute Performance zeigen, was einen zusätzlichen Anreiz bietet, diese Performance zu maximieren. Leveraged Stock Options unterscheiden sich jedoch in einem wichtigen Punkt von konventionellen Aktienoptionen, die in der Regel mit einem Ausübungskurs vergeben werden, der dem gegenwärtigen Börsenkurs entspricht. Der Ausübungskurs von Leveraged Stock Options steigt jedes Jahr um einen Betrag, der dem (um Dividenden und Illiquidität korrigierten) Kapitalkostensatz entspricht. Dieser stetig steigende Ausübungskurs gewährleistet, dass die Optionen wertlos sind, wenn der Aktienkurs während der Optionslaufzeit nicht mindestens eine Rendite in Höhe des Kapitalkostensatzes erbringt.

Auf diese Weise können Führungskräfte nur dann von ihren Optionen profitieren, wenn die Aktionäre die Mindestrendite für ihre Investitionen erhalten, die ihnen zusteht.

Das Leveraged-Stock-Options-Programm ist mit dem EVA-Bonusplan des Unternehmens verknüpft, insofern als die Zahl der in einem bestimmten Jahr gewährten Optionen in direktem Zusammenhang mit dem in diesem Jahr ausgezahlten EVA-Bonus steht. Sobald die Bonushöhe feststeht, erhält jede Führungskraft zusätzlich zu dem Cash-Bonus »Out of the Money«-Optionen auf Aktien des Unternehmens. Die Anzahl der Aktien ist großzügig bemessen – es werden weit mehr Papiere gewährt als bei konventionellen Optionsplänen. Die Zahl der gewährten Optionsaktien wird so berechnet, dass ihr Dollar-Gesamtwert dem Zehnfachen des EVA-Bonus entspricht. (Man multipliziere den Bonus mit 10 und teile das Produkt durch den Aktienkurs. Das Ergebnis entspricht der Zahl der Aktien). Daher der Terminus »Leveraged« Stock Options.

Das bedeutet, dass ein Mitglied im oberen Führungskreis jedes Jahr im Prinzip den doppelten EVA-Bonus erhält, mit der Auflage, dass der zusätzliche Anteil in eine im Verhältnis 10 : 1 »geleveragte« Aktienanlage investiert wird. Diese Aufstockungsmethode hat für die Führungskraft den Vorteil, dass er den »reinvestierten« Teil seines Bonus gegenwärtig nicht als Einkommen versteuern muss.

Das letzte Puzzleteil der Incentivegleichung ist die Bestimmung des Ausübungskurses, bei dem die Leveraged Stock Options »in the money« sein werden. Das Ziel dabei ist es, nur solche Aktienkursentwicklungen zu honorieren, die eine minimal akzeptable Aktionärsrendite überschreiten, damit die Führungskräfte nur von außergewöhnlicher Performance profitieren. Deshalb gehen die Leveraged Stock Options nur dann »in the money«, wenn die Aktienkursentwicklung des Unternehmens eine bestimmte Kapitalkostenrendite garantiert.

Dem Plan zufolge werden die Kapitalkosten so veranschlagt, dass auf die risikofreie Zinsrate (die gegenwärtige Verzinsung

30-jähriger US-Schatzobligationen) eine Aktien-Risikoprämie (für Unternehmen mit durchschnittlichem Risiko traditionell um sechs Prozent) aufgeschlagen wird und von der Summe sowohl die jährliche Dividendenrendite als auch ein Risikofaktor abgezogen wird, mit der die Führungskräfte für die Illiquidität und den mit den Optionen verbundenen Mangel an Diversifizierung entschädigt werden sollen. Zu der Zeit, als Briggs & Stratton das Leveraged-Stock-Options-Programm auflegte, betrug die antizipierte jährliche Dividendenrendite über die Optionslaufzeit rund drei Prozent. Wenn wir zum Zeitpunkt der Optionsgewährung eine risikofreie Zinsrate von sieben Prozent annehmen ergibt sich die veranschlagte Kapitalkostenrendite also folgendermaßen:

Schatzobligation-Verzinsung (7 %) + Aktien-Risikoprämie (6 %) – Dividendenrendite (3 %) – Risikofaktor (2 %) = 8 %

Weil die letzten drei Elemente dieser Gleichung als konstant angenommen werden, ändert sich lediglich die risikofreie Zinsrate. Deshalb können wir im Prinzip sagen, dass die Kapitalkosten um einen Prozentpunkt über der Verzinsung 30-jähriger US-Schatzobligationen angesetzt werden.

Diesem Plan zufolge bekommen die Top-Manager keinen Cent aus ihren Leveraged Stock Options, solange sie nicht eine Mindestrendite erzeugen, die abgesehen von den erwähnten Korrekturen dem Kapitalkostensatz des Unternehmens entspricht. Sobald die Führungskräfte jedoch die Erwartungen ihrer Aktionäre übertreffen und für eine exzeptionelle Rendite sorgen, garantieren ihnen die Leveraged Stock Options eine sehr gute Belohnung.

Wie bereits besprochen, lässt sich die langfristige Performance des Managements am besten am Market Value Added (MVA) ablesen, der den Betrag darstellt, um den der Marktwert des Unternehmens das im Lauf der Zeit investierte Kapital überschreitet. Leveraged Stock Options unterstützen diesen MVA-Imperativ mit starken Anreizen. Natürlich sind aktienbasierte Incentives niemals perfekt, weil der Marktwert außer durch das Verhalten des Managements noch durch viele andere Faktoren in die Höhe getrieben werden kann; und das wiederum bedeutet, dass die Früchte aus den Leveraged Stock Options ebenso dem Glück wie einer guten Performance zu verdanken sein können. Wir sind jedoch überzeugt, dass die Fähigkeit der Führungskräfte, auf unkontrollierbare Ereignisse richtig zu reagieren, bei der Wertsteigerung eine entscheidende Rolle spielt. Die Reaktion des Marktes auf negative und positive unkontrollierbare Ereignisse wird stets hin und her pendeln. Deshalb wird es sich mit der Zeit positiv im MVA niederschlagen, wenn eine Führungskraft es versteht, mit den Karten, die er in der Hand hält, effektiv zu spielen.

So ist beispielsweise das Hauptgeschäft von Briggs & Stratton, die Herstellung von Motoren für Rasen- und Gartengeräte, äußerst saisonabhängig, und diese saisonalen Schwankungen werden noch zusätzlich durch Wetterunsicherheiten verschärft. Solche Faktoren liegen außerhalb der Kontrolle des Managements. Es gibt zwei grundsätzliche Möglichkeiten, wie man diesen Unsicherheiten begegnen und gleichzeitig den Marktanforderungen gerecht werden kann. Entweder man operiert mit einer umfangreichen Lagerhaltung und einem vergleichsweise ausgeglichenen Produktionszeitplan (hohes Nettoumlaufvermögen). Oder man hält die Lagerhaltung niedrig und entwickelt die Fähigkeit, die Produktion im Handumdrehen hochzufahren (die so genannte »Chase Strategy«), was höhere Betriebskosten und einen kostspieligen temporären Personalüberhang bedeutet. Kreative Manager verstehen es aufs Effektivste, diese Ansätze gegeneinander abzuwägen und diejenige Kombination zu finden, die angesichts der gegebenen Wettbewerbslage den höchsten EVA einbringt. Taktiken wie kreative Werksarchitektur und alternative Arbeitskräftebeschaffung geben den Managern den entscheidenden Vorsprung im Umgang mit den unkontrollierbaren Aspekten ihrer Geschäftstätigkeit.

198

Eine seltsame, wenn auch nicht selten vorgebrachte Kritik an EVA lautet, dass der kurzfristigen Performance zu viel Gewicht beigemessen werde. Es ist bekannt, dass der Wert eines Kapitalvermögens der Gegenwartswert der zukünftigen Cashflows ist, der daraus gewonnen werden kann. Und natürlich wird laut den Regeln der Berechnung des Gegenwartswertes dem im Hier und Jetzt produzierten Cashflow (aufgrund eines niedrigeren Abzinsungsfaktors) ein höherer Wert zugeordnet. Aber eine gute kurzfristige Performance steht nicht im Widerspruch zu einer guten langfristigen Performance. Bei den meisten von uns untersuchten EVA-Unternehmen wird der langfristige Wert durch eine regelmäßige jährliche Verbesserung der EVA-Performance erreicht. Die beschriebenen Incentives – bankgestützte Boni und Leveraged Stock Options – fördern beide Ziele. Wie beim LSO-Plan von Briggs & Stratton wird die Berechtigung zur Teilnahme an langfristigen Belohnungen durch die Gewährleistung einer kürzerfristigen Kapitaleffizienz erworben. Und während es sicherlich vorkommt, dass zwischen gegenwärtigem und zukünftigem EVA abgewogen werden muss (das ist letztlich die Bedeutung einer »Investition«), ist es gerade die Aufgabe des Managements, beide Ziele gleichzeitig im Auge zu behalten.

Es gibt natürlich andere Ansichten. Führungskräfte von Unternehmen, die ein deutliches Ertragswachstum bei gleichzeitiger unterdurchschnittlicher Aktien-Performance erlebt haben, kritisieren häufig, dass das Wertmanagement Wachstum und Innovation behindere, und dass die EVA-Disziplin dazu zwinge, das Kapital im Interesse einer maximalen Rendite künstlich knapp zu halten. Kein Wunder, dass die meisten dieser Unternehmen »At the money«-Optionsprogramme mit konstanten Ausübungskursen haben. Wie die Aktionäre früher oder später zu spüren bekommen werden, halten solche Optionsprogramme ansehnliche Belohnungen für Führungskräfte bereit, die Maintenance- und Ertragswachstumsstrategien verfolgen, auch wenn die Ansprüche der Aktionäre auf eine Kapitalkostenrendite zu kurz kommen.

Unter einem EVA-Incentiveplan bekommen die Manager nur dann ihre jährlichen Bonusbelohnungen, wenn das Unternehmen und/oder die entsprechende Abteilung die festgelegten EVA-Ziele erreicht. Aber bedenken Sie, dass ein Teil dieser Belohnungen auf die Bonusbank eingezahlt wird und im Falle sinkender EVA-Resultate in zukünftigen Jahren verloren gehen kann, wodurch dem Management jegliche Versuchung genommen wird, an den nötigen Investitionen zu sparen. Beachten Sie auch, dass der jährliche EVA-Bonus Einfluss auf die Zahl der gewährten Leveraged Stock Options hat. Und diese bieten einen starken Wachstumsanreiz – solange dieses Wachstum profitabel ist –, weil sie die Risiken und die Chancen der Manager erhöhen. Der Grund: Jede EVA-Verbesserung, die den Investoren von Dauer zu sein scheint, schlägt sich wertsteigernd auf den Aktienkurs nieder; wenn beispielsweise ein Unternehmen mit einem Kapitalkostensatz von zehn Prozent seinen EVA um eine Million US-Dollar erhöht, dann wird sein Wert um zehn Millionen US-Dollar zunehmen. Dieser Verstärkungseffekt macht Leveraged Stock Options zu einem effektiven Instrument, um die Aufmerksamkeit des Managements auf die langfristige EVA-Verbesserung zu lenken.

Ein EVA-Incentiveplan bietet mit anderen Worten eine starke Motivation für ein Wachstum bei gleichzeitiger Kapitaldisziplin. Bei Unternehmen mit guten Wachstumschancen bringt EVA die Manager dazu, auf möglichst effiziente Weise ein bestmögliches Wachstum zu erzeugen. Eine forcierte Kapitalverringerung zahlt sich für die Manager nur dann aus, wenn die Situation tatsächlich eine Geschäftskonzentration oder -liquidierung erforderlich macht.

Nun zu den Kosten der Leveraged Stock Options für die Aktionäre, die üblicherweise nach der Black-Scholes-Merton-Formel berechnet werden (siehe Kapitel 11). Die Leveraged Stock Options, die Briggs & Stratton Anfang 1995 an die Mitglieder des oberen Führungskreises ausgab, hatten einen Black-Scholes-Offenlegungswert von nur 14,8 Prozent des damals aktuellen Aktienkurses. Demgegenüber wäre eine »At the value«-Option mit ähnlichen Konditionen für Offenlegungszwecke mit 25,1 Prozent des damaligen Aktienkurses bewertet worden – und zwar wegen der größeren Wahrscheinlichkeit, dass die Option einmal ausgeübt würde. Das bedeutet, dass zu denselben Kosten für die Shareholder sehr viel mehr Leveraged Stock Options gewährt werden können.

Als dieses neue Optionsprogramm das frühere »At the money«-Programm bei Briggs & Stratton ersetzte, reagierten einige Mitglieder des oberen Führungskreises nicht besonders enthusiastisch. Diese anfängliche Skepsis verflog jedoch, als die Unternehmensaktien in weniger als drei Jahren bis kurz unter den Ausübungskurs stiegen. Ein Unternehmen, das sich mit dem Gedanken trägt, ein derartiges Programm einzuführen, sollte sich jedoch der realen Gefahr der Abwanderung von Mitarbeitern bewusst sein, besonders solange es nicht an Unternehmen mangelt, die konventionelle »At the money«-Optionen oder sogar vergünstigte Optionen anbieten.

Andererseits ist ein gewisses Abwanderungsrisiko unter Umständen gar nicht die schlechteste Lösung. Der »Stretch«-Optionsansatz kann helfen, den Charakter des Führungskräfteteams neu zu definieren. Für Manager, die in ihre eigene Fähigkeit vertrauen, eine überdurchschnittliche Performance zu bieten, sind die potenziellen Belohnungen sehr groß – und unter einem EVA-Plan wird dieser Managertyp überwiegen. Leveraged Stock Options eignen sich gerade dafür, Managementtalente anzuziehen, die in die eigenen Fähigkeiten vertrauen, hochwertiges Wachstum zu erzeugen.

Zudem sind die Kosten für die Aktionäre gering. Der Verwässerungseffekt ist bei Leveraged Stock Options weit geringer als bei Standardoptionen, weil erstere nur zu einem Kurs eingelöst werden können, der Jahr für Jahr steigt – mit der Folge, dass die Optionen nur etwas wert sind, solange es dem Unternehmen außerordentlich gut geht. Wenn das der Fall ist, profitieren die Aktionäre davon so stark, dass sie sich die damit verbundene Verwässerung gut leisten können. Demgegenüber haben die – reichlicher ausgegebenen – regulären Optionen einen festen Ausübungskurs, der mit viel größerer Wahrscheinlichkeit zum Einlösungszeitpunkt unter dem Tageskurs liegen wird, sofern das Unternehmen nur annähernd erfolgreich ist.

Der Plan von Briggs & Stratton ist nicht in allen Einzelheiten auf alle Unternehmen übertragbar. Die Einführung eines effektiven EVA-Incentiveprogramms erfordert eine sorgfältige Berücksichtigung der jeweiligen wettbewerbsbedingten und betrieblichen Herausforderungen, mit denen das Unternehmen konfrontiert ist, und einer entsprechenden Maßausfertigung des Programms. Einige der beschriebenen Eigenschaften von Leveraged Stock Options müssen möglicherweise geändert oder mit einem Übergangszeitplan versehen werden. Nehmen wir beispielsweise ein kleines Pharmaunternehmen mit einem großen Potenzial, dessen wichtigste Produkte jedoch noch auf ihre Freigabe durch die Federal Drug Agency warten. In diesem Fall erwarten Sie wahrscheinlich eine Abschwächung der Forderung, dass Leveraged Stock Options nur durch EVA-Verbesserungen erworben werden können, die vermutlich noch eine Weile auf sich warten lassen.

Auf der Fabrikebene könnte es zudem sinnvoll sein, entsprechende Incentiveprogramme an Performancekriterien auszurichten, die eher im Zuständigkeitsbereich der betreffenden Manager oder Beschäftigten liegen, wie beispielsweise dem fabrikbezogenen EVA. Für die Beschäftigten der untersten Ebene wäre zu erwägen, einen Teil der Incentives an bestimmte » Werttreiber « zu koppeln, wie beispielsweise Anlageneffizienz, Lagermanagement oder Arbeitsproduktivität. Es gibt mit anderen Worten kein Universalprogramm. Eine erfolgreiche Implementierung setzt ein gründliches Verständnis der Wertsteigerungsdynamik sowie die aktive Mitarbeit der intelligentesten Kräfte unter den Managern des Unternehmens voraus. Auf diese Weise können Sie eine Organisation so gestalten, dass jeder weiß, wofür er bezahlt wird.

Fallstudie 2:
Die DIS AG – EVA-Management- & -Incentivesystem in Deutschland

Eine überaus überzeugende Variante des EVA-Bonussystems hat in Deutschland die im Markt für Zeitarbeitskräfte tätige DIS AG eingeführt. Dazu muss man anmerken, dass die DIS AG auch schon vor der Einführung von EVA ein ausgesprochen unternehmerisches Vergütungssystem hatte, bei der die meisten der rund 650 Mitarbeiter am Ergebnis der Firma beteiligt waren. Die Einführung des EVA-Incentivesystems bedeutet daher keine radikale kulturelle Veränderung, sondern eine konsequente Weiterentwicklung des bisherigen Systems.

Das operative Geschäft der DIS AG wird von Niederlassungen betrieben, von denen es inzwischen allein in Deutschland 180 gibt. Jede dieser Niederlassungen ist im operativen Geschäft vollkommen eigenständig und somit für ihr Ergebnis auch verantwortlich. Damit handelt jede Niederlassung wie ein eigenes kleines Unternehmen. Dieter Paulmann, Gründer und Vorstandsvorsitzender des Unternehmens, weiß, dass niemand die lokalen Besonderheiten besser kennt als die jeweilige Niederlassung vor Ort. Und so hat er auch die Entscheidung für alle Maßnahmen primär an die Niederlassungen selbst delegiert. Einzig bei ausgewählten regional übergreifenden Aufgaben und zum Beispiel der Rekrutierung von Führungskräften werden von der Zentrale in Offenbach gewisse Standards vorgegeben beziehungsweise zentrale Unterstützung angeboten.

Das Incentivesystem funktioniert wie folgt: Aus dem EVA-Beitrag der Niederlassung ermittelt sich der jeweilige Bonuspool, der entsprechend der persönlichen Leistungen vom Niederlassungsleiter nach vorher festgelegten Kriterien an die Mitarbeiter verteilt wird. Der Bonus ergibt sich aus einem bestimmten Prozentsatz vom absoluten EVA und einem – höheren – Anteil an der tatsächlichen EVA-Verbesserung (Delta-EVA), also der Veränderung des EVA gegenüber dem Vorjahr.

Dadurch wird einerseits eine gleich bleibende Performance honoriert, andererseits aber auch ein besonderer Anreiz zur zusätzlichen Wertsteigerung gegeben. Um die Mitarbeiter auch unterhalb des Jahres schon am laufenden Erfolg zu beteiligen und ihrem Liquiditätsbedürfnis Rechnung zu tragen, wird der Bonusanteil, der sich aus dem absoluten EVA ergibt, jeweils monatlich ausbezahlt. Der Bonusanteil aus der EVA-Verbesserung wird hingegen erst am Ende des Jahres ermittelt. Dieser Betrag wird in eine Bonusbank eingestellt, wovon jedes Jahr ein Drittel ausbezahlt wird. In den folgenden Jahren wird wiederum der Delta-EVA-Bonus in die Bonusbank eingestellt beziehungsweise etwaige negative Boni (bei abnehmendem EVA) vom Bonusbestand abgezogen.

Schließlich wurden alle Mitarbeiter eingehend in der EVA-Berechnung und ihren Werttreibern geschult, sodass jeder Mitarbeiter die Stellhebel kennt, mit denen er zur Wertsteigerung beitragen kann. Da auf Niederlassungsebene der bedeutendste Vermögensbestand die Kundenforderungen sind, liegt der Fokus nun viel stärker auf dem Forderungsmanagement – und damit auf dem Werttreiber Kapitalumschlag – als zuvor.

10 Wie EVA fehlschlagen kann

Was veranlasste jenen CEO, seinen Rückzug ein Jahr im Voraus bekannt zu geben? Vielleicht wollte er seinen möglichen Nachfolgern Gewissheit geben, dass er nicht bis zum Sankt-Nimmerleins-Tag zu bleiben gedachte. Was auch immer seine Beweggründe waren, seine übereilte Ankündigung bedeutete für die seit sechs Monaten in Vorbereitung befindliche EVA-Einführung einen herben Schlag; in weiteren drei Monaten sollte das EVA-Incentivesystem in Kraft treten. Aber nach der Ankündigung des CEO besuchte der Chef der Personalabteilung, der eine Schlüsselfigur in der EVA-Einführung war, nicht länger die Sitzungen des Lenkungsausschusses, der von der Unternehmensleitung zwecks Koordination des Programms eingerichtet worden war.

Auch andere Mitglieder der Komitees verloren daraufhin zusehends ihre Begeisterung für das Projekt. Schließlich waren sie alle zufrieden mit dem alten System der jährlich ausgehandelten Bonusziele, von dem sie persönlich reichlich profitiert hatten. Warum sollten sie sich auf die Unsicherheit der neuen EVA-Incentives einlassen, wenn der CEO, der das Experiment veranlasst hatte, binnen kurzem gehen würde?

Am Ende ließ sich das Desaster gerade noch abwenden. Der CEO verlieh seiner Autorität neuen Nachdruck, indem er verkündete, das Programm werde wie geplant binnen drei Monaten und unter seiner vollen Regie in Kraft treten. Er erkannte, dass er keine andere Wahl hatte, weil die Umstellung des Unternehmens auf EVA bereits zuvor öffentlich angekündigt worden war. Ein Kurswechsel zu diesem Zeitpunkt hätte unabsehbare Folgen gehabt, vor allem angesichts einer geplanten umfangreichen Aktienemission.

Dieser Zwischenfall illustriert einen der Hauptgründe, warum EVA scheitern kann – die eingeschränkte, oder als eingeschränkt empfundene, Unterstützung des CEO für das Programm. An dieser Stelle mag sich der Leser wundern, warum wir über ein Scheitern reden. Die vorigen Kapitel beschrieben die Straßenkarte des Erfolgs in allen Einzelheiten. Aber das Bild bleibt unvollständig, solange wir nicht die möglichen Risiken erwähnen, die ein EVA-Programm zu Fall bringen können, und die ungünstigen Bedingungen beschreiben, unter denen EVA nicht überleben, geschweige denn gedeihen kann.

Zweifelsohne ist die Einstellung des Chief Executive von entscheidender Bedeutung für den Erfolg oder Misserfolg des Programms. In den letzten vier oder fünf Jahren, während derer das Programm an Bekanntheit zunahm, kam es gelegentlich vor, dass ein Unternehmen EVA mehr oder weniger nur zu PR-Zwecken einführte. Viele Analysten verbuchten die EVA-Einführung als großen Pluspunkt, und es gab Fälle – wie vor ein paar Jahren bei der Olin Corporation sowie im Jahr 1997 bei Federal-Mogul –, dass die bloße Ankündigung eines EVA-Plans bereits einen deutlichen Kursanstieg der Unternehmensaktien auslöste. Wenn jedoch der Chief Executive die Anstrengungen nur halbherzig unterstützt, ist ein Scheitern vorprogrammiert. Der Grund: EVA bedeutet eine derart radikale Abkehr von allen gewohnten Methoden der Erfolgsmessung und der Mitarbeitermotivation, dass ein unablässiger Druck von oben notwendig ist, um die unteren Chargen zur Kooperation zu zwingen. Wir dürfen nicht vergessen, dass EVA einen radikalen Kulturwandel erfordert: Größe um ihrer selbst willen, Marktanteil und so genanntes Top-line-Wachstum sind »out«; Wert ist »in«. Die Disziplin des Verzichts auf zu teure Akquisitionen und andere Investitionen ist unerlässlich.

Wie wir bereits betonten, sind Veränderungen in einer ausgereiften Bürokratie stets mit Stress verbunden und wecken häufig Ängste. Viele Menschen sind nur dann bereit, von lieb gewonnenen Gewohnheiten Abschied zu nehmen, wenn die Situation so aussichtslos ist, dass sie keine andere Möglichkeit sehen. Eingefahrene Wege erzeugen häufig ein Gefühl der Behaglichkeit, und viele Führungskräfte sind in ihren Furchen reich geworden. Wenn ein Mensch die allgemeine Praxis auf-

206

geben und Veränderung initiieren und durchsetzen kann, dann der Chief Executive. Normalerweise kann der CEO EVA nicht im Alleingang einführen. Fast immer ist er auf die Mithilfe des Board of Directors angewiesen, um einen neuen Incentiveplan zu installieren; das weitere Schicksal des Programms liegt jedoch in den Händen des CEO.

EVA kann, wie wir sehen werden, auch aus anderen Gründen scheitern, aber der Misserfolg ist vorprogrammiert, wenn der CEO sich nicht an die Spitze des Vorhabens stellt. Was folgt daraus? Es reicht nicht, wenn der CEO am Lenkungsausschuss teilnimmt, sondern er muss in ihm den Vorsitz führen. (Des Weiteren sollten der Chief Financial Officer, der Chief Operating Officer und andere wichtige Führungskräfte vertreten sein). Seine Rolle ist nicht die des Schiedsrichters, denn das Komitee ist kein parlamentarisches Gremium, sondern die des Verfechters des Programms, der die Diskussion koordiniert, Konflikte löst und dafür sorgt, dass der Aktionszeitplan eingehalten wird.

Es gibt Umstände, in denen die Aussichten um EVA schlecht stehen, sodass es ratsam ist, von einer Implementierung abzusehen, vorausgesetzt, diese Umstände sind im Voraus zu erkennen. So kann es beispielsweise vorkommen, dass die Mitglieder des oberen Führungskreises eines Unternehmens für ihre mangelhafte Performance überbezahlt sind, mit der Folge, dass sie unter einem EVA-Bonusplan aller Voraussicht nach weniger verdienen werden. Vor ein paar Jahren wurde Stern Stewart von einem großen Unternehmen, das unter der Drohung einer feindlichen Übernahme in defensiver Absicht ein Pharmaunternehmen gekauft hatte, um eine Präsentation gebeten. Das Käuferunternehmen war weder mit dem Arzneimittelgeschäft noch mit der Qualität des für die Führung eines solchen Unternehmens erforderlichen Talents vertraut und hielt deshalb alle Beteiligten mit großzügigen Boni und langfristigen Verträgen im Unternehmen. Als Stern Stewart in besagter Präsentation zu erklären versuchte, wie EVA die Gesamtperformance des Unternehmens verbessern würde, war die Reaktion entschieden frostig, nach dem Motto: »Das kann in unserer Unternehmenskultur nicht funktionieren.« Die Skeptiker hatten natürlich Recht. Unter einem EVA-Incentiveprogramm hätten die Mitglieder des oberen Führungskreises mit Sicherheit weniger verdient.

Mittelmäßiges Talent in der Führungsetage ist ebenfalls kein guter Vorbote für eine erfolgreiche EVA-Einführung. Um die Baseball-Sprache zu gebrauchen: Auch die besten Coaches von Stern Stewart können aus .220-Hittern keine .320-Hitter machen. Jeder Versuch einer Implementierung ist dann vergeblich. Denn sobald Sie jemanden unter ein EVA-Programm stellen, sind seine Belohnungen an substanzielle Performanceverbesserungen gekoppelt. Was aber ist, wenn diese Leute dazu nicht in der Lage sind, weil ihre persönlichen Fähigkeiten schlechterdings nicht ausreichen? Dann sind die EVA-Missionare gezwungen, unerreichbare Ziele zu setzen, was mit Sicherheit bei allen Beteiligten ein Gefühl der Frustration erzeugt.

Der vierte Grund für ein Scheitern ist viel häufiger als die beiden vorigen und betrifft eine widrige Unternehmenskultur, wie sie für althergebrachte öffentliche Versorgungsunternehmen, staatseigene Unternehmen und Regierungsabteilungen kennzeichnend ist. In diesen Organisationen sind die Arbeitsplätze vielfach von keiner Leistung abhängig, und Beförderungen richten sich eher nach dem Dienstalter als nach dem persönlichen Verdienst. Unter solchen Umständen sind die Menschen an eine variable Bezahlung nicht gewöhnt, es sei denn auf tariflich ausgehandelter Basis, und die Aussicht, nach strengen Maßstäben wie EVA objektiv beurteilt zu werden, schmeckt ihnen nicht. Auch psychologisch sind sie ganz auf einen ruhigen Büroalltag eingestellt, wo Pünktlichkeit an beiden Enden des Tages die wichtigste Tugend ist. Im Anschluss an eine EVA-Präsentation rief eine Führungskraft aus: »Mit diesem Programm müssen wir jeden Abend bis 18 Uhr bleiben!« Nur ein starker Chief Executive, der entschlossen ist, EVA einzuführen, kann diese Form des Widerstands überwinden. Aber dass es möglich ist, haben Marvin Runyon vom US Postal Service und weitere Beispiele in der übrigen Welt gezeigt.

In den Ländern Europas musste EVA anfangs gegen starken Widerstand ankämpfen. Obwohl einige bekannte Unternehmen wie Siemens, Diageo, Metro, ESCADA, Tate & Lyle, Lafarge, die DIS AG und International Service Systems das Programm bereits implementiert haben, ist die Schlacht noch lange nicht gewonnen, wobei es nicht so schwer ist, ein erstes Hearing zu gewinnen, als vielmehr die Mauer der Skepsis und den Mangel an Begeisterung für die Schlüsselkonzepte zu überwinden, die in den Vereinigten Staaten so viel Applaus ernten. Die Erklärung für das Problem liegt in den erheblichen kulturellen Unterschieden.

Stern Stewart machte diese Erfahrung vor ein paar Jahren in Frankreich. Anfang 1997 war die Zusammenarbeit mit drei Unternehmen, die begierig zu sein schienen, EVA zu implementieren, um im neuen Zeitalter des globalen Wettbewerbs bessere Karten zu haben, beinahe unterschriftsreif, als Präsident Jacques Chirac plötzlich Parlamentswahlen ausschrieb. Zu jedermanns Überraschung gewann der Sozialist Lionel Jospin. Und bald darauf änderten die drei Unternehmen ihre Ansichten zu EVA. »Der Druck ist weg; wir haben nicht länger ein Gefühl der Dringlichkeit«, gestand uns eine Führungskraft, der sich von einer sozialistischen Regierung offensichtlich eher eine Betonung des Sozialvertrags als die Forderung nach Wettbewerbsstärke erwartete. Ein anderer erklärte: »EVA steht im Widerspruch zu unserer Einstellung. Wir wollen nicht, dass die Menschen stets Geldanreizen ausgesetzt sind.«

Seit Jahren hatten viele Menschen in Deutschland und Frankreich EVA als kulturellen Affront empfunden. Stern Sterwart hatte große Schwierigkeiten, mit Vorstellungen von einer Incentivevergütung Gehör zu finden. Führungskräfte stehen anfangs jeder Art von objektiver Bewertung der Performance Einzelner oder ganzer Teams abweisend gegenüber; Wertsteigerung als Unternehmensziel scheint ein Fremdwort zu sein. Die Beschäftigten haben nicht viel übrig für die Idee, dass sie an dem Unternehmen in einer Weise beteiligt sind, die sie zwingt, sich wie Eigentümer zu verhalten. Sie haben nicht den Wunsch, Eigentümer mit all den damit verbundenen Risiken zu sein; sie sehen sich als primäre Anspruchsberechtigte, die kein Risiko einzugehen brauchen. In ihren Augen zählt vor allem die Größe der Einheit, die ein Manager unter sich hat, weil die Größe die Verantwortung bestimmt und von der Größe der Verantwortung Gehalt und Pensionsansprüche abhängen. Ein solches System konserviert mehr oder weniger den Status quo, auch wenn es unter den Einzelakteuren und den Unternehmen Ausnahmen gibt.

Im Jahr 1998 verfasste Pascal Luciani, damals MBA-Kandidat an der London Business School, eine interessante Arbeit über die kulturellen Hindernisse, mit denen sich EVA in Europa konfrontiert sieht. »EVA in Europe – A Cultural Perspective« basierte auf ausführlichen Interviews mit Geschäftsleuten aus mehreren Ländern und enthielt einen Literaturüberblick. Luciani kam zu dem Schluss, dass EVA noch hohe Hindernisse zu überwinden habe. Das Problem lag in dem mangelnden Interesse der Unternehmen, durch effizienten Kapitaleinsatz den Shareholder Value zu erhöhen. Auf ihrer Wunschliste dominierten vielmehr ein Wachstum um seiner selbst willen, eine Vergrößerung des Marktanteils und bisweilen die Schaffung überlegener Produkte. Die Unternehmen nahmen in der Regel ihre soziale Verantwortung sehr ernst und schenkten gelegentlich den Interessen der Stakeholder mehr Beachtung als denen der Shareholder. Gleichzeitig war die Motivation der Manager nicht in erster Linie finanzieller Art. Sie strebten vielmehr nach Status, Macht und der Kontrolle über immer größere Einheiten, zusammen mit dem Privileg, Untergebenen Vorschriften machen zu dürfen. Für ein partizipatorisches Management nach US-amerikanischem Vorbild war in diesem Schema kein Platz.

Luciani gliederte seine Ergebnisse in die Rubriken Einstellung, Motivation, Performancemessung und Management und lieferte für jede davon Beispiele aus drei Ländern – Frankreich, Deutschland und Großbritannien. Unter dem Stichwort Einstellung finden sich für Deutschland Einträge wie: »Überlegene Produkte und modernes Engineering bringen höchsten

Profit«, sowie »Darum besorgt, die erste Wirtschaftsmacht in
Europa zu bleiben« und »Was gut für die Gesellschaft ist, ist
auch gut für die Wirtschaft« – ein Gedanke, der vom französischen Eintrag aufgegriffen wird: »Die Wirtschaft ist zum Nutzen der Gesellschaft da.« All diese ehrenwerten philosophi-
schen Überlegungen ignorieren jedoch die Tatsache, dass Unternehmen auf Dauer nur erfolgreich sein können, wenn die
Aktionäre wachsende Renditen bekommen.

Die wichtigsten Ergebnisse unter dem Stichwort Motivation ähnelten sich für alle drei Länder. Die Deutschen wünschten sich demnach »Möglichkeiten zu Selbstverwirklichung
und persönlicher Entwicklung« sowie »lebenslange Arbeits-
platzsicherheit«. Die Franzosen wollten »Anerkennung und
Bestätigung im Kollegenkreis« und eine »langfristige Karri-
ereposition«. Auf die Verlockung durch finanzielle Anreize
blickten die Befragten in allen drei Ländern gleichermaßen
verächtlich herab. Die französischen Manager werden mit der
Aussage zitiert: »Die kapitalistische Philosophie der Verwendung monetärer Anreize zur Förderung von Initiative und
ökonomischer Leistung empfinden wir als Affront.« Die Bri-
ten waren nicht beleidigt, aber von ihnen heißt es, dass sie
»apathisch auf Unterschiede in der Bezahlung reagieren. Finanzielle Belohnung ist etwas, das mit dem Rang oder der Position automatisch einhergeht.«

Über die Standardverfahren zur Messung der Unternehmensperformance konnte jemand, der von EVA überzeugt ist,
nur den Kopf schütteln. In Deutschland »liegt der Schwerpunkt auf der Erzeugung langfristiger Ertragskraft« ohne
irgendeinen Vorbehalt hinsichtlich des Kapitalverbrauchs. In
allen Ländern ist der Managementstil durch »ein starkes Kon-
trollbedürfnis« gekennzeichnet.

Wie sollte EVA angesichts einer kulturellen Atmosphäre,
die so anders war als in den Vereinigten Staaten, irgendwelche
Anhänger gewinnen? Lucianis Ansatz bestand darin, möglichst wenig Betonung auf die finanziellen Anreize zu legen
und stattdessen zu zeigen, wie EVA die Produktionseffizienz,

auf die die Deutschen so viel Wert legten, erhöhen kann, und wie die Kontrolle der Manager durch EVA nicht aufgeweicht, sondern vielmehr verstärkt wird. Er plädierte nicht dafür, auf den EVA-Incentiveplan zu verzichten, schlug aber vor, ihn über die Hintertür einzuführen, indem man die Manager überzeugte, dass EVA ihre Position stärkte, ihre Macht festigte und ihren Status erhöhte. Aktionäre und Stakeholder würden gleichermaßen profitieren, aber die Interessen der Aktionäre sollten nicht in den Vordergrund gerückt werden.

Lucianis Arbeit bietet eine hilfreiche Analyse des Problems, auch wenn sein Lösungsvorschlag allzu zynisch erscheinen mag. Eine Betonung der Tatsache, dass sich mit EVA die Produktionseffizienz und der Kontrollzugriff des Managements verbessern lassen, mag ein guter Köderhaken sein – gewissermaßen der Fuß in der Tür –, aber es ist unmöglich, ein EVA-Programm ohne den Aspekt des finanziellen Anreizes erfolgreich zu implementieren. Mehrere europäische Unternehmen haben, wie bereits erwähnt, den Punkt begriffen und ein volles EVA-Programm implementiert.

Ebenso wenig sind die von Luciani zitierten Antworten ein Beweis, dass die Befragten unempfänglich für finanzielle Anreize seien. Viele von ihnen erhalten eine variable Bezahlung – Boni –, auch wenn der variable Anteil an der Gesamtvergütung weit geringer ist als in den Vereinigten Staaten und die Boni in der Regel bereits ab einem vergleichsweise bescheidenen Performanceniveau gekappt werden. Aber die Europäer halten es ganz offensichtlich für unziemlich, unter ihrer Würde oder taktlos, den Geldaspekt zu betonen und sehen darin eher das Kennzeichen des unzivilisierten US-Amerikaners. Zudem können reichliche Boni schnell zu einem PR-Problem werden. Britische Führungskräfte wollen nicht als »Fat Cats« in der Boulevardpresse erscheinen. Als Lösung bietet sich ebenfalls eine PR-Kampagne an, die jedoch herausstreicht, wie sehr der Erfolg eines Unternehmens auch der Gesellschaft insgesamt zugute kommt. Bei dieser Behauptung handelt es sich freilich nicht um eine PR-Lüge, sondern um die reine Wahrheit.

11 Neuland: Real Options und vorausschauender EVA

Wir dringen jetzt in ein Gebiet vor, das noch nicht vollständig kartografiert ist. Real Options sind ein vergleichsweise neues Konzept, das sich auf alle Branchen anwenden lässt und besonders in Abbaubetrieben – Öl, Gas und allen Arten von Bergbau – von eminenter Bedeutung ist.

Aber was, so mögen Leser fragen, sind Real Options? Die kurze Antwort lautet, dass es sich um verschiedene Arten von Optionen auf zukünftige Geschäftsmöglichkeiten handelt – die Erschließung eines Ölfelds, die Errichtung einer Fabrik, überhaupt jede Art von Kapitalinvestition oder strategischer Entscheidung. Reale Optionen verhalten sich analog zu den vertrauteren finanziellen Optionen und werden im Prinzip nach derselben Formel bewertet.

Eine finanzielle Option verleiht jemandem das Recht – aber nicht die Pflicht –, etwas zu einem festgelegten Preis zu kaufen oder zu verkaufen. Angenommen, Sie kaufen eine Kaufoption für eine Aktie des Unternehmens XYZ zum Kurs von 30 US-Dollar. Wenn die Aktie vor dem Verfallsdatum der Option über 30 US-Dollar steigt, üben Sie die Option aus, indem Sie die Aktie kaufen – oder indem Sie Ihre Option verkaufen –, und als Gewinn bleibt Ihnen die Differenz zwischen den 30 US-Dollar und dem aktuellen Marktkurs. Wenn die Aktie die 30-US-Dollar-Marke in dieser Zeit niemals erreicht, verlieren Sie lediglich den Preis der Option, der möglicherweise nicht mehr als zwei oder drei US-Dollar beträgt. Somit ist eine Option mit wenig Risiko und einem sehr viel höheren potenziellen Gewinn verbunden, denn dem Aktienkurs sind theoretisch nach oben keine Grenzen gesetzt. Optionen sind jedoch sehr viel risikobehafteter als gewöhnliche Aktien, weil die Gewinne weitaus größeren Schwankungen unterliegen.

Seit über zwei Jahrzehnten werden finanzielle Optionen nach dem Black-Scholes-Merton-Modell bewertet, für das Scholes und Merton den Nobelpreis erhielten (Black starb, bevor ihm die Ehre zuteil wurde). Die Gleichungen, deren Komplexität den Rahmen dieser Seiten sprengen würde, berücksichtigen fünf Parameter: (1) den Aktienkurs, (2) den Ausübungskurs, (3) die Geltungsdauer der Option, (4) den risikofreien Zinssatz und (5) die Volatilität der Aktie. In einer verfeinerten Version des Modells gibt es noch einen sechsten Parameter – die Dividendenrendite, die dem Optionsnehmer entgeht, solange er die Aktie nicht kauft. Die Volatilität ist ein entscheidender Faktor: Je unstetiger ein Wertpapier, desto wertvoller ist die Option. Das mag paradox erscheinen, entspricht aber der Logik; die Chance, dass der Aktienkurs über den Ausübungskurs ausschlägt, ist bei einer Aktie mit großen Pendelbewegungen größer als bei einer Aktie, die sich nur langsam bewegt. Und Optionen mit längerer (Rest-)Laufzeit sind mehr wert als solche mit kürzerer, denn mit der längeren Geltungsdauer ist auch die Wahrscheinlichkeit größer, dass der Aktienkurs die Zielmarke berührt.

Ähnliche Parameter bestimmen auch den Wert einer Real Option. Die Geltungsdauer der Option ist die verfügbare Zeit, bevor eine Entscheidung getroffen werden muss. Der risikofreie Zinssatz spielt bei beiden Optionsarten dieselbe Rolle. Statt eines Aktienkurses wird der Gegenwartswert des zukünftigen verwirklichten Projekts genommen. Der Ausübungskurs findet seine Entsprechung in den Kosten einer Verwirklichung des Projekts, sobald eine Entscheidung zu seinen Gunsten gefallen ist. Die Volatilität leitet sich aus den Erfahrungen mit ähnlichen Projekten in der Vergangenheit ab. Die entgangene Dividendenrendite wird durch eine Zahl ersetzt, die den Wert repräsentiert, den das Projekt einbringen würde, wenn es sofort verwirklicht würde. Wenn das Projekt in der gegebenen Frist nicht verwirklicht wird, beschränken sich die Kosten auf diejenigen für die Option. Dabei kann es sich beispielsweise um die anfänglichen F&E-Aufwendungen eines Pharmaunternehmens, um die im Rahmen der Projektplanung anfallenden Personalkosten oder um den Preis einer Option auf den Kauf eines Grundstücks handeln.

Optionen bieten den Unternehmen die Möglichkeit, flexibel zu planen. Vielfältige Projekte können zu vergleichsweise niedrigen Kosten erkundet und Entscheidungen so lange aufgeschoben werden, bis die möglichen Resultate klarer erkennbar sind. Lange vor Black-Scholes-Merton begannen die filmproduzierenden Unternehmen mit dem Einkauf ganzer Bündel von Optionen auf Bücher, Drehbücher und sogar unvollendete Manuskripte. Angenommen, ein Unternehmen zahlt 12 500 oder 25 000 US-Dollar für die auf ein oder zwei Jahre befristete Option, zum Preis von 250 000 oder 500 000 US-Dollar die Filmrechte an einem bestimmten Buch zu erwerben. Das Optionsobjekt wäre in dieser Zeit für Wettbewerber nicht verfügbar, und dem Unternehmen bliebe die vereinbarte Frist, um Besetzungsmöglichkeiten auszuloten, zu klären, wie sich der geplante Film in das Produktionsprogramm einfügt, und eine Finanzierung zu suchen. Die Option lässt sich häufig gegen Zahlung eines Aufpreises verlängern. Zudem hat die Produktionsfirma in der Regel mehrere, möglicherweise Dutzende von Optionen laufen, was ihr ein weites Entscheidungsspektrum lässt. Häufig werden Optionen im Augenblick der ersten Begeisterung erworben, die später wieder verfliegt. Und wenngleich Autoren, die mit den Gepflogenheiten von Hollywood wenig vertraut sind, oft enttäuscht sind, wenn ihre Optionen nicht eingelöst werden, so arbeitet das System doch erheblich billiger, als wenn das Unternehmen jeden Titel regelrecht kaufen müsste, um Wettbewerber auf Distanz zu halten, und dann Monate mit der Entscheidung für oder gegen eine Produktion schwanger gehen würde.

In der *Business-Week*-Ausgabe vom 7. Juni 1999 berichtet Peter Coy von einer innovativen Verwendung von Real Options durch das Stromversorgungsunternehmen Enron. Enron baute in Tennessee und Mississippi drei Stromkraftwerke, die weniger kosteten als vergleichbare Standardkraftwerke, dafür aber auch weniger leistungsfähig waren. Das spielte jedoch keine Rolle: Die Fabriken, deren Lizenz eine Betriebszeit von 50 Tagen im Jahr gestattete, waren für den Einsatz in Spitzennachfragezeiten gedacht, wenn die Stromverrechnungspreise zwischen den Unternehmen ebenfalls Spitzenniveaus erreichten. *Business Week* berichtete, dass die Kosten für eine Megawattstunde im Juni 1998 in Teilen des Mittleren Westens für kurze Zeit von 40 US-Dollar auf unglaubliche 7000 US-Dollar angestiegen waren. In der Erwartung, dass sich ein solches Szenario wiederholen könnte, beschloss Enron, Vorkehrungen zu treffen, damit es von dieser Situation im Fall ihres Eintretens profitieren könnte. Das Risiko beschränkte sich auf die Kosten für die Kraftwerke – den Optionspreis –, während der mögliche Nutzen enorm war. Die Volatilität der Preise war dabei sicherlich der wichtigste Faktor.

Real Options sind auch im Zusammenhang mit strategischen Akquisitionen von Nutzen. Martha Amram und Nalin Kulatilaka führen in ihrem Buch »Real Options« das Beispiel eines Hightech-Unternehmens an, das in ein kleineres Unternehmen investieren und sich dabei die Möglichkeit offen halten wollte, im Erfolgsfall eine Mehrheitsbeteiligung zu erwerben. Man einigte sich auf einen Preis von 33,2 Millionen US-Dollar für eine 51-prozentige Beteiligung nach einer Frist von zwei Jahren; zu dem gegebenen Zeitpunkt waren 51 Prozent 30,6 Millionen US-Dollar wert. Die entscheidende Frage lautete nun, wie hoch die *jetzige* Investition sein sollte. Die Standardformel ergab einen Wert von 8,4 Millionen US-Dollar. Das war der Preis für die Option – kein Pappenstiel, aber im Fall einer enttäuschenden Entwicklung des Zielunternehmens immer noch billiger, als wenn der Kaufpreis von 30,6 Millionen US-Dollar sofort zu berappen gewesen wäre.

Die Theorie der Real Options bewährt sich besonders in Abbaubetrieben wie Öl und Gas, weil die Marktkapitalisierung dieser Unternehmen in erster Linie davon abhängt, welche erschlossenen oder unerschlossenen Bodenvorkommen sie besitzen. Der Wert der Vorkommen schwankt mit dem Preis, den

216

diese Rohstoffe auf dem Weltmarkt erzielen. In einem scharfsinnigen Artikel, der im Herbst 1998 im *Journal of Applied Corporate Finance* unter dem Titel »How To Use EVA in the Oil and Gas Industry« erschien, stellten John L. McCormack und Jawanth Vytheeswaran fest, dass die Standard-EVA-Kalkulation (NOPAT minus Kapitalkosten) nur ungefähr acht Prozent der Fluktuation in den Aktienkursen der von den Autoren untersuchten 25 großen Öl- und Gasunternehmen zu erklären vermochte. (Buchgewinne konnten lediglich zwei bis vier Prozent erklären.) Das Problem ist, dass die standardmäßige EVA-Bewertung beim Betriebsgewinn ansetzt (von den anschließenden Korrekturen zwecks Berücksichtigung der ökonomischen Realität war in Kapitel 2 die Rede), dass der Markt jedoch weit stärker an dem unter der Erde verborgenen Reichtum interessiert ist. Wenn ein Unternehmen einen großen Fund macht, steigen seine Aktien. Später, wenn Öl und Gas produziert und vermarktet werden, sinkt der Aktienkurs in der Regel wieder, es sei denn, es kommt zu weiteren Funden.

Wie McCormack und Vytheeswaran ausführen:

»Neue Funde geschehen unregelmäßig und sind grundsätzlich nicht vorhersehbar. Erfolge in der Vergangenheit bieten keine Garantie für ebensolche Erfolge in der Zukunft... Im Unterschied zu vielen anderen Branchen, in denen eine vergangene Erfolgsbilanz beispielsweise im Aufbau einer Marke oder eines Franchiseunternehmens darauf schließen lässt, dass ähnliche Erfolge auch in Zukunft zu erwarten sind, stellt sich die Öl- und Gasbranche viel eher als reines Glückspiel dar.«

Eine Einschränkung müssen wir allerdings machen. Die Unangemessenheit der standardmäßigen EVA-Bewertung bezieht sich nur auf die so genannten »vorgelagerten« Bereiche der Branche – Erkundung und Förderung; die »nachgelagerten« Bereiche – Veredelung und Vermarktung – bilden für den standardmäßigen EVA-Ansatz kein Problem. Die meisten großen

Unternehmen sind vertikal integriert, einige jedoch sind nur in den Bereichen Erkundung und Förderung tätig.

McCormack und Vytheeswaran schlagen verschiedene Änderungen am EVA-Bewertungsansatz im Bereich Erkundung und Förderung vor. So sollte erstens die Methode verändert werden, nach der die meisten Unternehmen ihre Kosten für Probebohrungen verbuchen, bei denen es in der Regel sehr viel mehr Nieten als Treffer gibt. Der allgemeinen Praxis zufolge werden die Kosten in dem Jahr abgeschrieben, in dem sie anfallen. Das hat den positiven Effekt einer Verringerung der Steuern, drückt aber auch die Erträge und gibt ein falsches Bild vom Geschehen. In den Folgejahren werden die Gewinne umso stärker anwachsen, sodass sich die Manager schließlich versucht sehen, die Erkundungstätigkeit zu reduzieren. Paradoxerweise haben also die Manager einen Anreiz, die Aktivität zu drosseln, die auf lange Frist den Shareholder Value erhöht. Die Autoren des Artikels haben keine Einwände gegen eine Abschreibung der Erkundungskosten zu steuerlichen Zwecken, schlagen aber vor, die Erkundungskosten in der internen Buchhaltung zu kapitalisieren. Das ist dieselbe Logik, die im Rahmen der EVA-Kalkulation für die Kapitalisierung der Kosten für F&E und Markenpflege sowie für Schulung und Produktentwicklung in Finanzdienstleistungsunternehmen wie etwa Banken und Versicherungen spricht.

Die wichtigste Reform betrifft den »vorausschauenden EVA«. Dieser stellt eine einschneidende Änderung gegenüber der standardmäßigen EVA-Bewertung dar. McCormack und Vytheeswaran empfehlen, jedes Jahr die Wertsteigerung der Bodenvorkommen des Unternehmens – oder deren Wertminderung, falls die Preise sinken – auf den NOPAT aufzuschlagen. Oder wie dieselben Autoren in einem Artikel in der Ausgabe des *Oil and Gas Investors* vom April 1999 schrieben:

»Die Wertsteigerung in einem konkreten Zeitraum wird berechnet durch Subtraktion des Gegenwartswerts (GW) der Vorkommen zu Beginn des Zeitraums und des während dieses Zeitraums in die Vorkommen investierten Kapitals von dem Gegenwartswert der Vorkommen am Ende des Zeitraums. Die EVA-Kalkulation für ein bestimmtes Jahr, sagen wir 1998, würde den folgenden Korrekturwert enthalten:

GW Vorkommen 1998 – GW Vorkommen 1997
                – [Kapitalisierte Kosten 1998
                – Kapitalisierte Kosten 1997]

Mit dieser Korrektur wird im Prinzip berücksichtigt, dass der Markt heute den Wert honoriert, der in Zukunft zu erwarten ist.«

Deshalb werden in der Kalkulation die – in der Finanzpresse veröffentlichten – Zukunftspreise und keine Augenblickspreise verwendet. Aber die Übung ist damit noch nicht zu Ende. Der Wert der Vorkommen im laufenden Jahr wird auf die Kapitalbilanz des Unternehmens aufgeschlagen, was zur Folge hat, dass vom NOPAT des darauffolgenden Jahres höhere Kapitalkosten abgezogen werden und damit die Hürde wächst, die für eine fortgesetzte EVA-Verbesserung zu überspringen ist.

Um ein akkurates Bild von der Steigerung des Aktionärsvermögens zu bekommen, wird der NOPAT jedes Jahr um den Wert der Optionen des Unternehmens erhöht. Diese Optionen fallen in zwei Kategorien: gesicherte, aber unerschlossene Vorkommen, sowie wahrscheinliche und potenzielle Vorkommen. Letztere sind mit höchster Vorsicht zu genießen und erfordern komplizierte Berechnungen. Der Nettogegenwartswert der gesicherten, aber unerschlossenen Vorkommen ist einfacher zu verstehen und erfordert lediglich etwas Real-Option-Theorie. Die Kosten einer Option setzen sich aus den Ausgaben für geologische und geophysikalische Untersuchungen und den Kosten für die Grundstückspacht zusammen. Der Ausübungskurs der Option – die Kosten für die Bohrung, nachdem die Entscheidung für eine Entwicklung gefallen ist – kann von jedem einschlägigen Unternehmen leicht errechnet werden. Der Gegenwartswert des zukünftigen Cashflows (vergleichbar dem Aktienkurs bei finanziellen Optionen) hängt offensichtlich von den erzielbaren Preisen ab, sobald die Ölquellen erschlossen sind; für die Kalkulation werden die gegenwärtig verfügbaren zukünftigen Preise verwendet.

Der ökonomische Wert der gesicherten, aber unerschlossenen Vorkommen schließlich setzt sich aus dem statischen diskontierten Cashflow aller Ölquellen – dem Gegenwartswert, falls mit ihrer Entwicklung heute begonnen würde – und dem Volatilitätswert zusammen, der die Möglichkeit beziffert, abzuwarten und mehr Informationen zur Preisentwicklung zu sammeln.

Im *Journal of Applied Corporate Finance* erläutern die Autoren:

> »Vergleichbar einer Aktienoption stellt ein unerschlossenes Vorkommen auch dann einen Wert dar, wenn eine Entwicklung zum gegenwärtigen Zeitpunkt mit einem verschwindenden oder negativen Gegenwartswert verbunden wäre. Es bezieht seinen Wert aus der Möglichkeit, dass der Wert des Projekts zu einem späteren Zeitpunkt positiv werden könnte [falls die Preise steigen].«

Sie fügen hinzu:

> »Sobald ein Unternehmen seine Option, ein Vorkommen zu erschließen, ausübt, verwandeln sich die betreffenden Wertbestände in eine Reihe miteinander verknüpfter und in der Regel abnehmender Cashflows, wenn das Öl über viele Jahre hinweg produziert und verkauft wird.«

Das hat aber auch seine Vorteile:

> »Die durch Ölentwicklungsprojekte erzeugten Cashflows haben in der Regel eine sehr viel größere Volatilität als die Preiskurven der Rohöl-Futures, was auf be-

triebsbedingte Verstärkungsfaktoren zurückzuführen ist. Wenn der Ölpreis steigt, steigen die Erträge in der Regel schneller als die Kosten, bei denen es sich zumeist um Fixkosten handelt, die nicht vom Ölpreis abhängen. Infolgedessen steigen auch die Gewinne, Cashflows sowie der Gegenwartswert zukünftiger Cashflows schneller als der Ölpreis. Es ist also paradoxerweise gerade die von vielen Ölmanagern so gern beklagte Unsicherheit des Ölpreises, die in Kombination mit einem hohen betriebsbedingten Verstärkungsfaktor den Optionen auf die Erschließung bislang unerschlossener Vorkommen den Großteil ihres Gegenwartswertes verleiht.«

Der vorausschauende EVA erfüllt in Abbaubetrieben zwei Funktionen. Erstens schafft er ein Bewertungssystem, das mit der Marktrealität im Einklang steht. Der Markt reagiert auf Nachrichten über neue Öl- und Gasfunde überschwänglich; er übersetzt die plötzliche Reichtumsmehrung in einen steigenden Aktienkurs. Solange sich McCormack und Vytheeswaran bei Ihrer Untersuchung von 25 großen Öl- und Gasunternehmen lediglich auf die veröffentlichten Wertangaben zu den Bodenvorkommen stützten, stellten sie bei ihren Berechnungen fest, dass der vorausschauende EVA 49 Prozent der Veränderungen im Aktionärsvermögen erklärte, wohingegen der Standard-EVA, wie bereits erwähnt, nur acht Prozent erklärte. Bei einer eingehenderen Bewertung der Vorkommen konnte der vorausschauende EVA 66 Prozent des Aktionärsvermögens erklären. Unter Zuhilfenahme interner Unternehmensdaten erreichte dieser Wert bei einigen Unternehmen sogar die 90-Prozent-Marke.

Der zweite Vorteil des vorausschauenden EVA ist die Möglichkeit, ein realistischeres Incentivesystem zu implementieren. Unter der standardmäßigen EVA-Bewertung würden Öl-Manager, die ihren Aktionären viel zusätzlichen Reichtum bescheren, nur unzureichend belohnt; die EVA-Verbesserung würde sich lediglich aus der Zunahme der Erträge ableiten, nicht aber aus der Vergrößerung der Kapitalbasis des Unternehmens. Das wäre ebenso ungerecht, wie wenn man die Manager eines offenen Investmentfonds lediglich für die Dividendenrendite auf die Investitionen, nicht aber für den Vermögenszuwachs oder die Gesamtrendite belohnen würde. Nach dem neuen Verfahren bleiben die Mechanismen des standardmäßigen EVA-Incentiveprogramms unverändert: jährliche erwartete Verbesserungen, für einen Drei- bis Fünfjahreszeitraum im Voraus festgelegte Ziele, Bonusbank, keine Bonusobergrenzen. Der Unterschied besteht darin, dass die jährlichen Kapitalzuwächse aufgrund von Vorkommensfunden in den NOPAT eingerechnet werden und auf diese Weise die Belohnungen für die Manager erheblich steigern können. Das neue System findet bereits Verwendung bei Nuevo Energy, Houston, und der Öl- und Gaseinheit von Montana Power.

Es gibt ein potenzielles Problem bei den neuen Bonusregelungen im Rahmen des vorausschauenden EVA: Große Ölpreisanstiege, wie sie sich infolge des OPEC-Verhaltens im Jahr 1973 oder nach dem Sturz des Schahs von Persien im Jahr 1979 ereigneten, resultieren in exorbitanten Belohnungen; aber auch ein kräftiger Preissturz wie Mitte der 80er Jahre hat diese Wirkung. Natürlich gehört es zu den Pflichten des Managements, sich gegen Preisrisiken zu schützen, aber Preisausschläge dieser Größenordnung sind gewissermaßen Ausdruck höherer Gewalt und lassen sich nicht dem regulierenden Einflussbereich einfacher Sterblicher zurechnen. Die Implementierung des vorausschauenden EVA wirft also unweigerlich grundsätzliche Fragen zur Qualität des Risikomanagements der Unternehmen auf. Die Unternehmen müssen sich nicht nur mit der Frage auseinander setzen, ob sie auf die Rohstoffpreise Einfluss nehmen wollen, sondern auch, welche Instanz innerhalb des Unternehmens dies tun sollte. Diese Zuständigkeit sollte auf den höchsten Ebenen angesiedelt sein.

Der vorausschauende EVA muss nicht notwendig auf Abbaubetriebe beschränkt bleiben, sondern lässt sich theoretisch auf andere Bereiche übertragen, in denen plötzliche und unberechenbare Kapitalwertzuwächse möglich sind. Als Beispiel wird häufig die Pharmabranche genannt. Sie weist insofern Ähnlichkeiten zu Öl und Gas auf, als die Unternehmen ständig am »Schürfen« sind – indem sie nach neuen und verbesserten Arzneimitteln suchen, weil sie wissen, dass jeder Treffer für die 17-jährige Dauer des Patentschutzes wertvolle Dollar einbringt. Jedes größere Pharmaunternehmen verfolgt eine Vielzahl von Optionen: anfängliche Forschung & Entwicklung; im Falle viel versprechender Laborergebnisse die weitere Entwicklung; Tierversuche und, wenn diese erfolgreich sind, Versuche am Menschen; und schließlich der Antrag bei der US-amerikanischen Arzneimittelzulassungsbehörde FDA auf Zulassung. Der Optionsprozess bedeutet, dass das Management auf jeder Stufe den Einsatz drosseln kann, ohne alles auf eine Karte setzen zu müssen, und diese Freiheit erlaubt es ihm, eine Vielzahl von Möglichkeiten gleichzeitig zu verfolgen. Sowohl die Zahl der Optionen als auch die großen Kapitalwertzuwächse, die von Unternehmen wie Merck, Searle oder Pfizer erzielt werden, sobald sie ein wichtiges neues Medikament auf den Markt bringen, lassen vermuten, dass der vorausschauende EVA das geeignete Bewertungsinstrument bietet.

Man muss nicht die Begeisterung der Rechtgläubigen teilen, um dennoch einzusehen: Real Options sind ein wertvolles Werkzeug.

12 25 Fragen

In Hunderten von EVA-Präsentationen und Gesprächen unter vier Augen mit CEOs und CFOs wurde Joel Stern im Lauf der Jahre mit einer Vielzahl von Fragen sowohl zum theoretischen Fundament von EVA als auch zu seinen praktischen Anwendungen konfrontiert. Wir dachten uns, dass es sinnvoll sein könnte, einige der am häufigsten gestellten Fragen zu beantworten, auch wenn sich dabei Überschneidungen mit den übrigen Kapiteln ergeben sollten.

Einige dieser Fragen sind unkompliziert und einfach zu beantworten; andere sind sehr viel komplexer und berühren die moderne Finanztheorie – Bewertung, Portfolio, Optionspreisbildung und Vertretung – und insbesondere den Teilbereich der ökonomischen Wertschaffung. In ihnen geht es um Wertdeterminanten, Risikomanagement, die Bewertung neuer Investitionsformen und das übergreifende Thema, wie sich die Interessen der Manager und Beschäftigten besser mit denen der Aktionäre in Einklang bringen lassen.

In der mikroökonomischen Theorie besagt die vorherrschende Sichtweise, der wir nur beipflichten können, dass mit der Maximierung des Shareholder Value zugleich auch der allgemeine Reichtum aller übrigen Interessengruppen – also beispielsweise der Arbeitnehmer, Zulieferer, Kunden und der Gesellschaft insgesamt – maximiert wird. Zwischen den Interessen der Aktionäre und anderer Stakeholder existiert kein Konflikt, aber letztere können nicht gedeihen, ohne dass die Aktionäre – die das Kapital bereitstellen – ihren gerechten Anteil bekommen. Wenn die Aktionäre über längere Zeit zu kurz kommen, gerät das Unternehmen selbst in Gefahr, womit niemandem gedient ist.

Frage 1: *Welchen Grund gibt es, dass Unternehmen im priva-*
ten sowie im staatlichen Sektor die ökonomische Wertschaf-
fung zum Maßstab ihrer Performance machen, und was ist der
Auslöser?

Hierauf gibt es eine klare Antwort: Die nach den üblichen
Buchhaltungsmethoden errechneten Gewinne geben die ökonomische Realität des Unternehmens häufig nur verzerrt wieder, wie wir in Kapitel 1 ausführlich dargelegt haben. Der ökonomische Gewinn, wie der EVA üblicherweise auch genannt
wird, liefert ein weit zutreffenderes Bild von der Wirklichkeit.
Gewiss, es gab vor vielen Jahrzehnten eine Zeit, als das buchhalterische Konzept des Nettogewinns – was unterm Strich
übrig bleibt – als vernünftiger Anhaltspunkt für die Performancemessung dienen konnte. Seine Korrelation mit den
Schwankungen des Aktienkurses war gut genug. Dieser Zusammenhang wurde gemessen, indem man während einer
Konjunkturphase die Bewegungen des Aktienkurses und die
Veränderungen in der Bilanz miteinander verglich. Für öffentlich gehandelte börsengängige Unternehmen lautet die Frage
also: »War das Verhältnis zwischen Aktienkurs und Unter-
nehmensgewinn über die Konjunkturphase hinweg hinreichend konstant?« In den meisten Fällen lautet die Antwort:
»Ja.«
Unglücklicherweise wurden an den amerikanischen Grund-
sätzen ordnungsgemäßer Rechnungslegung (US-GAAP) in der
Zwischenzeit viele Veränderungen vorgenommen, die den
Zusammenhang zwischen Aktienkurs und Nettogewinn auf-
weichten. So war es beispielsweise nach der Pooling-Methode
erlaubt, bei Akquisitionen, die über einen Aktientausch vollzogen werden, den Goodwill in der Rechnungslegung zu
unterdrücken. Im Prinzip wird die Buchführung der beiden
Unternehmen lediglich zusammengelegt, ohne dass in den Bilanzen eine Kaufprämie auftaucht. Wenn die Akquisition hingegen in Cash oder über vorrangige Wertpapiere abgewickelt
wird, musste sie nach der Purchase-Accounting-Methode als

Erwerb ausgewiesen werden werden. Der Käufer muss den Goodwill – den über den gegenwärtigen Marktpreis des gekauften Unternehmens hinaus gezahlten Aufpreis – angeben und ihn im Lauf von höchstens 40 Jahren abschreiben. Der jährliche Abschreibungsbetrag reduzierte den Nettogewinn und die Erträge pro Aktie, was für Manager, deren Bonus sich nach den Buchgewinnen richtet, gegenüber dem Pooling deutlich ungünstiger ist. Natürlich sind die Transaktionen grundsätzlich identisch. Die Pooling-Methode war trotz oder wegen des Schleiers der Unwirklichkeit, den sie über die Transaktionen legt, viele Jahre sehr verbreitet – eine der vielen Merkwürdigkeiten der Buchhaltungsregeln.

Eine zweite Seltsamkeit ist die willkürliche Behandlung großer Kapitalaufwendungen für Forschung und Entwicklung durch Hightech-Unternehmen. Bis 1975 wurde F&E kapitalisiert und in der Bilanz als Vermögensanlage ausgewiesen, die dann je nach erwarteter Lebensdauer der gewonnenen Erkenntnisse über einen unterschiedlich langen Zeitraum abgeschrieben und gegen die Bilanzgewinne gegengerechnet wurde. Das maßgebliche Gremium der Buchhalterprofession FASB entschied sich jedoch für mehr Vergleichbarkeit und wählte die konservativste unter allen Alternativen: die vollständige Abschreibung der F&E-Aufwendungen in dem Jahr, in dem sie getätigt werden. Dieser Ansatz geht davon aus, dass die Rentabilität der F&E-Tätigkeit so wenig kalkulierbar ist, dass sie auf das laufende Jahr beschränkt werden muss. Die Folge davon ist eine eklatante Unterbewertung der Rentabilität, der Vermögenswerte und des Aktionärsvermögens von Hightech-Unternehmen. Der Grund sind natürlich die hohen F&E-Ausgaben dieser Unternehmen, und auf diese Weise ist es praktisch unmöglich, ihre Rentabilität mit der von gewöhnlichen produzierenden Unternehmen zu vergleichen. Die im Interesse einer leichteren Vergleichbarkeit verordnete Uniformität verzerrt die ökonomische Realität. Und wie wir in Kapitel 1 dargelegt haben, gibt es zahlreiche weitere Beispiele. Deshalb haben viele Unternehmen den Wunsch entwickelt, neben dem buchhalterischen Gewinn auch den ökonomischen Gewinn zu messen.

Frage 2: *Was entscheidet darüber, wie breit und tief EVA in einer Organisation verankert ist?*

Das Ausmaß, in dem die EVA-Kriterien eine Organisation durchdringen, richtet sich nach drei Faktoren. Der erste betrifft die Entschlossenheit und das Engagement des Chief Executive bei der Durchsetzung der Kriterien – nicht nur an der Unternehmensspitze und in der Ergebnisermittlung, sondern quer durch das Unternehmen bis hin zu den untersten Ebenen. Der zweite, für die Tiefenwirkung des Bewertungssystems maßgebliche Faktor ist die Existenz der richtigen Incentives. Wenn also auf ökonomischer Wertschaffung basierende Incentives bis hinunter ins mittlere Management ausgedehnt werden, kann man hinreichend sicher sein, dass ökonomische Wertschaffung mindestens bis auf diese Organisationsebene hinab gemessen wird.

Der dritte Faktor ist der Grad, in welchem die Messung der ökonomischen Wertschaffung auf den verschiedenen Ebenen der Organisation Sinn macht. Unter anderem muss das Problem der Festlegung geeigneter Transferpreise zwischen den verschiedenen Teilen des Unternehmens gelöst werden. Ein ähnliches Problem sind die gemeinsamen Ressourcen, die auf hinreichend akkurater Basis zwischen den Einheiten verteilt werden müssen. Es gibt noch einen vierten Faktor, der unter Umständen wichtig werden kann: frühzeitige Konsultationen mit den Gewerkschaften, um deren Unterstützung zu gewinnen. Es gibt keinen Grund, warum gewerkschaftlich organisierte Arbeiter nicht an dem EVA-basierten Incentive-Vergütungssystem teilnehmen sollten. Die Gewerkschaftsmitglieder unter den Beschäftigten von Briggs & Stratton und Tower Automotive beispielsweise sind im EVA-Programm integriert, und in Europa schafft eine Entwicklung hin zu einer Kooperation zwischen Gewerkschaften und Unternehmensvertretern ein zunehmend positives Klima hinsichtlich der Einführung von EVA auf allen Unternehmensebenen (siehe Kapitel 6).

Frage 3: *Hat das Lohn- und Gehaltssystem Einfluss auf Investitionsentscheidungen?*

Die Antwort lautet, dass diese zwei Punkte, wenn sie auch üblicherweise in den Führungsetagen und Lenkungsausschüssen der Unternehmen nicht in einem Atemzug genannt werden, in Wirklichkeit eine enge Beziehung aufweisen. Wenn die Vergütung – und insbesondere ihr variabler Anteil – von anderen Dingen als der EVA-Verbesserung abhängt, kann man davon ausgehen, dass das Verhalten des Managements die Entscheidungen begünstigt, die vom Incentivesystem unterstützt werden.

Gesetzt den Fall, die Vergütung der Manager ist statt an EVA an Verbesserungen des Geschäftsergebnisses – oder an die davon abgeleiteten Erträge pro Aktie – geknüpft, dann werden die Manager vermutlich auf die eine oder andere lohnende Zukunftsinvestition mit positivem Gegenwartswert verzichten, wenn ein solches Projekt infolge der Initial-, Lern- und Schulungskosten, die alle in dem laufenden Jahr gegen die Erträge abgeschrieben werden, kurzfristig die Rentabilität reduzieren würde. Wir könnten viele weitere Beispiele für die negativen Auswirkungen falscher Incentives anführen.

Frage 4: *Wie wirkt sich die Implementierung eines EVA-Systems auf die Aufgabe der Aktionärspflege aus?*

Traditionellerweise geben die Unternehmensleitungen nur so viele Daten bekannt, wie nach dem geltenden Rechtsprinzip erforderlich ist, wonach die Investoren Anspruch auf dokumentierte Daten aus der Vergangenheit statt auf irreführende unrealistische Zukunftsspekulationen haben. Deshalb enthalten die Jahresbilanzen und die vierteljährlichen Finanzberichte zumeist nur Daten zur Vergangenheit sowie sehr allgemein und unverbindlich gehaltene Statements zur zukünftigen Performance des Unternehmens.

Die Investoren müssen sich jedoch eine eigene Vorstellung von der erwarteten zukünftigen Leistung des Unternehmens machen. Fast alle ernst zu nehmenden Finanz-, Buchhaltungs- und Strategieexperten der größeren Business Schools sehen den Gegenwartswert eines Unternehmens durch seine erwartete zukünftige Performance bestimmt. Vergangene Daten sind nur insoweit relevant für die Ermittlung der Aktienkurse, als sich aus ihnen Erwartungen für die Zukunft ableiten lassen. Das EVA-Konzept ist deshalb so interessant für Wertpapieranalysten, die den inneren Wert eines Unternehmens zu bestimmen versuchen, als sie ansonsten große Schwierigkeiten haben, die Wahrscheinlichkeit zu beziffern, dass sich die Manager im Interesse der Aktionäre verhalten werden. Wir alle wissen, dass die direkten Gehälter der Manager weitgehend eine Funktion der Unternehmensgröße und des Zuständigkeitsbereichs sind. In den Augen des Managements stellt deshalb häufig die Unternehmensgröße allein schon ein Erfolgskriterium dar. Den Aktionären reicht das jedoch nicht, denn für sie zählt, ob das Unternehmen mindestens die angesichts des beteiligten Risikos erforderliche Rendite erwirtschaftet.

Wenn eine Unternehmensleitung eine bevorstehende umfassende EVA-Implementierung ankündigt, teilt sie damit dem Markt im Prinzip nichts anderes mit, als dass sie in Zukunft beabsichtigt, auf Projekte, die nicht die erforderliche Rendite versprechen, ebenso zu verzichten wie auf ein Wachstum um seiner selbst willen. Das ist auch der Grund, warum die allermeisten Unternehmen, die EVA implementiert haben, ihre EVA-Performance in ihre Jahresberichte, vierteljährlichen Finanzberichte und besonders in ihre Präsentationen vor Analystengesellschaften aufnehmen. Und ohne Frage senden die Unternehmensleitungen damit, dass sie bereit sind, öffentlich über EVA zu sprechen, an die Welt der Investoren ein deutliches Signal aus.

Frage 5: *Viele Ihrer Klienten haben die Erfahrung gemacht, dass die EVA-Einführung sehr viel mehr Anstrengungen erforderte als ursprünglich erwartet. Was sagen Sie dazu?*

Es stimmt, dass die Implementierung eines EVA-Programms auf den ersten Blick einfach und unkompliziert aussieht und lediglich das Engagement der Unternehmensleitung zu erfordern scheint, in der Realität jedoch müssen zwei Aktivitätsstränge parallel ablaufen, wenn das Programm erfolgreich sein soll.

Erstens sollte ein Lenkungsausschuss bestehend aus Führungskräften samt allen leitenden Betriebsmanagern sowie dem Chief Executive, dem Chief Financial Officer, dem Chief Operation Officer und dem Chef der Personalabteilung eingerichtet werden. Ziel dieses Lenkungsausschusses, der einmal monatlich zusammenkommen sollte, ist es, allgemeine Grundsatzentscheidungen hinsichtlich Struktur und Ausgestaltung des EVA-Programms zu treffen. Diesem Ausschuss werden von Stern Stewart & Co. mehr als 150 Fragen vorgelegt. Dabei geht es sowohl um Themen wie die Performancemessung, wozu die Korrektur der buchhalterischen Ertrags- und Kapitaldaten zwecks Eliminierung der bereits erwähnten Anomalien gehört, als auch um ein Managementsystem, das die Wirtschaftlichkeitsrechnung zur Evaluierung neuer Investitionsmöglichkeiten einschließlich Fusionen und Akquisitionen gewissermaßen neu aufzieht.

Das fertig eingerichtete EVA-Managementsystem sollte auch dazu genutzt werden, alle existierenden Aktivitäten zu evaluieren, was im Prinzip bedeutet, dass das Unternehmen ein Zero Base Budgeting (Null-Basis-Budgetierung) vornimmt und alle Bereiche des Unternehmens daraufhin abklopft, wo Wert erzeugt und wo Wert vernichtet wird – nicht nur bei Neuinvestitionen, sondern auch bei den bestehenden Aktivitäten.

Es ist ferner die Aufgabe des Lenkungsausschusses, ein Incentive-Vergütungssystem zu entwerfen. Der Ausschuss muss so zentrale Elemente festlegen wie den Auszahlungsrhythmus, die Art der zu verwendenden Bonusbank, und ob ein Teil des Bonus statt in Cash in Form von Aktien oder Aktienoptionen gewährt werden soll.

Der andere wichtige Teil der EVA-Implementierung betrifft die Veränderung der Denkmuster in der Organisation mittels eines sorgfältig entworfenen Orientierungs- und Schulungsprogramms. Die Schulung liegt vorrangig in der Zuständigkeit des Personalchefs, mit Unterstützung der Finanzabteilung. Es empfiehlt sich zudem die Einsetzung eines formellen Implementierungsteams mit Vertretern unter anderem aus den Bereichen Finanzen und Buchhaltung, Planung und Betrieb. Das Implementierungsteam ist unmittelbar dem Lenkungsausschuss rechenschaftspflichtig.

Die Implementierung eines EVA-Programms ist nicht etwas, was sich in wenigen Monaten abhaken lässt. Sie erfordert vielmehr die anhaltende Bereitschaft, die Unternehmenskultur auf ein Bewertungs-/Management-/Incentivesystem auszurichten, bei dem jeder Beschäftigte erkennen muss, auf welche Weise er zur EVA-Verbesserung und damit zur Erhöhung des Shareholder Value beitragen kann.

Frage 6: *Viele EVA-Unternehmen haben zusätzliche Bonuskriterien entwickelt. Wie stehen Sie dazu?*

EVA muss nicht notwendig der einzige Maßstab für die Entwicklung eines Bonussystems sein. Persönliche Zielvorgaben und strategische Ziele können ebenso einfließen. Es ist jedoch offensichtlich, dass die Unternehmen ihre Beschäftigten nicht für das Erreichen von Zielen belohnen sollten, die keine EVA-Verbesserung bringen. Anders formuliert: Das Bonussystem sollte sich aus der EVA-Verbesserung finanzieren. Bonusse sollten nur so lange für das Erreichen anderer Ziele gewährt werden, wie dabei auch der EVA zunimmt. Anderenfalls käme der eine oder andere in Versuchung, sich für Versäumnisse bei der EVA-Verbesserung mit anderweitigen Erfolgen rechtfertigen zu wollen. Das würde sich beispielsweise folgendermaßen anhören: »Ich habe zwar nicht zum EVA beigetragen, aber ich habe meine strategischen und persönlichen Ziele erreicht, wie sich an unseren glücklichen Kunden und Zulieferern erkennen lässt.« Der Schwachpunkt dieser Argumentation ist, dass die Beschäftigten für nicht quantifizierbare Errungenschaften belohnt und die Aktionäre gleichzeitig mit einem geringeren EVA bestraft werden.

Frage 7: *Das erste Jahr ist entscheidend, wenn es darum geht, die Mitarbeiter des Unternehmens für den neuen Bonusplan zu gewinnen. Wie lauten Ihre Erfahrungen hinsichtlich der Auswirkung der Bonuszahlungen auf die Erträge pro Aktie?*

Die Einführung eines neuen Bonusplans ist insofern schwierig, als die Mitarbeiter sich an das bisherige Umfeld gewöhnt haben. Es ist stets eine gute Idee, im ersten Jahr eines EVA-Programms mit überzeugenden Ergebnissen aufzuwarten. Es wäre jedoch keineswegs im Sinn des EVA-Konzepts, zugunsten von Verbesserungen bei den Erträgen pro Aktie Abstriche beim EVA zu machen. Der Drang, die Erträge pro Aktie zu verbessern, steht gelegentlich im Widerspruch zu einer EVA-Verbesserung, wie wir bereits ausführlich dargelegt haben. Wir sind überzeugt, dass der Markt EVA-Verbesserungen zu würdigen weiß, und dass im Fall eines Konflikts zwischen EVA auf der einen und buchhalterischen Resultaten auf der anderen Seite ein schwächeres Ergebnis bei den Erträgen pro Aktie keine negative Auswirkung auf den Aktienkurs zur Folge hat. Das gilt so lange, wie die führenden Anleger – jene gut informierten Kreise, die das Verhalten des Marktes mit ihrem Vorbild maßgeblich beeinflussen – von der Aufrichtigkeit der EVA-Bemühungen des Unternehmens überzeugt sind.

Frage 8: *EVA-Klienten äußern gelegentlich die Sorge, dass es zu Zielkonflikten zwischen einzelnen Abteilungen kommen* *könnte, wenn Vorschläge aus einer Abteilung den EVA einer anderen bedrohen. Wie sehen Ihre diesbezüglichen Erfahrungen aus?*

Diese Befürchtung illustriert, warum es so wichtig ist, dass im Lenkungsausschuss eine dynamische Diskussion darüber geführt wird, wie die Mitarbeiter dazu gebracht werden können, dass sie im Interesse des Gesamt-EVA des Unternehmens konstruktiv zusammenarbeiten. Von Zeit zu Zeit kann es notwendig sein, einen Ombudsmann mit der Entscheidung zwischen den widersprüchlichen Zielen zu beauftragen, aber das ist kein neues Phänomen. In allen Unternehmen gibt es bisweilen Konflikte zwischen einzelnen Einheiten – Situationen, in denen eine Einheit mit der erfolgreichen Erreichung ihrer partikulären Ziele dem Gesamtunternehmen schaden würde. Wir erachten es als die wesentliche Aufgabe des oberen Führungskräftekreises eines jeden Unternehmens, die Rolle des Ombudsmanns wahrzunehmen und die richtigen Entscheidungen zu treffen. Unternehmen, die EVA implementiert haben, erleben derartige Konflikte in nicht geringerem Maß als andere Unternehmen. Es ist notwendig, die Kommunikationswege offen zu halten und das EVA-Bonussystem so zu gestalten, dass sich die entscheidenden Akteure an der Spitze der Organisation motiviert sehen, alles zu tun, um den EVA des Gesamtunternehmens zu maximieren.

Frage 9: *Welcher Zusammenhang besteht zwischen EVA und der Entwicklung der Balanced Scorecard? Überwiegen die Parallelen oder die Gegensätzlichkeiten?*

Die Tatsache, dass sich Führungsetagen und Boards of Directors für EVA und das als Balanced Scorecard bekannt gewordene Management- und Incentivesystem interessieren, ist Beweis dafür, dass das traditionelle Buchhaltungswesen Unzulänglichkeiten aufweist, wenn es darum geht, nicht nur den Überblick über die Lage zu behalten, sondern gleichzeitig die

Interessen von Beschäftigten und Aktionären besser in Einklang zu bringen. Die EVA-Kurve beschreibt die Veränderungen im ökonomischen Wert des Unternehmens – das, was die Aktionäre am meisten interessiert. Die Balanced Scorecard hingegen versucht, neben buchhalterischem Reingewinn und so populären Ertragskriterien wie der Eigenkapitalrendite eine Reihe weiterer Aspekte, die bei allen Unternehmen eine wichtige Rolle spielen, in den Zielhorizont der Manager zu rücken: Beziehungen zu Zulieferern und Kunden, elementare betriebliche Ziele und so weiter. Zwischen EVA und Balanced Scorecard besteht, wie auch Dr. Robert Kaplan von der Harvard Business School, einer der Erfinder der Balanced Scorecard, bestätigt, kein Widerspruch. Kaplan selbst hat dafür plädiert, dass Unternehmen, die seinen Ansatz verwenden, EVA als finanzielles Bewertungskriterium in die Scorecard aufnehmen und Incentives an EVA-Verbesserungen koppeln.

Die Balanced Scorecard bereitet dem EVA-Anhänger höchstens insofern Probleme, als sie den Blick der Führungskräfte zu sehr vom Shareholder Value als wichtigstem Erfolgskriterium ablenkt und möglicherweise eine Situation schafft, in der die Manager für das Erreichen finanzieller Ziele belohnt werden, die zulasten der Aktionärsinteressen gehen. Folglich kann man sagen, dass die Balanced Scorecard die Manager zwar mit wertvollen Informationen versorgt, dass sie jedoch zu keiner Zeit als vorrangiges Bewertungs- und Belohnungsinstrument eingesetzt werden sollte, das womöglich negative Auswirkungen auf den EVA hätte.

Frage 10: *Welche Auswirkungen hat EVA auf Kultur und Verhaltensweisen in den Unternehmen?*

Es lassen sich mehrere positive Auswirkungen beobachten. Am leichtesten lässt sich diese Frage mit einem so genannten Rorschach-Test zu zwei Begriffen aus dem Bereich der Unternehmensstrategie beantworten. Sammelt man Spontanreaktionen zu dem häufig gebrauchten Schlagwort »Business Process Reengineering«, dann lautet der Tenor der Antworten: »Ich verliere meinen Job!« Beim Stichwort EVA hingegen lautet die unmittelbare Reaktion: »Wie können wir zusammen Wert erzeugen?« EVA wird mit anderen Worten als integrierend und nicht als ausgrenzend empfunden. Das liegt unter anderem daran, dass die Performancekriterien auf einzelne EVA-Center zugeschnitten werden, die als eigenständige Verantwortungsbereiche in Sachen Verbesserung des Shareholder Value fungieren. Das bedeutet, dass alle Beschäftigten zu aktiven Teilnehmern oder besser gesagt zu Partnern in der EVA-Verbesserung werden und, soweit das Management für diese Variante optiert, in das Incentivesystem einbezogen werden.

Ein solches Arrangement hat große Vorteile. Wir können es folgendermaßen betrachten: Die Mitglieder der oberen Führungskreise eines Unternehmens schaffen beispielsweise jeweils einen Wert von 100 US-Dollar, die einfachen Arbeiter hingegen nur einen Wert von einem US-Dollar. Dabei dürfen wir jedoch nicht vergessen, dass die Zahl der Mitarbeiter im Unterbau des Unternehmens viel größer ist als an der Spitze, weshalb es eine Schande wäre, das Potenzial nicht zu nutzen, das darin liegt, sie in das EVA-Programm einzubeziehen. Organisationen, die EVA bis in ihre untersten Ebenen hinunter implementiert haben, konnten von einem Talentpool und einem Initiativpotenzial profitieren, die anderenfalls nutzlos vor sich hingeschlummert hätten.

Frage 11: *Ist es für die Zwecke eines Incentive-Vergütungssystems möglich, EVA sagen wir auf der Ebene einzelner Arbeitsgruppen zu messen, oder gelingt dies nur auf der Ebene des Gesamtunternehmens?*

Incentives funktionieren auf jeder Verantwortungsebene, deren Resultate von den verwendeten Bewertungskriterien erfasst werden. Für das obere Management eignet sich als Bewertungsmaßstab die unternehmensweite EVA-Verbesserung. Weiter unten in der Organisation empfiehlt es sich, EVA in jedem lokalen EVA-Center zu messen und die Mitarbeiter nach der lokalen EVA-Verbesserung zu belohnen. In vielen Organisationen ist es freilich aufgrund von Problemen bei der Bewertung gemeinsamer Ressourcen und der Festsetzung realistischer Transferpreise schwierig, den EVA in Teilbereichen der Struktur gesondert zu ermitteln. Häufig besteht eine akzeptable Lösung darin, dass nur ein Teil-EVA gemessen und belohnt wird. Ein solches System scheint immer noch besser zu sein als die Alternative, die darin bestünde, entweder ganz auf ein Incentivesystem zu verzichten oder dieses beliebig und verhandelbar zu gestalten.

Frage 12: *Beeinflusst EVA die Entscheidungen des Board of Directors hinsichtlich Investitionen in das organische Wachstum des Unternehmens? Wie lässt sich lokales Festungsdenken überwinden?*

Unter der EVA-Flagge bietet sich als optimale Methode das Zero Base Budgeting an; alle Aktivitäten des Unternehmens werden jedes Jahr neu bewertet, wie wenn die Entscheidung für oder gegen eine Investition in dieses Projekt noch einmal neu zu treffen wäre, um auf diese Weise einschätzen zu können, ob die Investition eine Wertverbesserung verspricht. Der Vorteil dieser Methode ist, dass alle Investitionen genau gleich behandelt werden. Das bedeutet, dass alle – üblicherweise als externes Wachstum bezeichneten – Fusionen und Akquisitionen nach Maßgabe der zu erwartenden EVA-Verbesserungen in exakt derselben Weise analysiert und bewertet werden wie neue Investitionen in bestehende Aktivitäten. Letztere Kategorie wird häufig als internes oder organisches Wachstum bezeichnet.

Festungsdenken kann ein reales Problem darstellen. Innerhalb einzelner EVA-Center kann eine übertriebene Ausrichtung auf die Maximierung der EVA-Verbesserung innerhalb des Centers dazu führen, dass die Interessen des übrigen Unternehmens zu wenig beachtet oder geradezu sabotiert werden. Es ist die Aufgabe der Mitglieder des oberen Führungskreises, einen solchen Partikularismus zu überwinden und das Primat der unternehmensweiten Ziele aufrechtzuerhalten. Die Belohnungsstruktur sollte so ausgelegt sein, dass sie diese Disziplin fördert. Die EVA-Boni für die leitenden Manager der Unternehmenseinheiten richten sich in der Regel teilweise nach der Performance der Einheit und teilweise nach derjenigen des Gesamtunternehmens. Die Mitglieder der Unternehmensleitung werden, wie bereits dargelegt, ausschließlich nach den Ergebnissen des Gesamtunternehmens vergütet. Zudem nehmen die Abteilungsmanager häufig ebenfalls an Aktienoptionsprogrammen teil, was ihr Interesse am Erfolg des Gesamtunternehmens fördert. Wir sollten auch betonen, dass der Interessenkonflikt zwischen dem Gesamtunternehmen und den einzelnen Einheiten eine interne Diskussion beflügelt, die das allgemeine EVA-Bewusstsein verstärkt und damit wesentlich zum erforderlichen Trainingsprozess beiträgt.

Frage 13: *Bewährt sich EVA als Incentive-Instrument in der Praxis? Wenn nicht, was sind die Ursachen?*

Die Antwort lautet, dass nichts vollkommen ist. Wo EVA als Incentive-Instrument die Erwartungen nicht erfüllte, war dies in der Regel auf die mangelnde Entschlossenheit des CEO oder anderer Mitglieder des oberen Führungskreises zurückzuführen, das Programm konsequent und bis tief in das Unternehmen hinein umzusetzen. Wir müssen eine Tatsache berücksichtigen: Die oberen Managementkreise sind es gewohnt, mit Belohnungssystemen zu arbeiten, bei denen die Budgets stets neu ausgehandelt werden, und sie haben gelernt, auf dieser Klaviatur zu spielen. EVA ist für diese Leute eine neue Herausforderung. Für altgediente Manager, die seit Jahrzehnten im Geschäft sind, stellt EVA eine Bedrohung für ihre gesamte Lebenssituation dar. Deshalb spielt der CEO eine so wichtige Rolle, wenn es darum geht, aus einem EVA-Programm einen Erfolg zu machen.

Frage 14: *Wie schwer ist es für jemanden ohne besondere un-
ternehmerische oder finanzielle Begabung, das EVA-Konzept
samt seinen praktischen Konsequenzen zu verstehen und zu
erkennen, wie er den EVA beeinflussen kann?*

Hierauf gibt es keine einfache Antwort. Beim ersten Entwurf
geeigneter Incentives im Rahmen des EVA-Bewertungssystems
ging Stern Stewart noch davon aus, dass derartige Incentives
nur auf der Ebene des oberen Managementsystems funktionieren würden. Das wurde besonders im ersten Buch von G.
Bennett Stewart III, »The Quest for Value«, klar. Das sechste
Kapitel, das die Frage der Incentives behandelt, trägt die Überschrift »Making Managers into Owners«. Die Betonung lag
auf dem Management und nicht auf den Mitarbeitern weiter
unten in der Organisation.

Erst allmählich und nach unzähligen EVA-Implementierungen kam Stern Stewart zu dem Schluss, dass sich das Programm auf die unteren Sprossen einer Organisation ausdeh-
nen lassen müsste. Briggs & Stratton gehörte zu den ersten,
die erkannten, wie es gehen könnte: mittels einer Sammlung
unkomplizierter und für jeden verständlicher Beispiele für die
zugrunde liegenden finanziellen Prinzipien.

An diesen Erfolg schlossen sich viele weitere an; es ist aber
interessant, dass ausgerechnet staatliche Organisationen ihren
Auftrag an Stern Stewart mit der Bedingung verknüpften, dass
alle Beschäftigten in das Programm einbezogen werden müssten, wenn es für das obere Management gelten sollte. Das
war beispielsweise beim South African Institute for Medical
Research (SAIMR), beim staatlichen südafrikanischen Elek-
trizitätsversorger Eskom und zuletzt bei der staatlichen Tele-
kommunikationsgesellschaft des Landes der Fall. Ein besonders bemerkenswertes Beispiel ist der United States Postal
Service, wo der Board of Governors darauf bestand, dass das
EVA-Programm so gestaltet wird, dass sämtliche Beschäftigten auf EVA-Basis bewertet und belohnt werden können. Die
Gewerkschaften der Beschäftigten ohne Aufsichtsfunktion

entschieden sich allerdings gegen eine Teilnahme. Es ist zudem interessant, dass die öffentlichen Versorgungsunternehmen in den Vereinigten Staaten Stern Stewart mit dem Entwurf von EVA-Programmen beauftragten, die in der gesamten Organisation eingesetzt werden konnten. Diese Unternehmen sind nichtelitär und glauben, dass der Respekt vor dem Einzelnen auf welcher Ebene auch immer ausschlaggebend ist für den Erfolg aller.

Demnach bereitet es keine Probleme, EVA Menschen verständlich zu machen, die eine begrenzte formale Ausbildung oder eingeschränkte Finanz- und Buchhaltungskenntnisse haben. Wir werden an die Geschichte von dem Physikstudenten erinnert, der in den Ferien auf den Bauernhof seiner Familie zurückkommt und auf die Frage des Vaters, was er denn in diesem Jahr gelernt habe, antwortet: »Das ist sehr kompliziert«, worauf der Vater nur fragt: »Heißt das, Du verstehst es nicht?«

Wir sind überzeugt, dass Sie einen komplexen Zusammenhang, sobald Sie ihn selbst verstanden haben, in Begriffen darlegen können, die für alle verständlich sind, indem Sie anschauliche Beispiele für den Verhaltenswandel verwenden, den die Organisation erreichen will. Gegen Ende einer Trainingsveranstaltung in einer Speditionsfirma in den Vereinigten Staaten hob einer der Teilnehmer die Hand und sagte: »Ich versteh's immer noch nicht. Was soll ich denn nun morgen anders machen als gestern?« Worauf der Ausbilder antwortete: »Fahren Sie Ihren eigenen Truck, oder gehört der Truck dem Unternehmen?« Letzteres war der Fall. »Da liegt genau das Problem«, fuhr der Ausbilder fort. »Angeblich kann einem niemand erklären, warum die Firmenfahrer 38 Liter Treibstoff auf 100 Kilometer benötigen, während die Fahrer, die zugleich Eigentümer sind, mit weniger als 35 Litern auskommen. Ich vermute, ein Firmenfahrer kann sich auf der Hügelkuppe nicht verkneifen, noch einmal ordentlich aufs Gaspedal zu treten und mit 140 Sachen den Abhang abwärts zu brettern. Und was tun Sie? Nehmen Sie oben auf dem Berg wie ein

Eigentümer den Fuß vom Gas? Und was ist mit Ihrer Sicherheitsbilanz? Die Eigentümer unter den Fahrern haben einmal in sechs oder sieben Jahren einen nennenswerten Unfall, bei den Firmenfahrern sieht die Bilanz deutlich schlechter aus.« Der Fahrer antwortete: »Okay, ich werde in Zukunft oben auf dem Berg den Fuß vom Gas nehmen und so sicher fahren wie ein Eigentümer. Heißt das, dass ich dann nächstes Jahr einen Bonus bekomme wie der Eigentümer?«

Frage 15: *Welche Methode eignet sich am besten für den Schulungsprozess?*

Viel hängt davon ab, inwieweit eine Organisation bereit ist, ihre Unternehmenskultur wirklich zu verändern. In vergleichsweise jungen, flexiblen und vorwärts strebenden Unternehmen reichen für die Masse der Beschäftigten womöglich wenige Trainingssitzungen, auch wenn für die Führungskräfte eine umfassendere Einweisung erforderlich ist. (Darüber haben wir in Kapitel 7 gesprochen.) In Unternehmen mit einem selbstzufriedenen und trägen Management, das typischerweise immer schon gegen Veränderungen resistent war, und einer alternden Belegschaft ist ein ausführlicheres Training und ein gestaffelteres Vorgehen erforderlich.

Unter diesen Umständen ist es das Beste, wenn sich der Schulungs- und Entwicklungsprozess für die Masse der Beschäftigten aus drei getrennten Veranstaltungen zusammensetzt. Jede Sitzung sollte 45 Minuten dauern, mit der anschließenden Möglichkeit, ausführlich Fragen zu stellen. Das Thema der ersten Sitzung lautet: »Was ist EVA, und warum führen wir es gerade jetzt ein?« Diese Sitzung dient lediglich dazu, den grundlegenden Begriff des ökonomischen Werts vorzustellen, EVA zu definieren und zu erklären, warum die augenblickliche Geschäftslage eine Veränderung der Performancemessung und des Managementsystems des Unternehmens erfordert. In der Regel empfiehlt es sich, einen kurzen historischen Überblick über die Veränderung der Wettbewerbslage und die zunehmende Globalisierung zu geben. Damit soll sichergestellt werden, dass allen Beschäftigten bewusst ist, wie sehr sich die Zeiten geändert haben, und dass die Antwort darauf unter anderem lauten muss, die ökonomische Wertschaffung mehr in den Mittelpunkt zu rücken.

Die zweite Sitzung ist der EVA-Ermittlung gewidmet – sowohl auf der Ebene des Gesamtunternehmens, als auch in den verschiedenen EVA-Centern, in denen die Beschäftigten tätig sind. Außerdem werden die Vorausplanungen der EVA-Center besprochen und daraufhin untersucht, ob sie EVA-positiv, -neutral oder -negativ sind.

Die dritte Sitzung beschäftigt sich vorrangig mit dem System der Incentive-Vergütungen, sofern ein solches für das betreffende EVA-Center vorgesehen ist. Außerdem wird gezeigt, wie EVA dem Management helfen kann, Investitionsmöglichkeiten zu evaluieren.

Frage 16: *In welcher Art von Organisation (was die Kultur und die Arbeitsweise betrifft) hat EVA die besten Erfolgschancen, und warum?*

Leider gilt, dass EVA dort am besten funktioniert, wo eine größere Krise die bisherige Geschäftspraxis und die grundlegenden Verhaltensweisen der Organisation infrage gestellt hat – kurz: in einer Situation, in der das Wort »Veränderung« allen Beschäftigten entgegenruft: »Jetzt!« Häufig hat auch der Chief Executive gewechselt, und der Neue besteht auf raschen Veränderungen beim Verhalten und bei der Leistung.

Bei Briggs & Stratton war es eine Performancekrise, die dazu führte, dass das Unternehmen seit Jahrzehnten zum ersten Mal Geld verlor. Bei SPX war ein neuer CEO von General Electric gekommen und wünschte sich unverzügliche Verbesserungen und eine komplett veränderte Haltung seitens der Beschäftigten. Bei Herman Miller, wo die Ausrichtung auf Produktivität und Mitarbeiterbeteiligung bereits Tradition war, bestand die Krise in einer allgemeinen Kapitalverschwendung und einem administrativen Chaos in der Prozessplanung, was letztlich zu einer Neubesetzung von CEO und CFO führte.

Dies sind freilich Extremfälle. Etwas weniger dramatisch sieht die Lage aus, wenn es lediglich darum geht, eine Anpassung an die Globalisierung und die New Economy vorzunehmen, was von den Managern verlangt, dass sie sich ernsthafter und bereitwilliger mit dem Shareholder Value sowie mit Produktivitätsgewinnen, Investitionsgelegenheiten und Möglichkeiten zur produktiveren Nutzung von Humankapital auseinander setzen.

Frage 17: *Welche Formeln kommen bei der Kalkulation eines EVA-gestützten Incentive-Programms zum Einsatz? Gab es bei den praktischen Lösungen signifikante Unterschiede? Welche Lösung funktioniert am besten?*

Auf der Unternehmensebene wird, wie in der Antwort zu Frage 11 bereits erwähnt, der EVA des Gesamtunternehmens zugrunde gelegt, und die Incentives werden an Verbesserungen dieses Parameters gekoppelt. Wie wir ebenfalls bereits sagten, empfehlen wir, den EVA als Quelle für alle Incentive-Zahlungen zu verwenden, gleichzeitig aber auch nicht quantifizierbare Kriterien – persönliche und strategische Ziele – zu berücksichtigen, ohne dass deren Anteil mehr als 25 Prozent der Gesamtbelohnung ausmacht.

Sobald EVA über die Ebene des oberen Führungskreises hinaus in die Organisation ausgeweitet wird, ist es das Beste, die EVA-Verbesserungen für jede Unternehmenseinheit extra zu berechnen, sofern sich die Funktions- und Verantwortlichkeitsbereiche hinreichend voneinander trennen lassen, damit eine solche EVA-Messung praktikabel ist. Wo diese Grenzen zu ziehen sind, hängt natürlich vom konkreten Unternehmen ab. Das kann eine Abteilung, eine Geschäftseinheit oder eine Fabrik sein. Wie wir bereits erwähnten, erhält der Chef der Einheit (und möglicherweise sein Stellvertreter) zwecks Vermeidung lokalen Festungsdenkens einen Bonus, der sich nicht nur nach dem EVA der Einheit, sondern auch (zu mindestens 25 Prozent) nach dem Gesamt-EVA des Unternehmens richtet. Alle Mitarbeiter unterhalb dieser Ebene erhalten Incentives, die ausschließlich vom EVA der Einheit abhängen, denn nur diesen Bereich können sie beeinflussen.

Es gibt zwei grundsätzliche Arten von EVA-Incentiveprogrammen. Bei der ersten, häufig als »All-in« bezeichneten Variante wird der gesamte errechnete EVA-Bonus in einer Bonusbank deponiert. Ein bestimmter prozentualer Anteil des Guthabens wird dann in der laufenden Periode als Belohnung ausgezahlt. Der Rest wird als Risikopfand zurückgehalten. Lassen sich die EVA-Verbesserungen, für die der Bonus gezahlt wurde, in der Folgezeit nicht aufrechterhalten, wird dieses Guthaben mit negativen Boni belastet. Der übliche Auszahlungszeitraum erstreckt sich über sechs Jahre, wobei in den ersten drei Jahren bereits 70 Prozent ausgezahlt werden.

Bei der zweiten, der so genannten »Threshold«-Variante wird der errechnete Bonus jedes Jahr in voller Höhe ausgezahlt. Lediglich wenn die EVA-Performance das Jahresziel übersteigt, wird der zusätzliche Bonus in der Bonusbank zurückgehalten und im Lauf eines Dreijahreszeitraums ausgezahlt. Diese zweite Variante ist zwar in den Vereinigten Staaten sehr viel verbreiteter als die erste, sie hat jedoch den Nachteil, dass weniger Geld unter Risikovorbehalt gestellt wird. Auf diese Weise ist der Zeithorizont für den einzelnen Teilnehmer kürzer als bei der ersten Variante. In Europa, Südafrika und Australien überwiegt die erste Variante, weil die Boards of Directors eher daran interessiert sind, über eine hohe Risikokomponente das mittel- und langfristige Verhalten zu fördern. Für beide Bonusbank-Varianten sprechen die unterschiedlichsten Gründe, wobei auch die Kultur der Organisation und die Erfahrungen und die Vorlieben des oberen Führungskreises in Bezug auf Incentivesysteme zu berücksichtigen sind.

Eine abschließende Bemerkung: Die Zielmarke für die EVA-Performance, ab der zwischen regulärem und zusätzlichem

Bonus unterschieden wird, kann je nach den Risikopräferenzen der Unternehmensleitung höher oder tiefer angesetzt werden. Wir plädieren dafür, das Incentive-Programm sorgfältig zu gestalten, damit sichergestellt ist, dass die Teilnehmer genau wissen, wie viel sie für jeden Dollar, um den sich der EVA verbessert oder verschlechtert, gewinnen oder verlieren. Öffentliche Versorgungsunternehmen und Staatsbetriebe haben traditionell eine vergleichsweise risikounabhängige Vergütungsstruktur. Wir empfehlen in solchen Fällen, bei der Gestaltung des EVA-Systems das Risikoprofil geringer zu halten als in anderen Branchen. In Organisationen am anderen Ende des Risikospektrums, wie etwa Hightech-Unternehmen, muss man ebenfalls darauf achten, den Risikofaktor im EVA-System nicht zu sehr zu übertreiben. Das Geschäft ist in sich schon risikoreich, und wenn Risiko zu Risiko kommt, könnte schließlich eine Bereitschaft entstehen, im Sinn von »wenn schon denn schon« alles auf eine Karte zu setzen, was nicht im Interesse der Aktionäre liegen dürfte.

Frage 18: *Wie könnte die Zusammenarbeit zwischen externem Beratungsunternehmen und Kundenunternehmen längerfristig aussehen?*

Das Kundenunternehmen sollte darauf bestehen, dass es als Teil des Wissenstransfers vom beratenden Unternehmen die Modellvorlage und die Arbeitspapiere ausgehändigt bekommt. Dabei handelt es sich letztlich um einen Technologietransfer vom beratenden Unternehmen zum Kunden. Im Gegenzug wird das Beratungsunternehmen vermutlich darauf bestehen, dass eine Weitergabe dieser Technologie an Dritte ausgeschlossen wird.

Im Rahmen der Implementierung sollte das Kundenunternehmen verlangen, dass während der ersten Jahre nach der Einführung bis zu viermal jährlich Treffen stattfinden, damit die Möglichkeit gegeben ist, eventuelle Fragen zu dem Programm rasch zu beantworten und Probleme auszuräumen.

Von keinem System kann erwartet werden, dass es auf Anhieb reibungslos funktioniert.

Frage 19: *Wie sieht ein realistischer Zeitplan für eine Implementierung dieses Systems aus?*

Eine erfolgreiche Implementierung im Bereich des Top-Managements und der unmittelbaren Untergebenen nimmt zwischen acht Monaten und einem Jahr in Anspruch, solange das Unternehmen nur in wenigen Geschäftskategorien tätig ist. Je höher die Zahl der Beschäftigten und je größer und komplexer die Organisation ist, desto mehr Zeit ist für die Implementierung des Programms erforderlich. Bei dem deutschen Unternehmen Siemens mit seinen 17 verschiedenen Geschäftsbereichen betrug der Zeitrahmen mehr als 17 Monate. Organisationen, die das Programm zuerst bis zum mittleren Management einführten und anschließend bis auf die untersten Ebenen erweiterten, benötigten für den ersten Teil des Programms zwischen 15 und 18 Monaten und für den zweiten Teil zusätzliche zwölf bis 18 Monate.

In staatlichen Organisationen, die mit dem Konzept der ökonomischen Wertschaffung weniger vertraut sind als private Unternehmen, erfordert jede einzelne Implementierungsphase sehr viel mehr Umsicht. Dementsprechend länger ist der Zeitplan. Der erste, das Top-Management betreffende Teil des Programms benötigt zwischen einem Jahr und 18 Monaten, während die Erweiterung auf die unteren Ebenen sehr viel länger dauern kann. Viel Zeit und Mühen müssen dafür aufgewendet werden, den nötigen Konsens zu schaffen und anhand von Simulationen die Funktionsweise des Systems plausibel zu machen.

Frage 20: *Welche Voraussetzungen muss das Finanzsystem eines Unternehmens mindestens erfüllen, damit EVA erfolgreich implementiert werden kann?*

Benötigt werden Informationen, die sich normalerweise in den Gewinn- und Verlustrechnungen sowie den Bilanzen der verschiedenen Organisationsebenen finden. Viele Unternehmen verzichten jedoch auf eine derartige intern gegliederte Bilanzierung; in diesem Fall wird zumindest Folgendes benötigt: eine Gewinn- und Verlustrechnung sowie die Details der Bilanz, die für die Tätigkeit der einzelnen Bereichsleiter relevant sind. Es fällt schwer, diese Frage allgemein zu beantworten, weil Support Center und Cost Center kaum über Bilanzdaten verfügen. Bedenken Sie, dass wir Informationen suchen, anhand derer sich die kontrollierbaren Aspekte von EVA oder EVA-Treibern messen lassen.

Frage 21: *Wie lassen sich EVA-Indikatoren für Serviceabteilungen gestalten?*

Serviceabteilungen – Finanzen, Planung, Recht und Personalführung, um nur einige zu nennen – sollten nach den Gesamtresultaten desjenigen Organisationsteils bewertet werden, dem sie dienen. So sollten der Chief Financial Officer und seine Mannschaft, die dem Gesamtunternehmen dienen, auch nach den Resultaten desselben bewertet werden, während ein Controller in einer Abteilung oder einer Tochtergesellschaft nach deren Ergebnissen bewertet wird.

In Serviceabteilungen könnte es jedoch sinnvoll sein, weiche, subjektive Kriterien hinzuzunehmen, die die Zufriedenheit des »Kunden« – in diesem Fall der konkreten Betriebseinheit, der sie dienen – oder andere individuelle oder strategische Ziele widerspiegeln, die für wichtig gehalten werden. Diese weichen Kriterien sollten einen größeren Anteil an der gesamten variablen Vergütung ausmachen als bei einem typischen Beschäftigten aus dem Betriebsbereich. Bei letzterem beträgt der Anteil an der variablen Bezahlung, der sich nach strategischen und individuellen Zielen richtet, im Regelfall nicht mehr als 25 Prozent, während er in Serviceeinheiten bis zu 50 Prozent erreichen kann. Die Beschäftigten werden von dem Organisationsteil bewertet, dem sie dienen, und das Ergebnis dieser Bewertung bestimmt einen guten Teil der individuellen Bezahlung. »360-Grad-Bewertungen« (zwei Seiten bewerten sich gegenseitig) sind außerordentlich hilfreich, um wertvolle Informationen für die Personalführung zu sammeln, und wir empfehlen ihre Verwendung bei zahlreichen EVA-Implementierungen, vorausgesetzt, die Unternehmenskultur lässt einen solchen Vorschlag zu.

Frage 22: *Wenn Sie eine ganze Bandbreite von Initiativen und Projekten haben, die mit den kurzfristigen oder langfristigen finanziellen Zielen im Widerspruch stehen – wie gehen Sie damit um? Sie müssen sicherstellen, dass die Geschäftseinheit den EVA steigert, aber nur nachdem zuvor die Belange von Belegschaft, Gesellschaft und Kunden berücksichtigt wurden.*

Häufig wird für eine Reihe von Initiativen und Projekten festgelegt, dass sie auch dann durchgeführt werden, wenn sie kurz- oder mittelfristig nicht zur EVA-Verbesserung beitragen. Abgesehen davon, dass sich viele dieser Initiativen im Endeffekt positiv auf den EVA auswirken, geben wir zu bedenken, dass solche Projekte sorgfältig evaluiert werden sollten, um herauszufinden, ob sie wirklich gerechtfertigt sind. So können wir beispielsweise nicht verstehen, warum Kundenzufriedenheit zur EVA-Kultur im Widerspruch steht und deshalb vom Imperativ der EVA-Verbesserung ausgenommen werden sollte.

Nehmen Sie das Thema Sicherheit am Arbeitsplatz. Ausgaben zur Förderung der Sicherheit mögen manchem als wertlose Investitionen vorkommen, die den EVA senken, aber eine solche Sichtweise ist extrem kurzsichtig. Bergwerksgesellschaften, die EVA implementiert haben, haben die Sicherheit in den Stollen als ein höchst wünschenswertes »weiches« Zielkriterium in die variable Komponente der Gehälter integriert. Ein Unternehmen kündigte an, es werde die Bonuszahlung komplett streichen, falls das Sicherheitsniveau unter die festgelegte Toleranzgrenze sinkt. Im Fall der ländlichen Elektrifizierung in Südafrika empfahlen wir, die Sicherheit als ein gesellschaftlich gewünschtes Ziel aufzufassen und aus der Kalkulation der EVA-Boni herauszunehmen, sobald die für diese Sicherheit erforderlichen Investitionen getätigt waren. Solche Investitionen sind dann neutralisiert, was bedeutet, dass sie keinen Einfluss auf die weitere EVA-Verbesserung haben.

Frage 23: *Wie lässt sich am besten bestimmen, ob bestimmte EVA-Resultate auf interne Anstrengungen oder äußere Markteinflüsse zurückzuführen sind?*

Ob die einzelnen EVA-Verbesserungen bewussten Managemententscheidungen oder dem glücklichen Wirken äußerer Kräfte zu verdanken sind, sollte sich nicht auf das EVA-Programm auswirken. Gelegentlich beeinflussen Glück oder Pech die Resultate des Unternehmens, und die EVA-Belohnungen sind nicht alleiniges Ergebnis weiser Unternehmensführung. Das ist für sich genommen noch kein Nachteil. Wenn das Glück die Gewinne oder die Aktienpreise zum Nutzen der Aktionäre in die Höhe treibt, sollten auch die Beschäftigten ihren Teil abbekommen. Auch das Pech trifft alle gleichermaßen, aber die Bonusbank spielt für die Beschäftigten eine mildernde Rolle. Wenn das Unternehmen durch widrige Umstände einen Rückschlag erleidet, erhalten die Beschäftigten immer noch eine Auszahlung aus der Bonusbank, sofern sich dort in guten Jahren ein entsprechendes Guthaben angesammelt hat.

Frage 24: *Die durch EVA bewirkten Veränderungen werden als einschneidend beschrieben. Wie sehen diese Veränderungen im Einzelnen aus?*

Wie einschneidend die von EVA bewirkten Veränderungen sind, hängt von der bestehenden Unternehmenskultur ab. Für Unternehmen, die bislang das Ziel eines Wachstums um jeden

Preis (gemessen beispielsweise am Marktanteil) verfolgten, kann EVA einen radikalen Wandel bedeuten. Für Unternehmen hingegen, die in enger Abstimmung mit den Aktionärsinteressen geführt wurden, bietet der Wechsel zu EVA lediglich eine höchst objektive Methode, Wertzuwächse zu messen. In diesem Fall reichen vergleichsweise kleine Anpassungen – das Unternehmen wird versuchen, sich an den weltbesten Unternehmen zu messen. Für diese Art von Unternehmen ist der Schritt zu EVA die Antwort auf die Frage: »Wie hoch ist ›hoch‹, und wie viel können wir tatsächlich erreichen?«

Häufig befinden sich Unternehmen, die sich dazu entschließen, EVA einzuführen, in einer Umbruchphase, in der ein neuer Chief Executive versucht, das Steuer herumzureißen; oder das Unternehmen ist das Opfer äußerer Einwirkungen, die stark auf die Moral drücken; oder ein bislang regulierter Markt erlebt eine rasche Deregulierung. In allen diesen Situationen müssen die Managementsysteme und -methoden gründlich verändert und verbessert werden. Sind die Umstände auch jedes Mal andere, so ist es doch interessant zu beobachten, dass Unternehmen, die die Bonusarchitektur von Stern Stewart übernehmen, in der Regel vom Markt umgehend anders eingeschätzt werden, was die Qualität des Managements und die strategische Planung betrifft. Hier ist ein kurzer Überblick über die Bonusarchitektur:

1. Der wesentliche Teil des Bonus (abgesehen von den so genannten »weichen Zielen«) basiert ausschließlich auf EVA. Die Verwendung anderer Kriterien führt lediglich zu einer Verwässerung dieses Ansatzes.
2. Die Zielmarken werden für viele Jahre im Voraus festgelegt. Das garantiert fortgesetzte signifikante Belohnungen für anhaltende, gute Performance und verhindert, dass die Zukunft für kurzfristige Gewinne geopfert wird.
3. Die Zielmarken richten sich nach den Erwartungen der Investoren. Zusammen mit der langfristigen Festlegung verhindert dies, dass am Plan »gedreht« wird. Den Führungs-

kräften steht es frei, sich anspruchsvolle Ziele zu stecken und zu versuchen, sie zu erreichen. Es wird keine unnötige Zeit für Budgetverhandlungen verschwendet.

4. Unter- und Obergrenzen für den Bonus sind nach Möglichkeit zu vermeiden. Das verhindert, dass das Jahr vorzeitig als »gelaufen« wahrgenommen wird – in besonders guten Jahren ebenso wie in besonders schlechten.

5. Eine Bonusbank dient dazu, langfristige Anreize zu erzeugen. Das schützt die Aktionäre und bindet erfolgreiche Managementteams an das Unternehmen.

Frage 25: *Was ist vorzuziehen: die schrittweise Einführung von oben nach unten, oder die simultane Einführung in allen Einheiten?*

Das hängt ausschließlich davon ab, welches Ziel der Chief Executive mit der EVA-Implementierung verfolgt. Die meisten Unternehmen bevorzugen ein schrittweises Vorgehen, das mit den Mitgliedern des oberen Führungskreises und ihren direkten Untergebenen beginnt. Das sollte das Mindestziel für das erste Jahr sein, auch wenn die meisten Unternehmen versuchen, in diesem Zeitraum bereits das mittlere Management einzubeziehen. Die Ausdehnung in die unteren Ebenen der Organisation erfordert mindestens ein weiteres Jahr, denn hier kommt es besonders auf Ausbildung, Training und Entwicklung an. Unternehmen sind keine Demokratien, aber EVA funktioniert nur dann effektiv, wenn alle Beteiligten eine positive Einstellung dazu haben.

13 Erfolgsrezept EVA

Der amerikanische Untertitel zu diesem Buch lautet: »Die Implementierung von Wertsteigerung in einer Organisation«. Es scheint uns zweckmäßig zu sein, das Buch mit einer Liste von sechs Erfolgsfaktoren abzurunden, auch wenn eine solche Aufzählung allzu schematisch und vereinfachend erscheinen mag nach den differenzierten Fragen und Antworten des vorangegangenen Kapitels. Hier ist unsere kurze Liste:

1. Das Unternehmen benötigt, wie wir ausführlich dargelegt haben, eine tragfähige Geschäftsstrategie und eine geeignete Organisationsstruktur, bevor EVA die Performance steigern kann. Ein Unternehmen mit einer verfehlten Strategie oder mit Produkten ohne ausreichende Marktattraktivität lässt sich auch mit EVA nicht retten; es muss eine Existenzberechtigung haben, die über den Wunsch, Geld zu verdienen, hinausgeht. Üblicherweise müssen Strategie und Struktur stehen, bevor EVA vollständig implementiert wird, wenngleich EVA-Kalkulationen helfen können, die richtigen Entscheidungen zu treffen.

2. Um maximal von EVA zu profitieren, sollte ein Unternehmen alle EVA-Komponenten – Bewertungs-, Management- und Incentivesystem – implementieren. Lediglich den EVA zu messen, ohne daraus Konsequenzen für die Managemententscheidungen zu ziehen, ist nicht viel mehr als eine akademische Übung. Nur wenige Unternehmen beschränken sich auf diese Stufe, aber nicht immer werden die EVA-Kalkulationen bei allen Arten von Kapitalausgaben – Akquisitionen, Veräußerungen, neue Produkte, Fabrikerweiterungen oder -zusammenlegungen und so weiter – berücksichtigt. Unternehmensziele wie Wachstum um seiner selbst willen, Prestige oder Treue zu traditionellen Marken setzen die

EVA-Kalkulation mitunter außer Kraft. Unter solchen Umständen kann EVA kaum gedeihen.

3. Ein EVA-Incentiveplan ist unverzichtbar, und er sollte so tief in die Organisation hinabreichen wie möglich. Es gibt keine bessere Motivation als finanzielle Belohnungen, auch wenn sich viele Europäer weigern, diese Grundtatsache anzuerkennen. Incentivepläne sollten nach Möglichkeit keine Ober- und Untergrenzen haben; anderenfalls sind auch dem Eifer und damit dem potenziellen Gewinn Grenzen gesetzt. Die Pläne sollten einen »verzögerten« Auszahlungsmodus samt dem entsprechenden Risiko beinhalten, um sicherzustellen, dass die Manager nicht die Zukunft für Augenblicksgewinne opfern. Wie in Kapitel 9 besprochen, ist eine Bonusbank vom Typ »All-in« zu empfehlen. Dabei wird mehr Geld unter Risikovorbehalt gestellt als bei der »Threshold«-Variante, falls die zukünftige Performance hinter den Erwartungen zurückbleibt.

Aus praktischen Gründen sind einige Unternehmen nicht in der Position, zusammen mit der EVA-Implementierung sofort einen EVA-Incentiveplan einzuführen. Die Manitowoc Company verwendete EVA erfolgreich als Bewertungsinstrument zwecks Kontrolle über die Kapitalausgaben, bevor ein EVA-Incentiveplan eingerichtet wurde. Die Initiative funktionierte für eine gewisse Zeit, weil der CEO sein Unternehmen gut unter Kontrolle hatte. Der Punkt ist: Es handelte sich um eine Übergangslösung, nicht um eine permanente Einrichtung.

Andere Unternehmen mussten aufgrund internen Drucks bei der Ausgestaltung ihrer Incentivepläne Kompromisse eingehen. Ein von Stern Stewart beratenes Unternehmen mit Hauptsitz im Osten der Vereinigten Staaten hat einen Incentiveplan, der zu einem Drittel auf EVA und zu zwei Dritteln auf betriebsbedingten Erträgen (für die Unternehmensspitze auf Erträgen pro Aktie) basierte. Auf das Risiko hin, dass wir als Puristen erscheinen, müssen wir anmerken, dass ein solches Schema in verschiedene Richtungen zieht.

Betriebsbedingte Erträge und Erträge pro Aktie lassen sich durch Kapitalvergeudung erreichen; EVA verlangt eine Kapitaldisziplin. Welcher Incentive ist stärker? Stern Stewart sprach sich gegen einen solchen Plan aus, aber die Unternehmensleitung war nicht bereit, den Bereichsleitern ein vollkommen neues Incentivesystem überzustülpen. Außerdem wurde argumentiert, dass EVA bestimmte Kapitalausgaben beschränken würde, mit denen sich anderenfalls die betriebsbedingten Erträge steigern ließen. Vermutlich jedoch wird das Unternehmen den Anteil des EVA-basierten Bonus schrittweise erhöhen.

4. Ein umfassendes Trainingsprogramm darf ebenso wenig fehlen. Es sollte nicht auf die Top-Manager beschränkt bleiben, sondern alle Managerebenen und nach Möglichkeit auch die übrige Belegschaft umfassen. Als Vorbild kann das Trainingsprogramm von Bestfoods, einem multinationalen Unternehmen mit einem Umsatz von neun Milliarden US-Dollar in 63 Ländern, dienen. Das Unternehmen schulte als erstes 150 EVA-Experten in der Konzernzentrale und in den Zentralen der einzelnen Geschäftsbereiche in den Vereinigten Staaten, Europa und Lateinamerika. Diese Kandidaten, die nicht notwendigerweise aus den obersten Rängen stammten, bekamen in einer intensiven viertägigen Schulung ein technisches Wissen vermittelt, das sie zu hauseigenen Experten machte, die von jedermann in der Organisation mit einem EVA-Problem zu Hilfe gerufen werden konnten. Sie konnten die detaillierten Analysen und die Kalkulationen erstellen. (Briggs & Stratton nennt diese Leute »interne EVA-Berater«).

Anschließend schickte Bestfoods 1000 seiner oberen Manager in zweitägige Trainingsseminare; diese wichtigen Entscheidungsträger sollten die EVA-Analysen in ihre tägliche Arbeit integrieren. Ein vierköpfiges Team von Stern Stewart führte rund 40 Kurse durch, in denen jeweils 25 Teilnehmer zwei Tage lang anhand von Fallstudien in das Konzept eingeführt wurden. Die Kurse fanden in Englewood Cliffs,

New Jersey, wo Bestfoods seine Zentrale hat, sowie in Chicago, Los Angeles, Toronto, Lateinamerika, England Belgien, Italien, Thailand, den Philippinen und China statt. Es war eines der aufwändigsten, jemals von Stern Stewart durchgeführten Trainingsprogramme.

5. Das EVA-Programm muss die volle und enthusiastische Unterstützung des CEO haben, der zugleich den Vorsitz in dem all-entscheidenden Lenkungsausschuss für die EVA-Einführung innehaben sollte. Der CEO muss nicht nur die Wertsteigerung zum obersten Unternehmensziel erklären, er muss auch jede sich bietende Gelegenheit – die jährliche Verkaufsbesprechung, monatliche Betriebstreffen oder die jährliche Aktionärsversammlung – dazu nutzen, die Vorteile von EVA anzupreisen.

Unserer Erfahrung nach sind manche CEOs mit einem nichtfinanziellen Hintergrund – beispielsweise Vertrieb, Herstellung oder Konstruktion – nur zögernd bereit, sich einem Programm zu verschreiben, dass auf rein »finanziellen« Kriterien basiert. EVA sollte jedoch als ein ökonomisches und nicht als ein finanzielles oder buchhalterisches Instrument angesehen werden. Die besten »Wertschaffer« sind diejenigen, denen es gelingt, die einmal gelernten hehren Prinzipien der finanziellen Buchhaltung wieder zu »vergessen«. Ökonomische Wertschaffung als Performancekriterium lässt sich in mancher Hinsicht viel intuitiver einsetzen als jedes auf Buchgewinnen basierende Maß.

Fast überall, wo eine EVA-Implementierung erfolgreich verlief, werden Sie einen Chief Executive finden, der sich dem Programm verschrieben hat. Das gilt für John McGrath von Diageo, John Blystone von SPX, Mike Volkema von Herman Miller, David Sussman von der J. D. Group in Südafrika, Roderick Deane von Telecom Neuseeland, Waldemar Schmidt von International Service Systems und den CEO fast jedes Unternehmens, über dessen erfolgreiche EVA-Einführung wir gesprochen haben. Bei Briggs & Stratton unterstreicht CEO Fred Stratton die EVA-Botschaft bei

256

jeder Gelegenheit. Auf den vierteljährlichen Treffen des Board of Directors werden Berichte zum EVA-Fortschritt gegeben, und wichtige Unternehmensinitiativen werden mittels EVA-Projektionen auf ihre zu erwartende Ertragskraft geprüft. Auf den vierteljährlichen Zusammenkünften aller Tarifangestellten gibt es Berichte zur EVA-Performance sowohl des Gesamtunternehmens als auch der einzelnen Geschäftsbereiche. Und auch für den Umgang mit der Investorengemeinde bewährt sich EVA, halten sich doch die Wertpapieranalysten bei der Bewertung der Zukunftsaussichten der Firmen eng an diesen Maßstab.

6. Der CFO und/oder der Controller sollten ebenfalls voll hinter dem Programm stehen. Weil sie gleichzeitig mit den üblichen Buchhaltungspraktiken umgehen müssen, haben diese Spezialisten möglicherweise noch mehr Probleme damit, sich auf die Wertsteigerung zu konzentrieren, als ein erst seit kurzem EVA-bekehrter CEO. Ihre Arbeit besteht über weite Strecken darin, den detaillierten Rechnungslegungsanforderungen der US-Börsenaufsichtsbehörde SEC und des Marktes gerecht zu werden. Die Beschäftigung mit diesen der Logik trotzenden Prinzipien der Finanzbuchhaltung weckt in vielen von ihnen das Bedürfnis, ein vernünftiges und allgemein verständliches System für die Ermittlung des ökonomischen Wertes zu entwickeln und anzuwenden.

Die wertvollsten CFOs sind also diejenigen, die ein tiefes Verständnis für die Grundprinzipien von EVA mitbringen. Das sind die Experten, die durch eine Fabrik gehen und sagen können, ob das Betriebskapital effizient eingesetzt wird, und die einen sechsten Sinn dafür haben, ob eine geplante Fusion ausreichend Integrationseffizienzen verspricht, die Kaufpreis, Transaktionskosten sowie mögliche Kosten rechtfertigen, die aus dem Verlust von unternehmerischer Eigenständigkeit und Initiative resultieren könnten. Effektive CFOs können auch dadurch wertsteigernd wirken, dass sie das Unternehmen näher an die optimale Kapitalstruktur heranführen, gemeinsam mit den Experten von der Personalabteilung geeignete Vergütungssysteme entwickeln und den Kollegen aus den Bereichen Betrieb, Technik und Marketing helfen, in den verschiedenen Geschäftsbereichen und Abteilungen ein wertsteigerndes Mitarbeiterverhalten zu fördern.

All dies erfordert große Anstrengungen, die sich jedoch spürbar und nachweisbar auszahlen. Im Jahr 2000 veröffentlichte Stern Steward eine zweite Studie, in der die Börsen-Performance von EVA-Unternehmen mit derjenigen vergleichbarer Kontrollgruppen verglichen wurde. 65 Unternehmen, die EVA implementiert haben, wurden ebenso fünf Jahre lang beobachtet wie die Vergleichsunternehmen. Als Performancemaßstab diente die Gesamtkapitalrendite. Das Ergebnis: »Im Durchschnitt erzeugten Investitionen in die Aktien der EVA-Unternehmen über einen Zeitraum von fünf Jahren 49 Prozent mehr Vermögen als die gleichen Investitionen in Aktien von Wettbewerbern mit vergleichbarer Marktkapitalisierung.« Dieses zusätzliche Vermögen summierte sich auf insgesamt 116 Milliarden US-Dollar.

Der Anreiz, sich zur Schar der EVA-Unternehmen zu gesellen, ist klar gegeben, aber die Absicht muss aufrichtig sein. Wenn das Management das Programm mit Enthusiasmus trägt und die Mitarbeiter von seiner Zweckmäßigkeit überzeugt, sie in seine Funktionsweise einweist und mit erreichbaren Belohnungen motiviert, dann ist ein Erfolg zwar nicht sicher – wie nichts in der Welt sicher ist –, aber doch in realistischer Reichweite.

Danksagungen

Die Arbeit an diesem Projekt war eine Freude, nicht zuletzt wegen der guten Zusammenarbeit, die sich zwischen John Shiely, seit über einem Jahrzehnt ein guter Freund, Irwin Ross, unserem journalistischen Mentor, und uns selbst entwickelt hat. John ist einer der Helden der EVA-Revolution, besonders weil er früher als die meisten anderen in der Geschäftswelt erkannt hat, wie sehr das konzeptuelle Fundament und die praktischen Methoden von EVA dazu beitragen können, Mitarbeiter zu motivieren, die wenig Vorkenntnisse über Finanzberichte oder Unternehmensfinanzführung mitbringen. Es ist niemals einfach, den Anfang zu machen. Seine Fragen, seine Einsichten und sein Eifer bei der Verwirklichung des Vorhabens dienten anderen Unternehmen und Stern Stewart als Beispiel, wie es gelingen kann, die Theorie in die Praxis umzusetzen.

Irwin Ross ist einer der gewandtesten Autoren in der Geschäftswelt. Seine literarischen und intellektuellen Interessen brachten uns auf philosophische, psychologische und soziologische Themen, als wir uns mit Informationsökonomie, informationellen Asymmetrien und Anreizsignalen befassten. Wie ich ihm gegenüber jedoch häufig erwähnte, nahm das Thema EVA in den Seminarräumen der Graduate School of Business an der University of Chicago seinen Anfang.

Die erste Gelegenheit war ein Gespräch mit dem Dekan George Schultz (dem späteren Arbeitsminister, Chef des Office of Management and Budget, Finanzminister unter Nixon und Außenminister unter Reagan), der mich ermunterte, mich zusätzlich für Wirtschaftswissenschaften einzuschreiben und mich als Grundlage für alle in der Graduate School of Business angebotenen Themen in Mikroökonomie kundig zu machen. Natürlich hatte er Recht. Die Arbeiten von Professor Gary Becker halfen mir, mich bei der Analyse des menschlichen Verhaltens auf die wichtige Frage der Incentives zu konzentrieren.

Milton Friedman half, die intellektuellen Aspekte unserer Ideen in alle möglichen Richtungen weiterzuentwickeln, und Merton H. Miller trug die entscheidenden Ideen zu der Frage bei, was den Wert eines Unternehmens ausmacht.

Wie ich meinen Studenten von der Columbia University, der Carnegie Mellon University, der University of Michigan, der University of Rochester, der London Business School und der University of Witwatersrand in Johannesburg erzählte, war es nicht so sehr die wegweisende Arbeit von Franco Modigliani und Merton Miller über Kapitalkosten und Kapitalstruktur von 1958, als vielmehr der im Oktober 1961 im *Journal of Business* erschienene Artikel unter der Überschrift »Dividend Policy, Growth, and the Valuation of Shares«, und insbesondere der Abschnitt 2 sowie die Fußnote 15 zu Abschnitt 3, die die Basis für ausgedehnte Diskussionen mit Professor Miller legten, in denen es um die Frage ging, was der Markt letztlich honoriert. Er brachte mich darauf, die richtigen Fragen zu stellen, wie beispielsweise, warum immaterielle Vermögenswerte im Rahmen der Buchführung unmittelbar abgeschrieben werden, während sie im ökonomischen Unternehmensmodell langfristig von Wert sind. Seine Seminare waren ungemein anregend. Stellen Sie sich Kurskollegen wie Marshall Blume, Michael Jensen, Richard Roll und Myron Scholes vor. Alle diese Wirtschaftswissenschaftler wurden, ohne es zu wissen, meine Lehrer, indem ich entweder ihren Beiträgen in den Seminardiskussionen lauschte oder ihre bahnbrechenden Arbeiten aus den anschließenden 25 Jahren las. Das war die Atmosphäre an der University of Chicago und in den Kursen Merton Millers.

Zweifelsohne trug Michael Jensen mit seinen Erkenntnissen wesentlich zur Formulierung und Ausgestaltung der EVA-Methoden bei, angefangen bei der von ihm zusammen mit William Meckling vorgestellten »Principal-Agent-Theorie«, wo wir gewarnt wurden, dass das Management im Interesse anderer als der Aktionäre handeln könnte, woraus folgt, dass sich die Aktionäre die Kosten aufbürden und das Manage-

260

mentverhalten überwachen müssten, indem sie insbesondere Vergütungsstrukturen verwendeten, die die Interessen der Manager mit denen der Aktionäre in Einklang brachten. Seine Mitte der 80er Jahre entstandene Arbeit über den freien Cashflow hat sicherlich auf die Gefahr aufmerksam gemacht, dass die Unternehmen überflüssige Vermögenswerte horten und sie womöglich zum Schaden der Aktionäre dazu missbrauchen, Projekte mit schwacher Rendite zu subventionieren. Sein 1989 in der *Harvard Business Review* erschienener Aufsatz »Eclipse of the Public Corporation« traf bei Stern Stewart sowohl auf Zustimmung als auch auf Widerspruch. Mehrere unserer Experten empfanden seine Beobachtungen als zutreffend, und sie gaben den wichtigen Anstoß zu dem Buch meines Kollegen Bennet Stewart, »The Quest of Value«, in welchem er die Verwendung hoher Fremdkapitalquoten möglichst bis tief in das Unternehmen hinein (vielleicht sogar in Phantomform) vorschlägt, um mehr Wert zu erzeugen und die Verschwendung zu minimieren.

Andere Mitarbeiter meinten, die von Professor Jensen formulierten Probleme könnten überwunden werden, indem das Unternehmen vertraglich verpflichtet würde, eine Incentive-Struktur einzurichten, die den von den Aktionären erwarteten Mehrwert von vornherein herausrechnet und nicht nur das Management, sondern alle Beschäftigten zu Verfechtern einer wertorientierten Veränderung macht. Unternehmen in reifen, überalterten Branchen, die man schon für tot halten konnte, stellen sich unter einem solchen Ansatz als lediglich schlafend heraus, sodass es mit einer geeigneten EVA-Motivation und einer veränderten Geisteshaltung möglich ist, wahrhaft gewaltige wertsteigernde Energien freizusetzen. Das sind die wahren Geschichten von Briggs & Stratton, Herman Miller und SPX, um nur die Wichtigsten zu nennen.

Ich danke natürlich Brian Walker von Herman Miller, Inc., für seinen Einsatz und seinen Eifer, mit dem er EVA in seinem Unternehmen umsetzte, wo zuvor ein Scanlon-Ansatz mit Erfolg praktiziert worden war. John Blystone, ein echter Denker von General Electric, rettete SPX, wo EVA bislang nicht implementiert gewesen war. Als John zu SPX kam, erkannte er das Potenzial, das sich hier mit EVA erschließen ließ. Und auch jenseits der Grenzen war EVA erfolgreich, so beispielsweise bei Siemens in München, Tate & Lyle in London, Orkla in Oslo und Lafarge in Paris, wo die jeweiligen Chief Executives und Finance Directors erkannten, welch anhaltenden und evolutionären Beitrag EVA für die Zufriedenheit der Mitarbeiter und die Wertmaximierung leisten konnte. Ähnliches beobachten wir in den ehemals staatseigenen Unternehmen, die inzwischen privatisiert sind und fleißig unverhofften Shareholder Value produzieren, wie etwa Telecom New Zealand, Testra in Australien, Singapore Power, die Hafenbehörde von Singapur und der US Postal Service.

John Shiely, Irwin Ross und ich verdanken der Professionalität und der Kreativität meiner Kollegen von Stern Stewart unschätzbar viel. Wir haben ein intellektuell in höchstem Maß anregendes Umfeld, das die bestehenden Konzepte zur Wertmaximierung ständig hinterfragt. Ich erinnere mich an eine wichtige Unterhaltung in David Glassmans Büro und an die häufigen Gespräche mit Donald Chew, dem Herausgeber des Stern-Stewart-Blattes *Journal of Applied Corporate Finance*. Donald hat mir geholfen, meine Ideen klar zu formulieren. Gregory Milano zeigte uns, wie sich die europäischen Verhältnisse durch gezielte Korrekturen berücksichtigen und kulturelle Unterschiede damit überbrücken lassen. Er war allein verantwortlich für die Verbreitung dieser Ideen nach Australien, Neuseeland und Südafrika, wo wir erleben konnten, wie der Chief Executive der J. D. Group, David Sussman, und der Chief Executive von New Clicks Holdings, Ltd., in Kapstadt und Priceline in Australien, Trevor C. Honeysett, ihren Wert in weniger als drei Jahren mehr als verdreifachten. John McCormack, Senior Vice President von Stern Stewart und Chef unserer Energiesparte, hat Bemerkenswertes zur Entwicklung der Theorie der Real Options beigesteuert, die er zusammen mit Vice President Mark Shinder in der pharmazeutischen Industrie zur Anwendung bringt. Partner und Autor des Buches »EVA – The Real Key to Creating Wealth« (dt.: »Economic Value Added – Der Schlüssel zur wertsteigernden Unternehmensführung«) Al Ehrbar hat die Entwicklung meiner Ideen stets mit intellektuellen Grundsatzüberlegungen bereichert. Wir lernten uns vor mehr als 25 Jahren kennen, als er für die Sparte »Personal Investing« des *Fortune Magazine* schrieb. Jeder Autor braucht zur Erforschung neuer Ideen einen engen Freund, bei dem er die wenigste Rücksicht auf etwaige Verletzlichkeiten nehmen muss. Dieser Freund war für mich Dennis Soter. Wir kennen einander seit mehr als 30 Jahren, aber fast immer, wenn wir uns sehen, versteigen wir uns in intellektuelle Auseinandersetzungen, wofür ich ihm unendlich dankbar bin.

Vor ungefähr sechs Jahren hörte unser guter Freund Sir Ronald Trotter, pensionierter Chairman von Fletcher Challenge, Ltd., in Auckland, Neuseeland, dass ich vergessen hatte, mein Besuchervisum zu erneuern, und deshalb einen wichtigen Termin mit seinem Unternehmen nicht wahrnehmen konnte. Sir Ronalds Antwort war: »Ach, du brauchst kein Visum. Erzähl den Beamten von der Grenze, dass du Missionar bist.« Mit meinem Eifer war ich nach dem Abschluss an der University of Chicago im Jahr 1964 erst einmal allein. Ich versuchte andere davon zu überzeugen, dass die Buchführungsregeln geändert werden müssten, damit die immateriellen Vermögenswerte in der Bilanz erschienen, wo sie hingehörten, anstatt im laufenden Jahr komplett abgeschrieben zu werden. Andere Posten, wie beispielsweise Leasingverträge, tauchten überhaupt nicht in der Bilanz auf.

Im Jahr 1976, vor 25 Jahren, fand ich meinen Josua in Bennet Stewart. Wir hatten noble Ziele, und wir tauschten unsere innersten Gefühle bezüglich der intellektuellen Hürden aus, die wir zu überwinden trachteten. Unsere Ideen überschnitten sich, sodass unsere Stimmen wie aus einem Mund zu kommen schienen, und mit seinen bemerkenswerten Fähigkeiten wurde die gemeinsam zurückgelegte Reise ein Vergnügen. Fast alle meine Freunde aus der Akademikergemeinde wünschen im Stillen, sie hätten an dieser aufregenden Reise teilgehabt. Bennett passte stets auf, dass wir alle Details eines Problems studiert hatten, bevor wir uns dem nächsten zuwandten. Das rechne ich ihm hoch an.

Und schließlich will ich die Gelegenheit nutzen, um unseren Lehrern zu danken, die uns geholfen haben, das Licht zu sehen, uns auf das Wesentliche zu konzentrieren und nicht zu vergessen, dass Objektivität und wissenschaftliche Methode zwar in keiner Weise zu verachten sind, dass der wahre Test aber darin besteht, ob diese Ideen Bestand haben und von anderen aufgegriffen und weiterentwickelt werden. Diese Geschichte ist jedoch nicht komplett, solange ich nicht die wichtige Führung und Fürsorge erwähne, die mir meine Eltern Boris und Irene Stern zuteil werden ließen, die ich an der Graduate School of Business der University of Chicago mit der Stiftung eines Lehrstuhls zu ehren die Freude hatte. Außerdem darf ich noch einmal den Namen meines Sohnes Erik erwähnen, der ebenfalls zu meinem Lehrer geworden ist. Seine Vorliebe für Strategie und für das erneute Umrunden des Flughafens, um Klarheit in die Argumente zu bekommen, ist etwas, von dem ich wünschte, ich hätte es schon übernommen, bevor er geboren wurde. Er beschäftigt sich unter anderem mit den Gewerkschaften und wie sie über EVA denken sollten, sowie damit, wie man Regierungen in kulturell vermeintlich unfreundlichem Terrain erreichen kann, wo Sozialismus, Planwirtschaft und Dirigismus die ersten Worte zu sein scheinen, die die Kinder nach ihrer Geburt erlernen.

Die Überprüfung der Fakten und die Vermeidung von Unannehmlichkeiten, soweit dies möglich ist, oblagen Tatiana Molina. Mit einer seltenen Kombination aus Herzlichkeit und Ehrgeiz hat sie ganz besonders zu dem Gelingen dieses Projekts beigetragen. Sie arbeitete genau und konzentriert, und hatte stets ein unnachahmliches Lächeln parat.

Niemand von uns lernt je aus, und so hoffen wir, dass die Leser dieses Bandes nicht zögern werden, uns ihre Ansichten mitzuteilen, damit wir die Argumente weiter verfeinern und verbessern und auf diese Weise dazu beitragen können, dass sich die EVA-Erfolgsstory fortsetzt.

Joel M. Stern

Wir alle kennen solche Leute. Ich erinnere mich beispielsweise an einen in meinem Anfängerkurs am College, der, kaum war er ein paar Tage auf dem Campus, sich mit dem nächsten Teppichhändler ins Einvernehmen gesetzt hatte und ihm Teppichreste abnahm, um sie an uns Studenten für unsere kleinen Schlafräume als »Wand zu Wand«-Auslegeware weiterzuverkaufen. Andere Unternehmungen mit Snacks und Softdrinks folgten. Während wir Übrigen uns mit Vergleichender Literatur und dem Recheneinmaleins herumschlugen, managte er Lagerbestände und baute Vertriebskanäle für seine Kunden auf. Aber er schaffte es trotzdem, passable Zensuren zu bekommen.

Ohne dass er bislang einen Kurs in Kostenrechnung oder Mikroökonomie besucht hätte, verstand er, dass Cash alles war; das eingesetzte Kapital musste auf dem geringstmöglichen Niveau gehalten werden, das nötig war, um das laufende Geschäft und das geplante Wachstum zu tragen. Und er wusste, wie wichtig Beziehungen waren, um ein solches Geschäft aufzuziehen. Wer sind also diese Leute? Sie sind, um es mit dem einfachsten Begriff auszudrücken, *Wertschaffer*: Männer und Frauen, die die besondere Fähigkeit haben, aus zwei und zwei fünf zu machen. Sie verstehen es, das moderne, kommerzielle Äquivalent zum Wunder mit den Brotlaiben und den Fischen zu vollbringen. Und sie erfüllen in der Gesellschaft eine wichtige und positive Rolle, denn keine Gemeinschaft kann ohne sie gedeihen. Einige sind Pioniere, andere kaufen kränkelnde Unternehmen und sanieren sie. Manche vollführen Einmannshows, während andere sich besonders in großen Unternehmen bewähren. Einige sind auf Chefetagen, andere in Fabrikhallen und hinter Verkaufstresen zu Hause.

Als Joel Stern erstmals den Vorschlag machte, zusammen ein Buch zu verfassen, das nicht nur die akademischen Grundlagen sondern auch die praktischen Herausforderungen bei der wertsteigernden Unternehmensführung beschreiben sollte, war ich sofort gefesselt. Mich fasziniert seit jeher nicht nur die magische Kunst der Wertsteigerung, sondern auch die charakteristische Eigenart großer Wertschaffer. Besonders beeindrucken mich Leute wie Sam Walton und Herb Kelleher, die es verstanden haben, in Branchen wie Einzelhandel oder Luftbeförderung, die lange als ein für die Wertsteigerung unfruchtbares Gelände angesehen wurden, in großem Umfang Wert zu schaffen.

Worin besteht diese Alchemie? Lassen sich bei den großen Wertschaffern bestimmte wiederkehrende Merkmale entdecken? Lässt sich diese Disziplin erlernen, oder ist sie rein genetisch bedingt? Ist es möglich, sie in einer Organisation zu institutionalisieren, sodass sie den Tod oder den Rückzug des ursprünglichen Obiwan Kenobi der Werterzeugung überdauert? Und können Sie den Mitarbeitern Incentives bieten, die sie für wertsteigerndes Verhalten belohnen?

Als ich Ende der 70er Jahre für Arthur Andersen in Milwaukee als junger Steuersachverständiger in der Gehaltsabteilung tätig war, schien mir, dass die Unternehmen ihre Top-Manager nicht immer für die richtigen Dinge belohnten. Viele dieser Führungskräfte taten nichts anderes, als wozu die Incentives sie ansporten: Sie steigerten die Erlöse, erhöhten die Erträge pro Aktie oder reduzierten die identifizierten Kosten und managten damit ihre Unternehmen letztlich in eine Art Wertvergessenheit hinein.

Es war ungefähr zu jener Zeit, als einige Schüler des Nobelpreisträgers Merton Miller versuchten, eine Metrik zu entwickeln, mit der sich Wertschaffung in der Praxis messen ließ. Schließlich ist es unmöglich, etwas zu analysieren, was man nicht messen kann. Meine ersten Eindrücke stammten von Al Rappaport von der Kellogg Graduate School of Management, der in der *Harvard Business Review* (Mai-Juni 1981) eine wegweisende Arbeit unter dem Titel »Selecting Strategies That Create Shareholder Value« veröffentlichte. Im Jahr 1986 folgte sein Buch »Creating Shareholder Value«. Mit seinem Werk hatte Al maßgeblichen Einfluss auf meine Entscheidung, an die Kellogg School zu gehen, um dort meinen MBA zu machen.

Während Rappaport mit seinem Geldkonzept Recht hatte, überzeugten mich später vor allem die Arbeiten von Joel Stern und Bennett Stewart. Ihr EVA-Konzept schien mir besonders vielversprechend zu sein, was praktische Anwendungen in Wertschöpfungsprogrammen von Unternehmen betraf. Bennetts bahnbrechendes Werk »Quest for Value« übte einen starken Einfluss auf mich aus, und ich hatte das große Privileg, mit ihm als unserem ersten Ansprechpartner bei Stern Stewart anlässlich unseres EVA-Implementierungsprogramms bei Briggs & Stratton zusammenzuarbeiten.

Viele Leute aus der Geschäftswelt haben mich beeinflusst, und jeder von ihnen hatte in bestimmten Aspekten der Wertschöpfung besondere Stärken aufzuweisen: Harry Quadracci, Gründer und President von Quad/Graphics (Wertpotenzial von Fremdkapital und integrative Beziehungen mit Beschäftigten); Tracy O'Rourke, CEO von Varian, und Ken Yontz, CEO von Sybron, beide ursprünglich von Rockwell Automation (wertorientierte Umstrukturierung); Jack Rogers, CEO von Equifax (Wachstum mit Kapitaldisziplin); Jack Murray, CEO von Universal Foods (praktische EVA-Anwendungen); der Anwalt Tom Krukowski (Mitarbeiterbeziehungen); Stuart Agres, Vorstand für Marketing und Markenentwicklung von Young & Rubicam; Geoff Colvin und Shawn Tully vom *Fortune Magazine* (Konzeptentwicklung und -vermittlung); Frank Krejci, CEO von Wisconsin Furniture (Beharrlichkeit angesichts vermeintlich unüberwindlicher Hindernisse) und die vielen Erkenntnisse meiner Kollegen vom EVA Institute.

Ich möchte auch mehrere Einflüsse aus dem akademischen Bereich erwähnen, die immer wieder zeigen, dass die beste Grundlage für die Praxis häufig eine gute Theorie ist: Michael

Jensen von der Harvard Business School (Corporate Governance); Jerry Zimmerman und Jim Brickley von der Simon School of Business an der University of Rochester (Organisationsarchitektur); Peter Drucker von der Claremont Graduate School (Unternehmensvision und Informationssysteme); Keith Christensen von der Kellogg Graduate School of Management an der Northwestern University (Strategie); Russ Ackoff, emeritierter Professor von der Wharton School an der University of Pennsylvania (Unternehmensstruktur); Herb Northrup, ebenfalls emeritierter Professor von der Wharton School (Arbeitsökonomik); Jim Stoner und Frank Werner von der Fordham University Graduate School of Business Administration (Qualität und Wertschaffung), sowie Pater Robert Sirico vom Acton Institute, Michael Joyce von der Bradley Foundation, Laura Nash von der Boston University und Charles Sykes, Buchautor und Senior Fellow am Wisconsin Policy Research Institute (religiöse, politische und ethische Aspekte der Wertschaffung).

Ein großer Dank gilt meinen Partnern von Briggs & Stratton für ihre wertvollen Beiträge zur Entwicklung unseres EVA-Programms: Bob Eldridge, Jim Brenn, Jim Wier, Harry Stratton, Sandy Preston, Paul Neylon, Dick Fotsch, Tom Savage, Todd Teske, Jerry Zitzer, Greg Socks, Gary Zingler, George Thompson, Michael Hamilton, Steve Rugg, Mike Schoen, Joe Wright, Ed Bednar, Dave DeBaets, Judy Whipple, Charlotte Caron (die meine Manuskripte vorbereitete und korrigierte) und andere, aber vor allem Fred Stratton, der unsere Bemühungen stets unterstützte und uns ermunterte, mit weiteren Verbesserungen zu experimentieren.

Ich möchte allen Partnern und Mitarbeitern von Stern Stewart meinen Dank aussprechen, die meine EVA-Kenntnisse ständig erweitern, unter ihnen Al Ehrbar, Dennis Soter, David Glassman, Greg Milano und Don Chew.

Irwin Ross danke ich sehr für seine Hilfe bei der Abfassung meines Manuskriptteils. Er war es auch, der die Beiträge der beiden Autoren zu einem einheitlichen Werk verschmolzen hat. Ich schätze mich glücklich, dass ich einem solchen literarischen Talent mit seinen Kenntnissen und Erfahrungen in der Darstellung von Wirtschaftszusammenhängen begegnet bin.

Mein tiefster Dank schließlich gilt meinem Mitautor, ohne den dieses Buch niemals zustande gekommen wäre. Meine Diskussionen mit Joel Stern gehörten zu den intellektuell anregendsten Augenblicken meines Lebens, und ich genoss unsere »Tag Team«-Seminare, insbesondere unsere Präsentationen für das »Fortune 500 CEO Forum« in San Francisco und den World Economic Development Congress in Washington, D. C. Der Entschluss, dieses Buch zu schreiben, wurde aus diesen Veranstaltungen heraus geboren. Joel ist ein großartiger Freund und ein Gigant auf seinem Gebiet.

Ich widme dieses Buch meiner Frau Helen und meinen Kindern Michael, Erin und Megan, die mir die Unterstützung gaben, ohne die ich meinen Teil des Manuskripts niemals hätte vollenden können.

John S. Shiely

Als journalistischer Mentor habe ich die intellektuelle Herausforderung dieser Zusammenarbeit immens genossen. Bisweilen spielte ich zwecks Klärung der Argumente die Rolle des zweifelnden Thomas, und beide meine Auftraggeber waren nachsichtig genug. Ich selbst erhielt dabei so etwas wie eine finanzielle Ausbildung, wofür ich sehr dankbar bin. Und wie Joel schrieb, haben wir viele angenehme Stunden mit Gesprächen über die unterschiedlichsten Dinge zugebracht.

Ich danke auch Al Ehrbar, einem alten Freund aus den Tagen, als ich für *Fortune* schrieb, zu dessen Herausgebern er damals gehörte. Al machte mich vor vielen Jahren mit Stern Stewart und EVA bekannt und gab mir hin und wieder den Auftrag, für den *EVAngelist*, das Organ des EVA Institute, über EVA-Unternehmen zu schreiben. Ich danke auch Don Chew, der mich zuerst für dieses Projekt vorschlug und dessen kenntnisreiche Durchsicht des Manuskripts eine große Hilfe war.

Mehrere Absätze aus Kapitel 8 über EVA und Akquisitionen stammen aus einem Artikel von Joel Stern mit der Überschrift »Boardroom Controls Give Conglomerates a Boost«, der am 3. Oktober 1999 in der Londoner *Sunday Times* erschien, die freundlicherweise den Nachdruck gestattete.

Einige Passagen des Buches über die Centura National Banks, The Manitowoc Company, Herman Miller, Inc., und Tate & Lyle erschienen zuerst in meinen Artikeln für den *EVAngelist*. Im Fall von The Manitowoc Company übernahm Tom Leander die Aktualisierung und Erweiterung meines damaligen Artikels. Der Großteil des Materials über EVA-Unternehmen ist neuen Datums und das Ergebnis vieler Stunden Einzelgespräche mit Führungskräften aller Ebenen sowie einfachen Belegschaftsmitgliedern. Ihnen allen bin ich zu Dank verpflichtet.

Irwin Ross

Sachregister

Personen- und Firmenregister